中国社会科学院近代史研究所民国史研究室　主办

民国时期的
法律、社会与军事

*Law, Society and
Military in Republican China*

罗敏　主编

第 2 辑

中华民国史研究

社会科学文献出版社
SOCIAL SCIENCES ACADEMIC PRESS (CHINA)

目　录

CONTENTS

·军事·

卷首语

本辑主题的缘起，必须追溯到 2011，也就是辛亥革命百年纪念的那一年。

2011 年 7 月，由中国社会科学院近代史研究所民国史研究室主持编纂的《中华民国史》，在历时 40 年之久、几代学者的持续努力之下，全部完成出版。这套篇卷浩大的民国史，上自马关条约、下迄人民共和国的成立，以民国政治史为中心，包罗北洋、国民政府、各派系地方以及中共，透过对重大全国性事件以及人物的编年与叙述，为综观的民国史研究，提供了提纲挈领的叙事框架和丰富的史料资源。

《中华民国史》出版前后，民国史研究室与伯克利加州大学东亚研究所联系，共同策划了两次学术会议。这两个会议选定以民国时期的法律和军事作为主题，由双方各自集中一批中青年学者，会聚伯克利。会议采用的是紧密工作坊的形式，中英文并用，会前大家交流初稿，会上彼此深入讨论，相互比较各自选题的诱因以及开展的方法，互补短长。第一次会议在 2012 年 9 月 21 - 22 日召开，主题是"民国的法律、政治与社会"。第二次会议在 2013 年 9 月 27—28 日召开，主题是"民国时期的军事与军事化"。两次研讨会的讨论综述，分别由刘文楠、李志毓记录执笔，已经发表。两次研讨会的共同旨趣在于从法律以及军事的角度切入，探讨民国时期政治体制的内在运作、党国范式在地方社会的体现、法律在国家统治与合法性构建中所起的作用、内外战争的社会意义以及经年累月的军事化如何全面塑造 20 世纪前半期的中国文化、社会与政治。两次研讨会一方面承继《中华民国史》的视野，打破过去对军阀、国民党、中共党史研究的条块区隔，一方面尝试一些跨领域的新视角。

民国时期的法律、社会与军事

　　本辑所刊载的是两次研讨会的部分成果，其中西文中译的文字过半。这些文章在汉语的表述上得以圆畅通融，辞能达意，首先必须感谢中国社会科学院同仁们在翻译以及订正上高水平的投入，其次并且标志着中外中青年学者之间，在概念交流以及书写协作上达到了一个新的合作境界，凝聚了一个民国史研究的国际性团队。这是两次研讨会的一个重要收获。

　　我们为什么选择"法律"与"军事"作为两个继续开发民国史研究的切入点呢？20 世纪上半期的中国经历了一个由统一而分崩、由分崩而重新统合的局面与过程。在这个过程之中，对内、对外干戈不断，武力争持是地方上的常态，弭兵和平是民心之所向往，即使在抗日战争的联合大战线上，枪口所指的也仍然有多重面向。战争与军事化是形塑民国社会政治的重要因素。然而正如汪朝光教授在研讨会上所指出，有关近代中国境内战争的历史论述，多年来由于这些话语具有高度政治性、现实性、纪念性、个人情感性，所以学术性史学研究著作在这个复杂的情景之中，不但不容易着墨，而且研究者的论证文章，比起通俗演义性叙述，有时也不如后者之能够彩笔点染，发挥戏剧性。这个情况，近年因为冷战的结束、国内外以及海峡两岸情势的改换、历史人物的逝去，以及各国相关历史档案的大量开放，而逐渐有所转变。本辑所收的文章，从军乐、军器、童子军、征兵、政治教育、军政制度等面向入手，看似无关正题宏旨，但是实事求是，把战时各方求胜图存的考量看成形塑 20 世纪上半期中国社会政治文化中的一个重要推动性逻辑，把叙述主题回归落实到战时的各个人群。

　　民国时期虽然暴力争斗不断，但是追求法治、司法独立、法制建设、依法治国的理念也一直不断。长期以来，西方自由主义学派学者们惯常认为近代中国并没有法治可言，所谓司法正义只不过是政治斗争的工具。本辑所收的论文则循着历史轨迹，审视晚清以来近代中国如何由儒家传统以德服人、以德化民、选贤与能的治理理念与实践出发，经历晚清新政的改革，透过对各国宪政法制的比较研究，转型成为北洋以及国民政府时期对"以法治国"的建构。在半个世纪的战乱之中，中国的广大民众对"德"与"法"所共同营造的公平与正义性有若干立竿见影的渴望。各个政府是否能够"德"、"法"普及兼顾,在立法、司法制度建构与实践上剑及履及,就成为合法性的重要试金石。

有关民国史的研究,本辑所展现的,一方面是中青年学者之间的国际合作,一方面是围绕着一两个大题目一些尝试性的共同探索。总体说来,研究者一方面把眼光投注在复杂体系内部的具体操作上,一方面也不时关注这些体系在操作时候所处的多维度、国内外上下历史大环境。两次讨论会下来,我们认识到民国史研究史料丰沛,可开辟的课题甚多,可借鉴参考的理论不少,园地十分广阔。我们谨以这一辑《中华民国史研究》贡献心得,抛砖引玉,共享同行与同好。

叶文心

2016 年 10 月于伯克利

法　律

取舍两难：1912～1936年广东的鸦片法

包利威（Xavier Paulès）

内容提要 在1912～1936年的大部分时间里，广东独立于中央政府之外。和中国其他地区一样，广东地方当局在鸦片问题上也面临着困境。一方面，鸦片被视为中国积弱的象征，使得禁烟迫在眉睫；另一方面，鸦片税也是财政收入的重要来源。广东的一些当权者确实曾参与过禁烟运动，鸦片长期为法令所严厉禁止。1924年后，鸦片被合法化，当局公开实施鸦片专卖，并出台了一系列日益完善的管理办法，成功地使鸦片收入持续增长。而南京政府实施的"六年计划"与1936年夏陈济棠被轻而易举驱逐下台不无关联。

关键词 鸦片 广东 六年计划 陈济棠

引　言

清末新政时期和民国时期的改革，都以积极尝试调整中国的法律体系为特征。针对这一问题的学术研究，多关注中央政府的改革努力。[①]

[①] Kathryn Bernhardt and Philip Huang, *Civil Law in Qing and Republican China* (Stanford, CA: Stanford University Press, 1994); Philip Huang, *Code, Custom, and Legal Practice in China: The Qing and the Republic Compared* (Stanford, CA: Stanford University Press, 2001); Jérôme Bourgon, "Rights, Customs, and Civil Law under the Late Qing and Early Republic (1900–1936)," in *Realms of Freedom in Modern China*, edited by William Kirby, (Cambridge, MA: Harvard University Press, 2001), pp. 84–112; Xiaoqun Xu, *Trial of Modernity: Judicial Reform in Early Twentieth-Century China* (Stanford, CA: Stanford University Press, 2008); Lisa Tran, "The Concubine in Republican China: Social Perception and Legal Construction," *études Chinoises* no. 28 (2009), pp. 119–149.

民国时期的法律、社会与军事

1916～1928 年，中国经历了长期明显的政治分裂，并且北伐以后也仅是局部获得重新统一。而学界对这一时期，独立于中央政府的地方当局所制定的法律的研究则仍不充分。

对民国时期鸦片法的既有研究也是相似的情况。[①] 在过去的 20 年中，关于"鸦片政治"的一系列研究成果，已阐明了民国时期中央政府所采取的措施。[②] 禁烟举措现已被公认是清末新政的一项重要内容。社会精英对鸦片危害的共识对根除鸦片十分必要，有赖于此共识，[③] 清政府于 1906 年通过了"十年计划"来开展禁烟活动。该计划最初在 9 月 20 日皇帝的诏书中宣布，随后 11 月 1 日出台了更为具体的指令。[④] 这一计划和随后的指令，要求在 10 年内逐渐根绝罂粟种植。此外，烟民须接受登记，认领吸烟许可证，并须逐步戒烟。在 6 个月内关闭所有烟馆，此后只能在受到严格监管的店铺中购买仅供家庭吸食的鸦片。政府官员被要求在 6 个月内戒烟，以作为民众的榜样。同时，清政府分别于 1907 年及 1911 年与英国签署了两份协定，原则上声明，印度应按中国鸦片年产量的减少情况，相应缩减对中国出口的鸦片量。[⑤]

尽管遇到了各种困难，"十年计划"仍然成果显著，甚至得到英国人

---

① 真正意义上从学术角度研究鸦片法的最初尝试建构起了这样的趋势，因为此研究有意识地聚焦于中央政府颁行的法令，即使它同时也对"十年计划"在省级层面的实施情况给予了一定关注。参见于恩德《中国禁烟法令变迁史》，中华书局，1934，第 1、139～146 页。

② 朱庆葆、蒋秋明、张士杰：《鸦片与近代中国》，江苏教育出版社，1995；王宏斌：《禁毒史鉴》，岳麓书社，1997；Edward Slack, *Opium, State and Society：China's Narco - Economy and the Guomindang, 1924 - 1937* (Honolulu：University of Hawai'i Press, 2001)；王金香：《中国禁毒史》，上海人民出版社，2005；Alan Baumler, *The Chinese and Opium under the Republic：Worse than Floods and Wild Beasts* (Albany, NY：State University of New York Press, 2007)。

③ 19 世纪，中国对鸦片的态度通常是负面的，但这一问题在当时至少还有人争论。此问题到了 19 世纪的最后十年经历了一个转折，像梁启超或严复这样的思想家，都将鸦片视为导致中国衰弱的主要原因之一，也是国耻的来源之一。吸食鸦片和其他一些行为，如缠足、嫖娼等，成为详细描述中国困窘的一个例证。瘾君子在烟榻上假寐的形象，成为中国人作为"东亚病夫"的象征。这是清朝致力于禁烟的主要原因之一。

④ 马模贞：《中国禁毒史资料（1729～1949）》，天津人民出版社，1998，第 399～401 页。

⑤ 于恩德：《中国禁烟法令变迁史》，第 259～261 页。

的认可。① 共和初年，新的中央政府继续致力于禁烟活动。但在 1916 年
中央权力分裂后，鸦片的生产和消费在中国再度兴盛。1930 年代中期，
国民党决定采取禁烟措施。其在禁烟中所取得的成绩（1935～1940 年
"六年计划"的结果），最近已被重新评价。② 然而，学界对地方实力派所
推行的鸦片政策的研究仍仅是粗略涉及。地方实力派通常被贴上"军阀"
的标签，并被描述成迫切希望抓住任何机会从鸦片中获利的恶霸，③ 即便
针对鸦片的相关研究承认有某些例外情况。④ 对地方政府所颁布的鸦片法
律，学界并没有给予足够关注。这些法律反而通常被嘲讽为一种障眼法，
甚至是一种敲诈的手段（有一则经常被引用的材料提到，如果农民不种
植罂粟便要被强制征收"懒捐"）。⑤

　　本文以广东为例，主要观点认为，地方鸦片法与那些由中央政府制定
的法令一样值得学者关注。本文之所以选取 1912～1936 年这一时间段，
是因其大部分时间里，广东省独立于中央政府之外。这一研究揭示了，真
心实意全面禁绝鸦片的尝试并非仅仅出自中央政府。法律中关于鸦片利益
最大化的内容，并不一定与军阀政体有关。一些广东地方实力派（其中
也包括军阀）即便在享有实际独立时，也曾真正地投身于禁烟事务。在
考察这 24 年时，当权者对鸦片合法化所持的迟疑态度，令人惊讶，而且
军阀和非军阀皆是如此。在每一个案例中，鸦片合法化的决定都出于实用

① 例如，1911 年 5 月签订的《中英禁烟条件》的第 2 条规定如下："现中国政府对于土药
已定严行禁种禁运禁吸之宗旨，英国政府深表同情且愿赞助其实行。"参见 Foreign
Office（英国外交部档案，简称 FO，下同）228/2444。中文版本，参见于恩德《中国禁
烟法令变迁史》，第 259 页。
② 王宏斌：《禁毒史鉴》，第 417～450 页；朱庆葆、蒋秋明、张士杰：《鸦片与近代中国》，
第 356～407 页；Alan Baumler, *The Chinese and Opium under the Republic: Worse than
Floods and Wild Beasts*, pp. 288 - 230; Edward Slack, *Opium, State and Society: China's
Narco - Economy and the Guomindang, 1924 - 1937*, pp. 104 - 154.
③ 于恩德：《中国禁烟法令变迁史》，第 198 页；王宏斌：《禁毒史鉴》，第 369～376 页。
④ 阎锡山在其控制下的山西省，采取的禁烟措施最为著名。参见 Harrison Henrietta,
"Narcotics, Nationalism and Class in China: The Transition from Opium to Morphine and
Heroine in Early Twentieth-century Shanxi," *East Asian History*, No. 32/33（2006），pp.
163 - 173; 王宏斌：《禁毒史鉴》，第 371 页。
⑤ Alan Baumler, *The Chinese and Opium under the Republic: Worse than Floods and Wild Beasts*,
pp. 90 - 92; 王金香：《中国禁毒史》，第 106～107 页。

主义，因为在竞争激烈的政治环境中，当权者迫切需要从鸦片获取资源。

1924 年是一个分水岭。1913～1924 年（除去 1915～1916 年的短暂中断），鸦片为法令所严厉禁止。尽管法律通常没有被切实执行，但鸦片一直是违禁品。但从 1924 年开始，鸦片合法化被视为理所当然，并且当局开始寻找合适的途径，以求在政治成本最小化的同时管理鸦片贸易。

一　关于禁烟的讨论（1912～1923）

在胡汉民的支持下，广东早在 1911 年 11 月便成为革命者的大本营。与当时的中央政府一样，革命派也致力于根绝鸦片。禁烟的规定自 1913 年 1 月 1 日起开始实行，使得 1912 年成为过渡性的一年。[①] 1912 年 8 月，负责禁烟事务的是广东警察厅及其以积极活跃闻名的厅长陈景华。[②] 禁烟法令被严格地执行，直到 1913 年 8 月革命派下台。当时，受袁世凯保护的龙济光，成功地将国民党赶出了广东。[③] 龙济光宣称他将恪守禁烟政策，并在此后一年半的时间里，一直坚守这一承诺。[④] 然而，有证据表明，从 1914 年开始，他便在广东与其祖籍云南省（该地的罂粟种植正逐渐恢复）之间建立了鸦片运输网络，以从中攫取利润。他的哥哥龙裕光，则在其中扮演着中间人的角色。[⑤] 尽管如此，龙济光并没有孤注一掷地要使鸦片贸易合法化。直到 1915 年，一个难以拒绝的机会出现在他面前。

①　《广东公报》第 124 期，1912 年 12 月 12 日；第 163 期，1913 年 2 月 13 日。广州报纸上相关剪报的翻译，参见 Archives d'Outre - Mer（法国海外省档案，简称 OM，下同）GGI 65400 之中。

②　参见 FO 228/1869（Intelligence report on Canton for the four months ending January 31, 1913）；OM GGI 65400（Note from the Canton French consul to the Gouvernement Général de l'Indochine concerning the Revolution in Guangdong, August 10 - 17, 1912）.

③　参见 FO 228/1869（Intelligence report on Canton for the four months ending January 31, 1913）.《南华早报》1913 年 3 月 8 日、4 月 24 日、5 月 16 日。

④　《南华早报》1913 年 9 月 4 日。Shanghai: Statistical Department of the Inspectorate general of customs Maritime Customs, *Returns of trade, and trade reports for the year 1914*, Canton trade report, p. 992；《广东公报》第 370 期，1913 年 10 月 16 日。

⑤　参见 FO 228/2461（Report from the Canton English consul, April 23, 1915）；FO 228/2462（Report from the Canton English Consul dated October 19, 1915）；《华国报》1915 年 4 月 8 日、6 月 17 日。

最先尝试的龙济光：1915 年的鸦片专卖

1911 年《中英禁烟条件》的第 3、第 4 条规定，中国任何省份若已经完全不产鸦片，并经英国官员严格检查合格后，就不再进口印度鸦片。中国的许多省份在民国初年遵守了这些条款，仅有广东、江西和江苏三个省份继续进口印度鸦片。即使在这些地方，地方法令也禁止吸食鸦片。与此同时，上海和香港仍然积压了大量印度鸦片。根据 1911 年的禁烟条件，这些鸦片可以合法地在中国领土出售。① 但必须找到一个解决的办法。1915 年 4 月，袁世凯任命蔡乃煌为广东、江西和江苏三省的禁烟特派员。② 1915 年 10 月，蔡乃煌与囤积大量鸦片的香港商人签订了一项协议：药膏监察总所每采购 1200 箱鸦片，须向国库缴纳 3500 元港币，并向龙济光私人支付 600 元港币。③ 然而，受龙济光掌控的药膏监察总所很快就不愿购买本应购买的 1200 箱鸦片，转而购买相对便宜的云南土烟，以从中攫取更多利润。

无论售卖的是何种鸦片，鸦片专卖已付诸实施。精明的龙济光以蔡乃煌与港商签订的合约为借口实行专卖，并声称是为了解决囤积在香港的印度鸦片问题。而且，该协议是由中央政府的特派员签订的。次年，一出讽刺剧上演。1916 年 4 月 6 日，龙济光宣布脱离中央政府独立，于 4 月 24 日暗杀了蔡乃煌，并指责其建立鸦片专卖制度。④

值得一提的是，龙济光鸦片专卖制度效仿了"十年计划"。比如，该制度声称是暂时的，仅计划持续 18 个月，是理论上售完所囤印度鸦片的

---

① 这确实是相当卡夫卡式的局面。1915 年 5 月，英国驻华大使朱尔典（John Jordan）在一封信中写道："江西巡按使以些许幽默的方式解释自己的渎职……他说他并不拒绝贴着奇怪标签、以珍玩名义运送到其省内的货物，但他提醒所有相关人等，在江西吸食鸦片是违法的，每个接触或吸食此违禁物品的人都要被砍头。"见 FO 350，Jordan Papers.

② 王宏斌：《禁毒史鉴》，第 361 页。

③ 参见 FO 415（Report of the Colonial Office dated 19 January 1916）；FO 228/2462（Report from the Canton English Consul dated October 19，1915）；Maritime Customs，*Returns of trade and trade reports for the year 1915*，Canton trade report，p. 1050. 药膏监察总所系被授权在广东出售鸦片的专门机构。

④ 南京第二历史档案馆，全宗号 679（海关档案），案卷号 32409，Canton current events and rumors，report dated April 25，1916；file no. 3285 - 3399，letter dated April 25，1916.

必要时间。此外，烟馆被取缔，而且吸鸦片者还需要获得许可（仅供老年、患病和日久成瘾的吸食者）。但这一专卖制度也有其独特之处——用委婉词语来指称鸦片，这也是其最为臭名昭著的"创新"之处。例如，药膏监察总所用"药膏"代替"鸦片"，因为鸦片含有一种物质，据称能够缓解戒毒症状。通过这些方式，龙济光开了此后广东鸦片专卖的先河，而后来的专卖制度通常也都声称专卖是暂时的，并经许可才能购买。"鸦片"一词很少直接出现。例如，熟鸦片被称作"戒烟药品"或"戒烟药膏"，生鸦片则被贴上"戒烟药料"的标签（见图1）。①

图1　1930年代初，广东禁烟局发行的"戒烟药料印花"

资料来源：广东省档案馆，全宗号95/1，案卷号639（九龙海关）。

禁烟成为一个死命题（1916～1923）

1916年7月，龙济光被旧桂系驱逐（陆荣廷、陈炳焜、莫荣新）。旧桂系想利用孙中山来加强其统治的合法性，但孙中山意识到自己毫无实权，便于1918年春离开广东去了上海。旧桂系解散了药膏监察总所，并回到了1915年前的状态：鸦片没有合法地位，但军阀通过参与黑市鸦片贸易从中

---

① 《禁烟条例》（1924年2月16日）、《财政部禁烟总处戒烟药膏专卖总局组织章程》（1926年9月29日）、《财政部戒烟药膏专卖总局收买药料暂行规则》（1926年9月29日），参见马模贞《中国禁毒史资料（1729～1949）》，第763、822～825页。

获利。^① 在这种情况下，吸食鸦片与 1913～1914 年期间一样受到限制。旧桂系对待鸦片问题仍十分谨慎（与之相比，他们却敢于解除对一种名为"番摊"的赌博游戏的禁令，并对此征税以补充财源）。^②

1920 年 11 月，广东辛亥革命的领导人之一陈炯明在闽南成功调集军队重新控制了广东。他不太情愿地接受了孙中山的支持。重新控制广东之后，陈炯明立刻宣称投身于禁烟事务。在 1921 年初的公告中，他强调是龙济光和旧桂系酿成了鸦片之灾，并公布了严格禁止种植、运输、售卖和吸食鸦片的命令。^③ 陈炯明在执掌广东期间始终坚持这一立场。^④

1922 年 6 月，孙中山想要优先通过军事征伐实现国家统一的想法，引发了与坚持地方自治、主要关注广东发展和繁荣的陈炯明之间的摩擦。陈炯明发动了对孙中山大本营的突然袭击，孙死里逃生到上海避难。^⑤ 6 个月后，一支杂牌雇佣军以孙中山的名义重新控制了广州，而陈炯明的武装力量则转移到粤东避难。孙中山军队的大部分士兵来自外省，因此被称为"客军"。其中一些力量强大到足够对国民党构成威胁，尤其是在杨希闵领导下的 2.3 万名云南籍军人。^⑥

二 禁烟督办署的创办

1923 年末孙中山的困境

尽管孙中山坚定地想要禁烟，^⑦ 但他不得不承认在广东实行禁烟政策

① Hosoi Hajime, *Shina o mite daia yūki* (Tokyo：Seikeidô，1919)，p.49.
② 《拒毒周刊》第 1 卷第 2 期，1920 年 10 月 23 日；参见卫恭《广州赌害：番摊、山票、白鸽票》，《广州文史资料》第 9 辑，广州市政协文史资料研究委员会，1963，第 66 页。
③ 《广东群报》1921 年 1 月 11 日。
④ 参见《广东群报》1921 年 9 月 21 日；《民国日报》1922 年 2 月 14 日。
⑤ 关于陈炯明"背叛"孙中山的原因，参见 John Fitzgerald, *Awakening China：Politics, Culture, and Class in the Nationalist Revolution* (Stanford, CA：Stanford University Press, 1996), pp.147-154, 198-203.
⑥ A. I. Chereparov, *As Military Adviser in China*, translated by Sergei Sosinsky (Moscow：Progress Publishers, 1982), p.25.
⑦ 王金香：《中国禁毒史》，第 118～127 页。

是不合时宜的。为理解这看似自相矛盾的现象，需要考虑多方因素。

促使孙中山得出这种结论的背景，是因中国其他地区鸦片生产和吸食的卷土重来。1915年，龙济光控制下的广东是率先将鸦片合法化的省份。然而，到了1923年末，广东又成为为数不多的最后几个大力禁烟的省份之一。禁烟的理想主义极大地削弱了广东的实力，因为当时中国几乎其他所有势力都在从鸦片贸易中获益。① 而且，无论在国家层面还是在广东省内部，政治环境都处于十分激烈的竞争中。1923年，孙中山的雇佣军同盟被证明是本性难改的鸦片走私者，他们将走私鸦片作为攫取利益和支付军费的经济来源。来自云南的军队因与本省保持着密切联系，并且云南的鸦片生产又十分猖獗，因而在这一方面更是声名狼藉。② 对孙中山而言，这可能是最糟糕的情况：不仅禁烟成为空谈，而且他的敌人以及麻烦不断的同盟军（潜在的竞争对手），而非他本人，也正从鸦片贸易中获益。③ 现实政治的重要时刻已经来临。

1923年12月17日，孙中山在给其新任命的禁烟督办杨希闵的指示中说明，走私如此普遍，使得禁烟成效甚微。他将鸦片合法化问题与国家政权建设的过程相联系，声称可以通过"寓禁于征"为北伐提供经费。④

孙中山没有简单地效仿他的前任（如旧桂系）的某些做法，即从鸦片贸易中收益而不将其合法化。其原因在于鸦片合法化是其建国方略的组成部分。从短期来看，禁烟督办的设立，目的在于剥夺客军的权力。而从长远来看，这是使税收合理化、集中化的尝试。

然而，在整个民国时期，全国范围内存在根除鸦片的共识。没有人

① 人们普遍认为，1922年末陈炯明的失败与其对赌博和鸦片问题的理想主义态度有关，也与他甘冒政治风险严厉实施禁令的决心有关。参见 "Intelligence report of the Canton Consul for the quarter ending December 31, 1922," in Robert L. Jarman ed., *China, Political Reports 1911 – 1960* (Archives Editions Limited, 2001), Vol. 2, p. 366.
② 《中国每周评论》1923年3月10日、8月25日。
③ Edward Slack 曾准确指出，广西政府和在厦门的藏之平也在同一时期将鸦片合法化（1924年1月）。见 Edward Slack, *Opium, State and Society: China's Narco - Economy and the Guomindang, 1924 - 1937*, p. 69.
④ "禁不胜禁，不如寓禁于征，即以所得之款，为北伐费云。"见《广州民国日报》1923年12月17日。

敢在任何程度上承认鸦片是可以接受的。[①] 从军阀时代开始，鸦片变得更加臭名昭著，舆论指出了军阀统治与从鸦片贸易合法化中获利这两者间的关系。[②] 因此，鸦片合法化不仅违背了孙中山的个人意愿，而且在某种程度上牺牲了政权合法性，特别是考虑到国民党宣称自己是进步的革命力量。有鉴于此，考察鸦片法如何制定和颁布便十分重要。

1924 年 1 月 16 日，孙中山颁布的《禁烟条例》十分有意思。这份文件读起来或多或少类似禁烟政策的大纲。第二条声明："一切禁烟事宜"应受禁烟督办监督。然而，全部 22 项条款中的大部分内容却在声明对吸烟者（第 13 条）、开设烟馆者（第 14 条）、炮制和种植鸦片者（第 11～12 条）的处罚等。如果细细考察这个文本隐藏的含义，其语境中的"鸦片"实际是指那些走私的鸦片。仅有一条（第 7 条）确实涉及合法的鸦片，其中"鸦片"被委婉地称作"戒烟药品"。[③]为了深入了解禁烟督办的实际运作，有必要考察继任的督办在之后的几个月里颁布的各项规定（相较于鸦片专卖的内部组织，他们更关注鸦片的非法走私）。[④]

因此，在此期间管制鸦片问题的法律体系建立在二分法之上。一方面，最高权力机关颁布了一部法律，对鸦片政策的整体原则加以说明（这部法令十分具有欺骗性，因为在外行看来它具备了禁烟政策的形式）。另一方面，每当认为有必要时，禁烟部门就会颁布一系列日常管理鸦片的规则。这些规则更具有技术性，也更实事求是，我们据此更深入了解鸦片

---

① 我已提到精英对于鸦片需要被根绝的共识早在 1890 年代就已根深蒂固，而民国时期的情况也是一样。参见 Xavier Paulès，"Opium in the City: A Spatial Study of Guangzhou's Opium Houses, 1923－1936," *Modern China*, Vol. 35, no. 5（2009），pp. 495－526.

② 这是成立于 1924 年的中华国民拒毒会的口号。许多例证可以在中华国民拒毒会编的《反对鸦片公卖言论集》（出版者和出版地不详，1931）中找到。亦可参见《拒毒月刊》第 8 期，1927 年 1 月，第 6 页；《民国日报》1922 年 12 月 28 日、1923 年 1 月 29 日。

③ 马模贞：《中国禁毒史资料（1729～1949）》，第 763 页。

④ 例如，《禁烟督办署订定招商明投戒烟药分所章程》，《广州民国日报》1924 年 1 月 22、23 日。走私的规模使得很难有人愿意出让鸦片贸易的收益。到了 1925 年中，几位禁烟督办署的领导主要关心的问题都是解除客军对鸦片市场的把持。见《广州民国日报》1924 年 2 月 25 日，4 月 8、28 日，9 月 2 日。

系统实际运作的情况。① 然而，当局并不愿公布这类规则，报刊也仅零星地刊登，使得将它们筛选出来变得更加困难。

新政策（1925年6月）

无论1924年的鸦片合法化多么令人费解，合法化本身却是一个分水岭，因为自此一直到1936年，鸦片都是合法的。1925年6月20日，当国民党成功镇压了它最强劲的对手（杨希闵和他的同盟桂系首领刘震寰）的反叛后，当局爆发了一阵禁烟热情，随即颁布了一份禁烟公告，但结果却是昙花一现。② 尽管如此，战胜杨、刘标志着一个新时代的开启，国民党加强了对广东的控制（该年年底形势获得更加显著的好转，因为此时的国民党已驱逐了盘踞在粤东的陈炯明）。

在政治形势如此乐观的背景下，新的《禁烟条例》于1925年8月1日出台。③ 这些规定在几个方面有所创新。首先，条例以长篇序言开宗明义（以"理由"为标题），详尽地揭露了鸦片的危害（它是一项社会灾祸；是导致中国衰弱现状的原因；等等），还声明杨希闵和刘震寰应对吸鸦片不受限制的实际状况负责。④ 这一说法提供了很大的诠释空间：承认鸦片现状是严峻的，但被认为是之前的不法之徒造成的。

由于沾染烟瘾的人数庞大，合乎逻辑的下一个步骤便是通过签发吸鸦片许可证的方法（与"十年计划"的办法相同），实行为期四年的渐进禁烟政策。将《禁烟条例》调整成一个以年度为框架的计划，不仅是为了推迟切实禁烟的时间，也是对"十年计划"的模仿。在民国政治中，计

---

① 当然，这并不是说它们完全可靠，对其他资料的仔细研究是必要的，例如广州和香港的报纸、禁烟积极分子的调查、文史资料和外交报告等。

② 《广州民国日报》1925年6月22、23日。

③ 马模贞：《中国禁毒史资料（1729~1949）》，第802~804页。

④ 让刘和杨对鸦片问题负责是一个巧妙的策略，但正如前文指出的，他们将陈炯明（他已成功的强制禁烟）驱逐出广东是受孙中山指挥。而且，1923~1925年，刘和杨不是唯一一从鸦片中获益的人。1925年7月，一些仍然忠诚于国民党的地方实力派（如李福林），做了同样的事情。参见 Xavier，Paulès，*Histoire d'une drogue en sursis：L'opium à Canton，1906 – 1936*（Paris：éditions de l'EHESS，2010），pp. 82 – 93.

划意味着现代、科学和进步，被视为政治的灵丹妙药。^① 有计划的法令所具有的独特吸引力，可以追溯到新政时期，^② 正如 1908 年颁布的建立议会的"九年计划"。^③ 此后，苏联计划经济的经验进一步加强了中国知识分子和政治精英对计划这一方式的兴趣。^④

为了达到更好地掌控鸦片收入的目标，"禁烟督办"被首次置于财政部的管理之下，这一制度创新后来延续了下去。几年间，禁烟机构的名称（多次更改）有时也反映出其与财政部的从属关系。例如，1928 年 9 月至 1929 年 7 月，禁烟机构被命名为"广东财政厅禁烟科"。1929 年 7～12 月，该科的名称变得更为隐晦，改为"财政厅第五科"，不过还是体现了其与财政部的隶属关系。^⑤

在"十年计划"中，获得吸食鸦片的许可证是这一体系的重要组成部分（附属于《禁烟条例》，有一整套规定专门涉及这一问题，也即《禁烟领牌章程》）。许可证制度计划通过使烟民逐渐减少日常消费量，以一种更为人道的方式帮助其戒烟。每个吸鸦片成瘾者必须报告他们每日的吸食量和一些其他信息（例如姓名、年龄和住址）。获得该许可的费用也较为合理，与每日的吸食量成正比（如果每日吸食超过 6 钱，每年缴纳费

---

① 一个关于政治精英沉迷于计划的著名例子是，1928 年孙科制定了一个 50 年的国家经济发展计划。参见 William Kirby, "Engineering China: Birth of the Developmental State, 1928 - 1937," in *Becoming Chinese: Passages to Modernity and Beyond*, edited by Wen-hsin Yeh, (Berkeley, CA: University of California Press, 2000), pp. 141 - 142.

② 当然，中国传统行政体系对渐进、长期的政策十分熟悉，例如各种水利设施，但这些计划通常没有确切、固定的日程表，这反映了新政时期形成的一个新的时间观。参见 Marianne Bastid - Bruguière, "Jikan kaishaku to Nihon eikyô: Chûgoku kindai ni okeru kako, gendai, mirai no gainen," in *Seiyô kindai bunmei to Chûka sekai*, edited by Hazama Naoki (Kyoto: Kyôto daigaku gakujutsu shuppankai, 2001), pp. 41 - 54.

③ Edward Rhoads, *Manchus and Han: Ethnic Relations and Political Power in Late Qing and Early Republican China, 1861 - 1928* (Seattle: University of Washington Press, 2000), p. 129.

④ 即使像张君劢这样对苏联持批判立场的知识分子，也不例外。参见 Wen-hsun Chi, *Ideological Conflicts in Modern China: Democracy and Authoritarianism* (Berkeley, CA: Institute of East Asian Studies, University of California, 1986).

⑤ 《华字日报》1928 年 6 月 6 日；陈大猷：《一九二六至一九三四年间的广东禁烟》，《广州文史资料》第 9 辑，广州市政协文史资料研究委员会，1963，第 68 页；《越华报》1929 年 7 月 12 日。

用 10 元；如果每日吸食 3 ~ 6 钱，每年缴纳 5 元；如果每日吸食少于 3
钱，则每年缴纳 1 元）。在接下来的几年中，新的规定出台。但这些规定
违背了更加有效地控制私宅中鸦片吸食量的目的（针对私宅的规定比烟
馆更加严格，烟馆不需要执照）。在 1930 年代，持有吸鸦片许可证者每月
被迫购买一定量的鸦片，从而减少他们在家中吸食走私鸦片的可能性。许
可证被用来向富有的烟民征收重税，借以从中获益（在 1929 年，最贵的
执照——"特别证"，允许其持有者在任何地方吸食任意种类的鸦片，并
保证不受禁烟监察员的打扰，但每月的花费高达 100 元）。最后，可以购
买一种临时（一日有效）执照，以获得在诸如妓院、旅馆和饭馆等地方
吸食鸦片的权利。这些规定，旨在将吸食鸦片控制在上述地点范围内，以
从中赚取额外财政收入。①

三　趋于完善的体系（1926 ~ 1936）

宋子文的举措及其遗泽

鸦片合法化有利于当局以更加官僚化（合理）的方式管理鸦片。1924
年鸦片立法后出台的一系列规则均相当粗疏。此后数年间，政府颁布了越
来越详尽的法规，以确保鸦片专卖的顺利运作。本文不能对此详加讨论，
但有必要强调在哈佛毕业的生意人宋子文（当时他刚到而立之年）在其中
扮演的角色。宋子文巧妙地整顿了广东鸦片专卖的一些具体问题。1926 年
10 月 28 日公布的《财政部特许各商运销戒烟药料请领牌照章程》和《财政
部核发戒烟药膏药料运照暂行规则》，是其制度设计之详尽准确的例证。②
这些法令反映出宋子文更加致力于使获取财政资源的方式合理化和集权化。
大部分时间里，宋子文并不反对当时被广泛接纳的收税方式，也即使用承

---

① 《财政部关于拟订戒烟保证规则》（1925 年 10 月）、《广东财政厅公布戒烟保证规则》
（1929 年 5 月），参见马模贞《中国禁毒史资料（1729 ~ 1949）》，第 815 ~ 816、917 ~
918 页；《香港工商日报》1935 年 6 月 15、17 日。
② 马模贞：《中国禁毒史资料（1729 ~ 1949）》，第 829 ~ 832 页。

包的方式。① 但他改良了选择承包商的方法，并要求在拍卖过程中引入竞争机制。② 在鸦片问题上，宋子文想出了将承包和行政控制相结合的办法。承包商（和更下一级的转包商）管理整个销售网络。当时并无整体承包，每个承包商被授予一项任务，比如从某一生产地区运输鸦片或在某个指定的区域进行鸦片批发贸易，这些任务均在官方机构的严密监控下运作。

宋子文成功地解决了鸦片合法化后鸦片管理机构必须面对的主要挑战之一：走私。他从刘震寰和杨希闵的失败中吸取了教训，猖狂的走私者拥有军事武装，这使得鸦片管理机构对其鞭长莫及。然而，鸦片并非体积庞大的货物，而且广东与鸦片生产省份云南和贵州，有许多水路联系，使走私鸦片仍然相对容易且诱人，因为可以从中获得巨额利润。走私的鸦片对合法鸦片构成了实质性挑战，因为它便宜得多，而且容易被掺入合法鸦片之中。

从长远来看，配额制是控制走私的主要办法，甚至可以说这是鸦片管控体系的支柱。正如上文所指出的，烟民在家中吸鸦片必须持有许可证，并且每月必须购买最低数量的鸦片。而这一系统也延伸到鸦片经销商，他们被授予在某一区域出售鸦片的权利，但每月必须销售与其所在市场潜在规模一致的一定量的合法鸦片，若达不到定额，还将会被罚款。

走私也与罂粟种植相关。与他的前任一样，宋子文禁止在广东种植罂粟，并设法决不将本地所产鸦片用于专卖，因为气候不适宜种植罂粟，广东只能出产十分劣质的鸦片。但由于仅有靠近潮州附近的地区适宜种植罂粟，而省政府对此地的控制又不牢靠，因而完全倚赖从西江流域的云南、贵州所产的外来鸦片便更加安全。③ 宋子文在河道上设立了一系列检查点，以确保更有效的控制。④

---

① Elizabeth Remick, *Building Local States：China during the Republican and Post - Mao Eras* (Cambridge, MA：Harvard University Asia Center, 2004), pp. 54, 78 - 88.
② 杨者圣：《国民党金融之父宋子文》，上海人民出版社，2001，第 27～35 页。
③ Archives du Ministère des Affaires étrangères（法国外交部档案，简称 MAE，下同），Série Asie, 1918 - 1929, sous-série affaires communes, file no. 55（Report by the Canton French Consul dated February 1924）.
④ Edward Slack, *Opium, State and Society：China's Narco - Economy and the Guomindang, 1924 - 1937*, pp. 77 - 79.

总的来说，宋子文成功地控制了鸦片走私。他的措施显然十分重要。1928 年之后，国民党借鉴其在广东的统治经验，在国家层面设置了相同的组织机构。[①]

鸦片收益的显著增长

宋子文的整顿还实现了鸦片财政收入的迅速增长。想要估计 1923 ~ 1936 年当局从鸦片中获得的收入，无论是统计总额还是百分比，都是一项十分复杂的任务。一些亲历者做出的估计虽不准确，但均承认宋子文的措施成功地增加了政府的鸦片收入。[②] 从可获得的为数不多的官方资料中获得的数据，证实了这些说法。（见表1）

表1　1926 ~ 1932 年广东省鸦片收入

单位：国币元

年份	鸦片收入	年份	鸦片收入
1926	5252978	1930	7764013
1927	6720000	1931	8011738
1928	7416000	1932	8662025
1929	7409664		

资料来源：《广东省财政纪事（1912 ~ 1933）》，广东财政厅，1934，转引自《国民党广东省党部禁烟赌专刊》，1936，第35 ~ 36 页。

《南华早报》估计，1929 年鸦片收入占广东省政府全年收入的24%（3200 万港币财政收入中的 760 万港币为鸦片收入），这一估计较为可信。[③] 鸦片收入在陈济棠时代可能达到了顶峰，舆论普遍认为这一时期陈

① 例如，值得注意的是，鸦片行政机构始终处于财政部的管理之下，直到"六年计划"推行（此后处于军事委员会之下）。
② 陈大猷：《一九二六至一九三四年间的广东禁烟》，第 125 页。MAE, Série Asie 1918 - 1929，sous-série affaires communes, file no. 56（Letter from the French Consulate dated September 5，1928). 《香港工商日报》1928 年 8 月 3 日，转译自 FO 371/13252.
③ 《南华早报》1929 年 8 月 6 日，转引自 MAE, Série Asie, 1918 - 1929，sous-série affaires communes, file no. 53（Report by Lieutenant Laurin dated October 9，1929). 没有明确提及除美元以外的其他货币。

济棠每月可从鸦片贸易中攫取 100 万港币的收益，相当于全省收入的 18%～38%。[①]

陈济棠掌控下的鸦片体系

北伐胜利至 1931 年的三年间，广东仍受南京政府的统治。这段时间里广东出台的鸦片法或多或少地与南京实施的法律相似。1931 年 2 月底，蒋介石软禁了胡汉民。随后，一场倒蒋运动在广东展开。陈济棠（当时粤军的统帅）抓住这一机会，攫取了广东的领导权。[②] 在陈济棠为期五年的类似军阀割据的统治下，广东省又一次享受到了很大程度上的自治。总的来说，广东的鸦片体系在此期间继承了宋子文时期的一些特征，[③] 但其中有两个明显的变化。

第一个变化发生在 1930 年代初，烟馆成为管理体系中的一个关键要素。所有公开颁布的法令，或明确禁绝烟馆，或不涉及烟馆，因为这是一个非常敏感的问题。烟馆的存在最明显地表明了鸦片的存在。同样，烟馆也是禁烟积极分子和公众舆论特别关注的焦点。阅读这些禁烟法律，会感觉不到这一时期烟馆遍地存在（在 1930 年代中期，广州大约有 350 家）。[④] 在专卖的最初几年，烟馆相对而言仍然不受行政干预，但为确保能够更加严格地管控它们，当局在 1930 年代初制定了新的措施。例如，剥夺了烟馆在其经营场所拥有的炮制鸦片的权利，从而避免将官方鸦片替换为走私鸦片或其他物质（这么做在当时很普遍，是个"公开的秘密"）。[⑤] 取而代之的是，烟馆被要求出售带有官方商标的密封盒子，盒子上标明顾客

---

① 估算这一时期鸦片收入及其在全省财政收入中所占比例是一个复杂的问题，可参见我的 *Histoire d' une drogue en sursis: L' opium à Canton, 1906 - 1936*, pp. 126 - 127.

② 关于 1931 年反蒋运动后续更多细节的说明，参见 Wai-chor So, *The Kuomintang Left in the National Revolution, 1924 - 1931* (New York: Oxford University Press, 1991), pp. 191 - 199.

③ 有意思的是，广东糖的专卖始于 1934 年 6 月，面临着相同的制约因素，特别在密集的走私方面，并与禁鸦片体系有一些相同的主要特征（如包租、分租、销售限额），参见 Emily Hill, *Smokeless Sugar: The Death of a Provincial Bureaucrat and the Construction of China's National Economy* (Vancouver: University of British Columbia Press, 2010), pp. 148 - 155.

④ 有时也会出台一些关于烟馆的法令，参见《广州民国日报》1924 年 2 月 25 日。

⑤ 《民国日报》1931 年 7 月 27 日。

图 2　1920 年代末 1930 年代初（不晚于 1931 年）的陈济棠

资料来源：*Who's Who in China*，4th edition（Shanghai：The China Weekly Review，1931），p.46.

所需鸦片的确切数量，以便保证其遵守配额，并且每天出售一定数量的鸦片。同时，烟馆还需缴纳新税，包括每月的执照费，以及与供顾客使用的吸烟器具数成比例的费用。①

前文已指出这些法律可能具有欺骗性，并强调符合实际一些的具体规则更能说明问题。然而，我们对用具体规则来了解现实情况的方法也不能太过乐观。广东档案馆保存的一张海报，展示了一组与检查相关的规定，便是一个非常好的例子。这张海报极有可能被张贴于烟馆中，但即便在这组规定中，也绝未明确涉及烟馆，反而宣称是用于"民居房室"。② 有一点十分重要，如果当局有证据怀疑一家烟馆涉嫌违法活动（如出售掺假或走私的鸦片），想要对其进行调查时，广东禁烟局（成立于 1929 年 12

---

① 《香港工商日报》1935 年 6 月 19 日；《越华报》1930 年 6 月 7、10 日，1933 年 7 月 3 日、8 月 20 日，1930 年 2 月 7 日。

② 《广东禁烟局布告》（由广东禁烟局公布，1934 年 12 月 7 日），广东省档案馆，全宗号 2/2，案卷号 78。

月1日）的工作人员必须由警察机关的成员陪同。广州当地报纸中的几则新闻，证实了烟馆老板非常清楚他们所拥有的权利，并会断然拒绝不遵守这些规定的禁烟局人员。[①] 制定这项措施的原因很简单：广东禁烟局想规避敲诈，特别是其内部肆无忌惮的工作人员所可能导致的诬告和勒索（他们中的大部分人名声很差）。[②] 但是当局羞于直截了当地承认他们确实与保护臭名昭著的烟馆有关。

图3　所存为数不多的霍芝庭（右一）照片之一，

图中其他人是广东禁烟局的重要管理人员

（左起：陈文甫、陈玉崑、温钟声）

资料来源：《香港工商日报》1936年3月17日。

　　陈济棠统治下的第二个变化是，广东禁烟局被置于由霍芝庭掌控的公司的管理之下，而非财政部之下。霍芝庭是一个有争议的人物，他在广东的赌博和鸦片贸易中具有很强的势力。[③] 然而，这次他也采用了承包制，

---

① 《越华报》1933年10月1日、1934年6月27日。

② 陈大猷：《一九二六至一九三四年间的广东禁烟》，第126页；《华字日报》1928年6月12日。

③ 《人间世》第38卷第19期，1935年10月20日；卫恭：《八十年来广东的"禁赌"和"开赌"》，《广州文史资料》第16辑，第111页。

而非控制整个销售网。① 霍芝庭始终保持低调的作风，从不以广东禁烟局长官的身份示人。②

四　"六年计划"对广东的影响

蒋介石利用"六年计划"，从财政上削弱了对其权威构成挑战的地方军阀。例如，更改连接一些主要罂粟生产省份（云南、贵州）与长江下游地区（拥有巨大鸦片消费市场）的鸦片贸易线路，③ 剥夺新桂系军阀在西江沿岸征收过境税的权利，而这是他们一项重要的收入来源。④

蒋介石还广泛地听取全国关于禁烟问题的意见。南京政府制定了一个完善可靠的禁烟计划，从而在鸦片问题上建立起了唯一合法的权威。作为一名领导者，蒋介石从"六年计划"中获益，因为与之相应的宣传巧妙地暗示他是林则徐的继承人。⑤ 同样值得注意的是，新鸦片法与中国的国际承诺相一致。蒋介石因他的新鸦片法，得到了国际联盟的赞赏，其政治声望也因此获得了提升。⑥

历史上，将法律作为一种集权工具，用以与离心力量相抗争的事例并不少见。例如，中世纪晚期，法王菲利普四世通过对巴黎议会使用上诉

---

① MAE, Nantes, Pékin, Série A, file no. 155 (Report by the Canton French Consul dated December 15, 1932).

② 尽管如此，仍有例外。因为某些我不了解的原因，霍芝庭决定以广东禁烟局副局长（很讽刺的）的身份示人（《香港工商日报》1936 年 3 月 17 日）。对霍芝庭生平的介绍，参见吴湘衡《我所知道的霍芝庭》，广州市政协文史资料研究委员会编《南天岁月：陈济棠主粤时期见闻实录》，广东人民出版社，1987，第 325 ~ 333 页。

③ Jonathan Marshall, "Opium and the Politics of Gangsterism in Nationalist China, 1927 – 1945," *Bulletin of Concerned Asian Scholars*, 8 (1976), pp. 26 – 27. 朱庆葆、蒋秋明、张士杰：《鸦片与近代中国》，第 147 页。

④ Wilbur Burton, "Remembered Days in Canton," *China Weekly Review*, July 8, 1933, p 234. "Tin and opium in the economy of Yunnan," *China Weekly Review*, September 23, 1933, p. 148.

⑤ Xavier Paulès, "La lutte contre l'opium, panacée politique pour le Guomindang?" *Vingtième Siècle*, 95 (2007), pp. 207 – 209.

⑥ MAE, Série Asie, 1930 – 1940, sous-série affaires communes, file no. 115 (Minutes of the 22nd Session of the Advisory Committee on Traffic in Opium and Other Dangerous Drugs).

权，在某些由兵强马壮的男爵所控制的地区维护了其权威。[①] 同样的，广东是一个绝佳例证，说明南京政府通过制定关于"六年计划"的国家法律，如何有力地挑战了像陈济棠这样地方势力的合法性。

在一系列旨在庆祝"六年计划"成绩的官方出版物中，广东（以及广西）的缺席十分引人注目。[②] 广东知识精英对此难以容忍，敦促陈济棠采取相似措施。[③] 毫无疑问，在陈济棠看来，在广东强制执行"六年计划"是对其自治的严重挑战。因此，1935 年底，陈济棠尝试实施他自己的五年禁烟计划（也旨在禁赌）。这个计划包括对鸦片情况的调查，并"举行登记"（1936 年），然后根据调查结果制定计划（1937 年）。1938年将公布禁鸦片规定，禁止开设新的烟馆，开始"制止无瘾吸食鸦片"，以及减少烟民的吸食量（1939 年）。在最后一年（1940 年），强制执行全面的禁烟。[④] 至少可以说，这个计划既模糊又不可信。值得注意的是，陈济棠的禁烟计划预计与南京政府的"六年计划"在 1940 年同时结束。其目的很明显，他要显示广东的禁烟举措并不落后。在陈济棠统治广东的最后几个月里，还出台了更多类似的计划。但这些计划均给人仅仅为了赶时间而摆姿态的印象，并未出台具体措施。[⑤]

学界普遍认为，1936 年 5 月 12 日胡汉民的去世（从 1931 年底开始，他便居住于香港，为陈济棠政权提供道义上的支持），在剥夺陈济棠统治合法性上起了决定性作用，并导致了陈在两个月后的倒台。尽管很难说鸦片在多大程度上对陈济棠政权的合法性造成了破坏，但它似乎在这其中确实起了作用。

五 结论

1912～1936 年的大部分时间里，广东当局在鸦片问题上面临着困境。

---

① Jean Favier, *Philippe le Bel* (Paris: Fayard, 1978), pp. 93 – 94.
② 例如，参见《禁烟纪念特刊》和《禁烟半月刊》。
③ 参见《拒毒月刊》第 90 卷第 8 期，1935 年 6 月；《华字日报》1935 年 3 月 12 日；《香港工商日报》1935 年 3 月 26 日、6 月 9 日。
④ 《拒毒月刊》第 95 卷第 20 – 21 期，1935 年 12 月。
⑤ Xavier Paulès, *Histoire d'une drogue en sursis: L'opium à Canton, 1906 – 1936*, pp. 131 – 133.

民国时期的法律、社会与军事

一方面，鸦片被认为是中国衰败、落后的标志，因而禁烟被视为当务之急；但另一方面，鸦片税是财政收入的重要来源。

1924 年以前，当局尝试通过强制禁烟，或暗中从鸦片运输中攫取利益来改变这一两难困境，但始终没有赋予鸦片合法性（龙济光 1915～1916 年的鸦片专卖是一个例外）。1924 年是个转折点，这一年孙中山决定使鸦片合法化。当局开始公开地控制鸦片专卖，但尽其最大努力出台能够被公众接受的鸦片法规。法规是必要的工具，因为在某种程度上，官方的介入被认为是必需的，以便更好地管理鸦片，并从中攫取更多收益。法规变得越来越细致和全面，并被证明成功地使得鸦片收入获得增长。然而，广东的专卖从未以政府掌控全局的形式出现。由地方鸦片商参与的传统包税制（尽管在严格的监督之下）仍是鸦片专卖的核心。

将这一时段作为一个整体来考察，军阀与非军阀间的区分似乎与此无关。像龙济光（1913～1915）这样被明确贴上"军阀"标签的掌权者以及旧桂系，均从鸦片贸易中获益，然而他们是以相当有限和谨慎的方式进行，因为他们不敢将鸦片合法化。恰恰是以进步号称的孙中山政权，将鸦片贸易合法化。而且，在 1924～1936 年，就与鸦片相关的问题而言，国民党和陈济棠之间有着相当多的延续性。

在中央和地方鸦片法之间的关联性问题上，本文展现了 1906 年"十年计划"的持续影响。在本文讨论的整个时段中，"十年计划"一直是一个很重要的范式。在几个事例中，广东鸦片法的一些特征直接受到"十年计划"的启发，最显而易见的是年度计划框架和发放吸鸦片许可证两项。

与其他掌权者一样，军阀必须考虑舆论。[①] 本文揭示了南京政权利用"六年计划"作为动摇陈济棠政权合法性的手段，剥夺了其在广东享有的巨大公众支持。因此，应当强调的是，中央和地方法律并不是简单的共存，有时实际上是互相竞争的关系。这是在南京政权和中国离心力量的斗

---

① 例如，Alfred Lin 清楚指出陈济棠使用精心制定的福利政策作为加强其合法性方式的事实。见 LinAlfred, *"Warlord, Social Welfare and Philanthropy: The Case of Guangdong under Chen Jitang, 1929-1936,"* *Modern China*, 30 (2) (2004), pp. 151-198.

争中，至关重要但却常被忽视的部分。

　　附识　十分感谢 *Julian Theseira* 编辑的慷慨赐教，并向两位匿名评审，以及 2012 年 9 月 20～22 日在伯克利加州大学东亚研究所举行的"民国法律、政治和社会：中西比较的视角"工作坊的与会学者致谢，感谢他们见解深刻的评论和意见。

　　〔作者包利威，法国社会科学高等研究院副教授〕

（梁馨雷　译）

选民教育：联省自治运动与中国选举法的变革（1920～1923）

贺祥（Joshua Hill）

内容提要 自1909年起，中国政府就开始定期举行选举，立法者也投入大量资源编纂和修订选举法。在清末民初的早期选举中，其适用的法律基于选民资格限制和间接投票制度。与之相比，1920年代的联省自治运动和1927年以后国民党政府所设计的选举法都强调选举中的直接投票，并赋予几乎所有成年人以普选权。两种选举法律体系都融入了外国选举实践的元素，并糅以一些源自中华帝国晚期政治思想的经验和理想。两种制度之间的过渡，凸显了短暂的联省自治运动对于继之而来的一党专政的集权体制下的法律体系的影响。

关键词 联省自治运动　上海名流　国民党　选举法改革

引言：对约翰·杜威的提问

在结束漫长的在华访问前三个月，美国教育家、哲学家约翰·杜威（1859～1952）曾与江苏省教育会的会员举行了一场关于"近世选举之趋势"的座谈。江苏省教育会是当时最具影响力的民间社团之一，总部设在上海，囊括了诸多全国著名的政界、学界和商界领袖。1921年4月9日的这场活动中，第一个向杜威提问的人问他对中国最近举行的国会选举有何评论："共和国当然有国会，而中国国会——无论新旧——都已破产，此次选举，国民对之，更形冷淡。未识有何别种救济方法？"杜威答道："非先明白中国国情，不易解决。"① 这一言简意赅的回答能否满足他的听众不得而知，而这一问题背后透露的焦躁与不安，来自1921年3月试图选举新一届国会所引发的争议以及一场质疑选举结果的诉讼。1921年的选举体现了民国初期政治体制在中国的失败，但是也为讨论替代方案创造了空间。

这段对话最初的焦点，是杜威的听众都知晓的一场不同寻常且广为人知的讼案。由于对选举舞弊的不满，一位交游广泛的年轻律师杨春绿（约1887～1932）于1921年3月6日针对上海当局的数位成员提起诉讼。上海的报界对此讼案有大量的报道，特别是发行量较大的《申报》经常会登载案情。江苏省教育会的一位领导人——上海教育家沈恩孚（1864～1944）亦曾有助于挑起杨的质疑——他曾记下了自己亲历的选举舞弊，并登载在上海许多重要的报纸上，杨的诉状中就援引了他的这段经历。② 杜威此时访问上海纯属巧合，但是他提到的许多问题都触及了引发杨氏诉讼的那些问题。在官司过后的数年里，这些关切促使沈恩孚等人通过建立省宪来尝试改造中国日渐颓败的国家政制。

改革选举是他们设想的省级政府的重要组成部分。1921年所实行的选举法，主要基于间接投票和极为严格的选民资格，直接因袭了清末制定的法典。尽管辛亥革命后有人质疑这种限制严格的选举制度，然而在此后的十年间，这一制度仍获得了举国上下政治和知识精英的广泛支持。到1920年，这种共识开始消解，此后三年间，对于建立在直接投票和普选权之上的新型选举体制的支持渐成主流。中国选举法的这一变革应该被视为人们对于更广泛的问题——选举的目的、选举能达成的目标、选举应如何组织——的理解的变化。尽管这一转型体现为联省自治运动的一部分，它对于国家政治意识亦有影响。虽然时至今日鲜为人所承认，对于直接选举和成年人普选权的采纳却无疑是

---

① 《狄雷博士谈话记》，《申报》1921年4月10日，第10版。"旧国会"指1912年选举的国会，后遭遣散，但此后曾多次复会；"新国会"指1918年选举的国会，后于1920年永久解散。

② 《沈恩孚调查众议院议员上海初选》，《申报》1921年3月5日，第11版。

1920 年代早期分散而短命的联省自治运动的产物，而非其后植根大众的政党的创造。

用旧选举法选举一个"新新"国会（1920～1921 年）

　　1921 年春的选举使杜威的听众感到困扰，但其本意却在于承继辛亥革命之后数月间建立的法律架构，使支离破碎的民国重现活力。辛亥后的十年间，北京的中央政府无论是财富还是权力都呈江河日下之势。数年间迭经内战和外国对中国主权的侵犯，名义上的国家政权日渐丧失合法性，政治上四处受到挑战，其中包括孙中山的广州国民政府。当时掌握北京政府的直系军阀，经历了 1920 年夏末短暂的直皖战争后才夺得政权，为了体现他们统治的合法性，意图安排依照 1912 年的中华民国选举法选举新一届国会。对最初的选举法（1913～1920 年这一法律被历届政府漠视、废弃、篡改）的回归体现了新一届政府和革命本身所代表的价值、理念之间的连续性。因此，徐世昌（1855～1939）大总统和他的内阁在 10 月的最后一天发布命令，定于翌年春天举行国会选举。原定将要在此次选举中产生的国会被称作"新新国会"，以示与 1912 年选举的"旧国会"、1918 年的"新国会"之间的区别。

　　极少有人会幻想这些选举能够修补民国早已破碎的政治格局。仍居北京的 1912 年"旧国会"议员反对这一提议，宣称他们的任期仍然没有正式结束。位于广州的孙中山（1866～1925）政权也聚集了一批 1912 年的旧国会议员，同样将此选举斥为"非法"，并成功说服南方数省联合抵制。舆论则倾向于讥讽——一位《申报》的社论主笔将当前的选举方案视为近于早年"武人党派""欲扩张势力以金钱竞争选举"的企图。[①] 然而也有人持有一丝谨慎的乐观。例如，上海发行的英文报纸《北华捷报》（*North China Herald*）报道了选举举行数周前公众的持续关注，并评论道

---

① 默：《杂评一：旧状态》，《申报》1920 年 11 月 14 日，第 7 版。

"（中国人民）似乎突然意识到即使是一个坏国会，也同样象征着人民的权利，并且宣示了迟早有一天一个真正的代议制机构会出现在（北京）"。① 或许是为了鼓励这样的情绪，徐大总统命令地方政府和司法机关阻止任何破坏选举的举动，以避免"选举之形式虽存而精意已失"的情形。

徐氏并没有详细阐发何谓选举的"精神"，尽管他的命令开篇就对此有所提及："选举之制，天下为公，所以尊重全国人民之公权，俾各举其衷心悦服之人，代表其意于国会。"② 将民国描述成"天下为公"，使得此次投票既同中国政治哲学的深层潜流，又同对中国选举的一种独特设想联结起来。"天下为公"是古籍中孙中山最喜爱的四字箴言，被1927年后的国民政府奉为圭臬。然而，在民国早期，这四个字的意思仍然与其文本出处的上下文紧密相连，而非孙中山政治理念的精辟表达。但凡受过教育、能读懂徐氏命令的人都知道这段引自《礼记》的话："大道之行也，天下为公，选贤与能，讲信修睦。"③ 徐氏有意将投票一事同"选贤与能"的理念联系起来。为"其衷心悦服之人"投票并不意味着基于对于一党、一地或某种特殊关系的忠诚而挑选候选人，而是推举公认的道德典范担任公职。

这种对于选举目的的理解并非徐世昌所创；相反，他也仅是继承了自1909年中国首次试行选举以来的传统。对于选举目的的预设共识，存在某种延续性，这也反映在从清末到民国相对稳定的选举法中。作为新政的一部分，清政府于1908年为各省咨议局设计了选举法，并在次年举行了选举。这批法律将选举权限定在具有一定教育、社会、财产资历的成年男子。清朝的《各省咨议局章程》和《咨议局议员选举章程》规定，有选举权的仅为年满25岁的男子，本省籍贯，且曾办理公益，或曾在新式学堂中学毕业，或曾有举贡生员之出身者，或曾任文武职官者，或有5000

① "Parliament and the Tuchuns," *North China Herald*, March 5, 1921, p. 572; Rodney Gilbert, "Peking's Plan for a Parliament," *North China Herald*, June 4, 1921, p. 654.
② 《政府公报》1920年11月18日，"命令"，第1页。
③ James Legge, *Li Ki* (Oxford: Clarendon Press, 1885), pp. 364–365.

元以上之营业资本及不动产者。某些行为则导致褫夺选举权的情况，包括宣布破产、不识文义、"身家不清白"或者吸食鸦片。一些职业也同样被禁止参加选举，其中包括政府官员、警察、现役士兵、僧道及其他神职和学生。①

有权投票者分两阶段以间接选举的方法参与选举：选民并不直接选举议员，而是先选出候选人，再由候选人互选出正式的议员。在初选中，每一县为一单独选区，配有初选阶段获胜者之定额。初选由某一数学公式决定获胜所需要的最少得票数，凡超过此数者皆为获胜者，每一府为复选举区，各县初选获胜者一同举行复选。复选的获胜者则成为新当选的省咨议局议员。关于清朝为何采用这样的制度，当时具体的解释现都已佚失。以今人的揣度，也许是因为其分层的遴选结构类似 1905 年之前科举的层级。

清朝设计的选举法在其覆亡之前仅施行过一次，但是这些法律却挺过了辛亥革命并成为民国国会和各省立法机构选举法的基础。中华民国新政府的临时参议会于 1912 年夏所通过的一套三种、相互交织的选举法，就沿用了清朝选举法的基本结构——限制选民资格且间接选举。②甚至投票箱和选票的样式都基本沿用前清（参见图 1、图 2）。除临时参议院外，以康有为（1858～1927）和梁启超（1873～1929）为代表的读书人关于选举的主流论说也都倾向于支持上述两项基本原则。③ 与此类似，省级政府，如江苏，在全国的选举法出台数月前起草本省的选举法时也提出了相近的体制。④

做出此类决定的原因在 1912 年参议院辩论的过程中表露无遗。参议

---

① 《各省咨议局章程》《咨议局议员选举章程》，《清朝续文献通考》，商务印书馆，1935，第 11436～11442 页。

② 国会选举法参见《政府公报》1912 年 8 月 11 日，"法律"，第 5～30 页；省选举法则参见《政府公报》1912 年 9 月 5 日，"法律"，第 7～12 页。

③ 《中国国会制度私议》，《梁启超全集》第 4 卷，北京出版社，1999，第 2108～2109 页；《拟中华民国国会代议院议员选举法案》，《康有为文集》第 7 卷，共和编译局，1914，第 1～24 页。

④ 《江苏省临时省议会议决案》（1912 年），南京市图书馆馆藏。

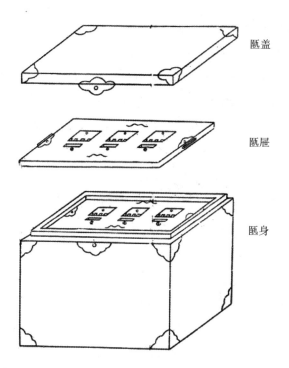

图1 投票箱样式（长1尺5寸、宽1尺、高1尺2寸）

资料来源：《政府公报》1912年9月21日，"命令"。

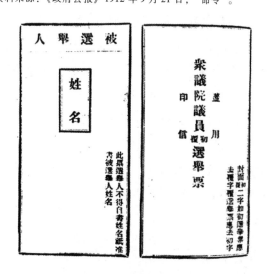

图2 选票样式（右图为正面、左图为背面）

资料来源：《政府公报》1912年9月21日，"命令"。

院以压到多数投票决定保留这种两级间接选举。① 根据委员会辩论纪要，一位参议员力主"复选制度易于选出优秀之人才"。② 尽管保留间接选举几乎毫无争议，对于选民资格的限制则引发了争论。似乎所有人都认为对投票加以某种限制是理所当然的，只有一小部分参议员投票支持成年男性的普选权。③ 一位参议员解释说，根据国际惯例，限制选民资格有两大基本原则：应当制定法律赋予"有独立谋生手段之人"和"有学问之人"以选举权。④ 然而，同时也有广泛的共识，认为相较于皇权之下，民国的选举权应该普惠更多民众。后来辩论聚焦在如何扩大选民群体，同时仍将投票权限定在那些被认为有相应的背景资历来负责任地行使权利的群体中。一些政府之外的著名女性活动家强烈呼吁（她们非常精通如何利用媒体）赋予女性投票权。⑤ 然而，她们支持女性投票权，却并不表示支持男性普选，而是指将合格的女性纳入有限的选民群体中。

临时参议院1912年通过的最终法案规定，只有年满21岁、在选举区住满两年以上的成年男性才有投票权，且须是在小学校以上毕业者（或在1905年的科举考试中获得"相当"之资格者），或有值500元以上之不动产者，或年纳中央政府"直接税"2元以上者。这些资格限制，相较晚清大为缩减，为大幅扩大选民群体奠定了基础。1909年仅有不足200万人有投票权，而到1912年这一数字接近4300万。同1909年一样，吸食鸦片者、不能写汉字者、精神错乱者、宣告破产者仍不得投票，而所从事职业有可能威胁恐吓投票者的人也没资格参选。非常近似于清朝的选举法，此次新法仍致力于选取有良好的知识、道德背景的选民参与政治。

1912年对于清朝选举法的修订，在1920年代后期国民党政府上台以前一直是民国选举体制的基石。大总统徐世昌1921年下令选举时又公开

① 《政府公报》1912年7月13日，"附录"，第9～15页。
② 《政府公报》1912年7月10日，"附录"，第18～19页。
③ 《政府公报》1912年7月13日，"附录"，第15～19页。
④ 《政府公报》1912年7月25日，"附录"，第21～27页。
⑤ 参见 Louise P Edwards, *Gender, Politics, and Democracy: Women's Suffrage in China.* (Stanford, CA: Stanford University Press, 2008).

重申了这些选举原则，表明它们在辛亥革命十年之后仍然具有合法性。然而在徐氏任大总统期间，另外一套与之竞争的选举法，基于不同的外国思想源流和对中国历史的不同理解，开始打破这种旧的共识。杨春绿对1921年上海选举的司法诉讼以及杜威与江苏省教育会领导人之间关于选举法的公开讨论，都揭示了清末民初间接、受限的选举制度已丧失了其仅存的可信度。为了取而代之，律师、教育家和公共知识分子提出了另外一种目标迥异的选举法。

在法庭上质疑上海选举（1921年）

"新新国会"选举后在上海提起的讼案起初并非有意挑战这一间接、限制选民资格的选举制度，尽管这一讼案的支持者很快就转而支持其他选举制度。徐世昌1920年11月的总统令告诫政府和司法机关要践行选举法、抵制腐败，于是原本默默无闻的地方律师杨春绿决定监督上海县的初选，以符合国家法令。杨氏最初的诉状讲述了他在选举日当天的经历。当他抵达指定的投票地点时，杨注意到三大群人，分别由30到40个形迹可疑的人组成，不断进出投票处。在这些人离开时，杨从地上捡起近250张他们丢掉的投票入场券。他为此感到不安，决定放弃投票。他去了另外两个投票处，又见到了几百张被遗弃的入场券。这些入场券应该在每位选民登记时分发，其中一些上面写着同样的名字；另有多张入场券的编号相连（人为痕迹明显，因为选民不可能按照数周前登记的顺序到达投票处）。这些迹象合在一起就告诉杨一定有统一的安排，进行选票造假，选举舞弊。[1] 其他人也同样持有这种怀疑（参见图3）。

杨的陈述是此诉讼的基础，但这一陈述在两个重要方面是不全面的。首先，杨自身是初选阶段的候选人，且获得了足够的选票成为"候补当选"。中国的选举法中有此设置，以备选举中的实际当选者不能履职或是

---

[1] 《选举诉讼开庭记》，《申报》1921年3月15日，第10版。

图3　讽刺选举腐败的政治漫画。右边的一叠纸张（可能是选票
或是投票入场券）上书"选举"二字，正在被出售

资料来源：《申报》1921 年 3 月 5 日，第 14 版。

因舞弊而被解职时取而代之。杨的讼案并没有提到他自己在选举结果中涉
及的私人利益。其次，尽管杨援引江苏省教育会领导者沈恩孚的经历，证
明选举舞弊，以支持自己的主张，但是他却从未透露过他与沈的私人关
系。尽管没有证据证明两人在讼案发生前相互认识，后来的新闻报道显示
杨和沈在 1920 年代中后期共同担任了数个政治团体的会员及领导职务。
有可能杨是通过此次案件引起沈的注意，但似乎更有可能杨是在获得这位
重要的公民领袖的支持之后才发起诉讼的。

　　考虑到杨在讼案中刻意针对市里位高权重的三人，这场讼案获得像沈
这样功成名就的大人物的支持是不可或缺的。被诉讼的三人中，一位是上
海县知事沈宝昌（1880 ~ 1935），亦是此次的初选监督，他列名本案被告
也在情理之中。沈宝昌并未出庭，接到命令提交证据时也反应迟缓，总体

来说似乎对此案件颇不以为然。另外两名被告是姚文枬（1857～1934）和陆文麓（1855～1927），两人自晚清起就是上海公共领域的头面人物，也是史家所谓上海的"士绅民主"的重要领袖。[1] 两人都有科举功名，曾单独或同时在上海的历届地方政府理事会中任职。姚曾被选举进入第一届民国国会，也曾在此后数年间屡次赢得初选。在 1921 年选举中，不容忽视的是，姚和陆两人都是初选当选人。两人通过传统的方式获得社会地位；他们都是旧士绅阶级的成员，其权力来自参加科举考试和管理各种地方事务，例如编纂地方志和维修上海城隍庙。这两人都象征老上海的官方权力结构。

杨的讼案历经 1921 年 3～4 月数周之久才得到解决。其间举行了数次听讼，就选举法提出了一系列技术问题。在经过同大理院之间漫长的文书往复之后，上海地方法院于 4 月 15 日做出判决，判定上海县的初选无效。此次选举的 31 名当选者，已经在 3 月公布，此时却被剥夺当选资格。法庭以选民登记不当和选民签到程序混乱为由将选举结果取消，却基本不涉及杨春绿和沈恩孚关于刻意舞弊的指控。[2] 无论如何，判决是引人注目的，甚至可以说是史无前例的。清朝和民国的立法者都起草了解决选举争端和取消选举结果的程序，但这似乎是法庭第一次动用这些法规来取消某一次投票的全部结果。

鉴于事件非同寻常的性质和戏剧性的结果，此次审理和判决成为上海公众关注的焦点。有人觉得这整件事都令人生厌——一位《申报》的作者在评论那些蜂拥至法庭旁听案件的人群时，解释说他之所以避开此事因为相较于"政治臭味"他更喜欢"新鲜空气"。[3] 国民党支持的上海报纸《国民日报》根据国民党的路线一直将此次选举斥为"非法"，在 4 月 15日判决公布之后，该报也庆贺了这一结果。姚和陆作为被告，对此都反应

---

① Mark Elvin, "The Gentry Democracy in Shanghai, 1905 - 1914," in *Modern China's Search for a Political Form*, edited by Jack Gray（London：Oxford University Press, 1969）, pp. 41 - 65.

② 《选举诉讼案判决书全文》，《申报》1921 年 4 月 17 日，第 10 版。

③ 老圃：《政治臭味》，《申报》1921 年 4 月 2 日，第 16 版。

冷淡，并公开指责杨和法官合谋以否决选举。后来也有其他的评论者称杨氏乃是出于嫉妒，刻意捣乱，才提起诉讼。很多人嘲笑当初本以为能够贿选的人到头来却发现他们买到的职位却被法庭所攫取。①

　　包括上海在内的地区复选在讼案发生之初被短暂推迟，不过初选当选人（包括来自初选即将被宣布无效的上海县）继续在苏州聚集，准备举行复选。4 月 4 日，在上海的裁定公布一个多星期前，这些复选人开始投票选举江苏省的国会代表。这本会导致新一轮的司法诉讼（事实亦如此，杨和被告直到 1921 年夏仍然在提交动议），但是当最初的裁定公布之后，北京各方力量之间的均衡被打破，使得新选出的"新新国会"将无法开议。然而北京仍然汇集了一批满怀希望的准议员，他们身处军阀政治的夹缝中，一次又一次地请愿，试图让人关注他们的遭遇，却徒劳无果。

　　这一系列的选举，其当选者所组成的国会最终流产，成为清末民初选举体制的一个尾声。这是沿用晚清的间接投票和限制选民资格这一基本原则的最后一次全国性国会选举。基于这一制度的省级立法机关选举则消亡得较为缓慢。1921 年 7 月的江苏省议会选举是该省最后一次使用这些法律，但是东北数省则直到 1920 年代末仍然在沿用这一制度。在获得空洞的司法胜利之后，杨春绿将注意力转向从省级开始重新设计民国政制。此后，杨与一些上海名流和活动家过从甚密，声名鹊起，最终走上参政议政的道路。

联省自治、上海名流和选举法改革

　　杜威在 1921 年 4 月江苏省教育会的演讲中，曾为支持省宪做简短讲话，认为这将有助于遴选出"好议员"，以解决中国选举中存在的问题。无视北京的权威、在国家层面以下设计和制定宪章，成为 1920 年知识界

---

① 《选举判决无效之反对声》《选举判决无效后之反对声二》《选举取消》，《申报》1921
　年 4 月 21、22 日，第 10 版；4 月 16 日，第 11 版。

的一种风气，而在此之前，所有正式的省级政治结构都由中央政府所设计。杜威在其他公开演讲中也为省宪张目，包括之前在联省自治运动的中心之一湖南省会长沙的演讲。来自全国各地的听众中有许多人寄希望于这些新设计的省宪，认为它们有修补民国破坏深重的政治格局的力量。上海的名流、教育界和报界各群体尤其认可这一趋势，试图将中华民国重塑为各自治省份的联合体。[①] 从历史的角度来看，1920 年代的联省自治运动在言说方面的影响力远超实际的政治结果。它丝毫无助于缓解 1920 年代中期日趋激烈的内战，也未能阻止 1927 年之后出现一个高度集权的国民党政权。但是这场运动的确为在 20 世纪剩余时间统治中国的政府留下了一笔重要遗产——一套在中国历史上首次基于成年人普选权和直接选举的选举法。

很难讲清联省自治和选举法改革之间的联系源于何处，尽管这两件事在联省自治运动的初期就开始合流。1920 年起改革选举法的呼吁就日渐普遍，当年 8 月，上海马路商界总联合会要求成立一个基于成年人普选权的直接选举的国民大会，这是最早见诸报端的此类吁求。[②] 到了 10 月 10 日，直接选举和扩大选举权成为湖南联省自治运动的焦点，长沙的抗议者手中挥舞的旗帜上写着这些要求。[③] 关于自治和选举之间联系的理论研究也随之而来。早一些的一个阐述——由上海教育改革家、政治活动家、江苏省教育会会员黄炎培（1878～1965）于长沙抗议活动当天发表——曾论证联省自治运动由两对观念所定义。第一对聚焦省与国家的关系，运动致力于"打破中央集权"和"铲除军阀"。第二对则关注如何改变选举发挥作用的方式，鼓吹自治的活动家计划"略采国民直接表示制"和"略采职业团体代表制"。[④] 黄氏对在中国实行直接选举的可行性疑虑重重，对于选民的范围也未置一词，二者都是在联省自治运动中决定选

---

① Marie-Claire Bergere, *The Golden Age of the Chinese Bourgeoisie, 1911-1937*, translated by Janet Lloyd (Cambridge, UK: Cambridge University Press, 1989), pp. 217-227.

② 《各路商界总联合会善后详情》，《申报》1920 年 8 月 11 日，第 10 版。

③ Prasenjit Duara, *Rescuing History from the Nation* (Chicago, IL: University of Chicago Press, 1995), p. 191.

④ 黄抱一（黄炎培）：《省自治》，《申报》1920 年 10 月 10 日，第 46 版。

举法制定的核心问题；然而，他的文章却表明，对于许多人而言，实现省级自治与彻底矫正现存选举制度有着难分难解的关系。一个月后，定居上海的学者章太炎（1868～1936）在关于联省自治运动的目标、宗旨和方法的经典论述中阐明了两者的联系。章氏解释道，运动所设想的中国，"各省人民，宜自制省宪法……自县知事以至省长，悉由人民直选"。①

黄、章以及其他一些在上海的评论者引领了关于选举的一种新的主流共识。1920 年后，学界和政界的精英都开始放弃间接、受限的选举制度。关于选举腐败的控诉无疑因杨春绿 1921 年春的案子而备受关注，再加上当选的代表显然无力应对中国所面临的挑战，导致了对于民国初期政治体制的信任危机。这一时期的理论家转向第一次世界大战后欧洲政治的新发展以寻求启发。律师和报人王世杰（1891～1981）于 1922 年回顾并归纳了其中许多新动向，包括职业代表制、比例选举制、女子参政权、公民票决制等。尽管王有意避开评论中国现行的政治体制，他的文章却显示了改革中国选举制度的诉求和国际主流话语的一致性。②

联省自治的支持者采用了重新设计选举法的思路，但却出人意料地对此讨论甚少。然而，这一共识的普遍性在他们制定的选举法中得以显现。在 1920 年前，所有中国政府部门都未曾在任何层面上提出直选或普选；之后的数年间，至少七省——苏、浙、湘、粤、豫、川、闽——所公布的省宪草案中都包含了这些要素。③ 这些草案都规定了立法机关应当由大多数成年人参加的直接选举产生。对于选举权的教育层次（而非读写能力）和财产方面的限制都被取消。更令人瞩目的是所有提出的省宪都赋予妇女

① 汤志钧：《章太炎年谱长编》，中华书局，1979，第 605～606 页。
② 王世杰：《新近宪法的趋势：代议制之改造》，《东方杂志》1922 年 11 月 15 日，第 2～19 页（文页）。
③ 宪法副本可参考夏新华等整理《近代中国宪政历程：史料荟萃》，中国政法大学出版社，2004，江苏省，第 741～747 页；浙江省，第 685～697 页；湖南省，第 657～670 页；广东省，第 711～738 页；河南省，第 721～738 页。亦可见周叶中、江国华《自上而下的立宪尝试：省宪评论》，武汉大学出版社，2010，四川省，第 381～394 页；福建省，第 424～445 页。

以选举权，有些是加入了专门提及妇女投票权的条款，有些则是直接删去了选举法中提到性别的地方。不同于1912年的选举法辩论，这些变化在1920年代初则似乎未引发争议，显示了在对选举的理解上有了根本性的变化。

省宪尽管由各省单独制定，却并非彼此间毫无联系。所有省宪都受居于上海的一批思想家和杂志的启迪，前者如章太炎，后者如《太平洋月刊》《东方杂志》等。此外，各省建立的制宪委员会也都倾向于从与上海的人际网络有关的人中选取成员。① 例如，湖南省的制宪委员会就包括《太平洋月刊》的总编李剑农（1880～1963）和撰稿人唐德昌（生卒年不详），两人都是寓居沪上的湖南人。参与起草湖南省宪的还有浙江籍政客王正廷（1882～1961），他也是浙江省宪起草委员会成员。1920年6月，章太炎（来自浙江杭州）也被邀请参与浙江省宪的起草，不过他拒绝了。理念、方案和政策在这些人际圈子中相互交流，其重叠也解释了这一时期产生的省宪之惊人相似处。这是一场很大程度上以上海为中心的全国性的运动，以在上海形成了地方自治论述为核心，而非一系列表现地方特性的地方运动。

这种对于新选举形式的共同兴趣并不必然与对更强的民主问责制的诉求有直接关联；相反，其目标在于重塑国家与选民之间的关系。这些新法律致力于鼓励民众参与选举，其目的在于重铸公民的态度，创造对于新近重组的省级政府的归属感和认同感。尽管这一设想一直贯穿清末民初的选举，现在却重新受到强调和重视。由此观之，新法不仅代表了与对世界选举话语的不同理解，而且体现了对传统中国政治文化中强调国家教育民众之责的重新理解。

间接选举制度显然难当此任。楼明远（生卒年不详）于1920年11月在《申报》上发表的文章宣称间接投票制有三大缺陷，其中之一就是对于选举"人民之责任心不免冷淡"。虽然他并没有提倡立即采用直接选

---

① 谢诺（Jean Chesneaux）教授的文章是介绍省自治运动的最好的英文文献，参见 Jean Chesneaux, "The Federalist Movement in China, 1920 - 1923," pp. 96 - 137.

举制，但其意涵已不言自明。① 后来，《申报》的主笔也接纳了这一变革
主张。在这些最初的讨论出现一年后的1921年，一则以笔名"似兰"发
表的社评赞扬了省宪运动采纳直接选举制，称其"可引起参政权之兴
味"。② 结合起来看，这是一系列不同寻常的为直接选举张目之举。人们
寄希望于直接选举来激发公众对于政治进程的更大兴趣，并以此传播民国
政治文化。

　　将这些理念付诸实践却相当艰难。尽管聚集了重要的联省自治思想家
的上海在1927年年中之前都属于江苏，苏省施行省宪的尝试却很快落后
于湘、粤、浙诸省。两位江苏省省议会的长期议员朱绍文和陈大猷（二
人生卒年不详），以位于上海的某个社团组织为名，于1920年11月底草
拟了第一份江苏省自治的公开倡议。他们提出这份文件是为了以此为起点
以引发更广泛的讨论；作者尤其冀望两个新成立的苏省政治团体——上海
的苏社和南京的苏政商榷会——会采用他们的提纲来参与讨论。后者很快
解散了，而前者由实业家张謇（1853~1926）于1920年4月组建，在
1920年代中前期一直积极提倡苏省自治。朱、陈二人都是苏社成员，沈
恩孚和黄炎培亦是。

　　朱、陈提出的草案强调了一些重要问题，较早地试图将变化中的选举
观念融入政治变革的具体提议。在序言中，他们宣称新的地方政治制度应
"顺应世界潮流"，"审量国家情势"并"扶植人民自治能力"。最后一点
重申了联省自治运动认可一种积极的政治教育——新制度的首要目标在于
塑造民众的态度，而非反映既存的舆情。为了培养民众自治的能力，朱、
陈主张"宜亟予庶民以均等参政之机会，俾资训练、发展本能"。尽管作
者建议县级和县级以下的体制应在此方面发挥重要作用，但在他们的草案
文本中，在省级选举中投票却是民众可能参与政治的唯一形式。因此，在
这个意义上，至关重要的是他们的草案中特地呼吁立法者应由广大选民直
接选出，选民不分性别，应由所有接受过教育的纳税者组成（提议对教

---

① 楼明远：《间接选举之缺点》，《申报》1920年10月18日，第16版。
② 似兰：《论直接选举》，《申报》1921年8月5日，第20版。

育和纳税的限制都未明确）。这份 1920 年的草案尽管不如后来的省宪（皆未对选民加以财产限制）一般激进，却是革除清末民初选举制度中间接选举、有限选民等严厉限制的先驱。①

在 1921 年 3 月发起讼案之前，杨春绿是否与这些提倡联省自治的松散社团存在联系不甚清楚。但当案件于 6 月结束后，杨的活动揭示了他与该运动的许多领袖日渐紧密的联系，特别是沈恩孚。1922 年初，杨同沈恩孚和黄炎培一道参加了上海的国是会议，与会的还有这一上海机构的其他成员。② 这一系列的会议目的在于为缓解日趋紧张的情势、避免内战的全国调停会议奠基，杨在其中的任务包括起草会议的宗旨宣言。③ 杨还参与了其他目标相近、名气稍弱的团体。其中许多都无疾而终，如由杨、章太炎和其他活动家创办的“联省自治促进会”，成立于 1922 年 8 月，很快就解散了。④ 这些团体是否有别的宗旨，现在还无从得知，杨本人却似乎积极地投身于创建中国的联邦主义法律框架。1924 年，他参与再造江苏省宪的努力，起草了制宪会议的选举法（从未施行）。⑤ 18 个月后，他又参与了一次类似的尝试，一同参与的还有宪政学者张君劢（1887～1969）和上海实业家李平书（1854～1927）。⑥ 在 1920 年代后期急转直下的国内形势中，杨继续提倡联省，他也列名章太炎 1926 年的公开通电，该通电后来因其似乎支持军阀而被国共两党的历史学家所摒弃，其中吁请“各军所据之疆域，维持不动，各修内政，互止侵陵，俟他日各省自治完成、再图建置中央政府”。⑦ 这一观念在国民党北伐的战火中逐渐消亡，而北伐则开始了重建中央集权的政权的使命。

然而修改选举法的欲求已经成为国民党政权崛起之前的主流意识。

---

① 《江苏省制草案》，《申报》1920 年 11 月 27～29 日，第 11 版。
② 《国是会议代表会纪》，《申报》1922 年 2 月 21 日，第 14 版。
③ 《国是会议第五次谈话会纪》，《申报》1922 年 3 月 10 日，第 14 版。
④ 《联省自治促进会开筹备会》，《申报》1922 年 8 月 24 日，第 13 版。
⑤ 《县联会对省自治法之促进》《省自治法会议代表选举法草案》《省自治法会议代表选举法草案》，《申报》1924 年 6 月 13 日，第 14 版；14 日，第 13 版；30 日，第 15 版。
⑥ 《县联会暨省自治法联席会议纪》，《申报》1926 年 1 月 4 日，第 13 版。
⑦ 《章炳麟等对时局主张》，《申报》1926 年 4 月 19 日，第 13 版。

1922 年 5 月，北京大学教授、知名公共知识分子胡适（1891～1962）撰写了题为《我们的政治主张》的宣言，发表在包括他自己的《努力周报》在内的数家重要的杂志上。胡适组织了包括共产党创始人李大钊（1888～1927）、国民党元老王宠惠（1881～1958）和新儒家梁漱溟（1893～1988）在内的 15 位著名人物来支持自己的主张。鉴于这些署名者彼此各异的政治观点，胡适将他的五点主张用尽可能宽泛的语言表述，旨在陈述精英知识分子对于何为"好政府"的共识。其主张之一就是"选举制度有急行改良的必要"，要求"废止现行的复选制，采用直接选举制"，并且对选举舞弊施以严刑峻法。①

　　倏忽之间直选成为被广泛接受的理念，一个更令人惊讶的信号是 1923 年 10 月 10 日北京公布实施的新宪法。由于时局动荡，很少人将这一宪章——所谓的"曹锟宪法"——视为合法。尽管其中吸纳了许多先前宪法草案的诸多元素，但是将其定稿并通过的却是重新召集的"旧国会"残部，且为军阀曹锟（1862～1938）公开收买，曹氏在徐世昌倒台后公开贿选取得大总统职位。尽管背景可疑，1923 年宪法却嵌入了联省自治运动的选举体制的一项重要特色——省议会皆须直选产生。② 然而，此宪法授权（但从未举行）的国会选举却计划保留清末民初的间接投票制度。③ 1924 年 10 月，曹锟为敌军将领所逐，被迫去职，宪法也随之而废除。国民党政权统治之前的最后一次全国宪法提案出现在 1925 年 12 月。这版宪法授权国会下院的直选，选民资格仅以教育程度为限。④

直接普选与国民党（1923～1949 年）

　　知识界的思潮也影响了国民党。截至 1920 年代初，孙中山决定推动

---

① 胡适：《我们的政治主张》，《努力周报》1922 年 5 月 14 日，第 1～2 页。
② 《中华民国宪法》，转引自夏新华等整理《近代中国宪政历程：史料荟萃》，第 521～531 页。
③ 《政府公报》1924 年 1 月 6 日，"命令"，第 3～5 页。
④ 《中华民国宪法案》，转引自夏新华等整理《近代中国宪政历程：史料荟萃》，第 534～547 页。

国民党彻底摒弃 1912 年的宪政体系及其选举法。国民党 1923 年元旦所发布的宣言，声称"现行代议制度已成民权之弩末，阶级选举易为少数所操纵"。为了取而代之，国民党提倡实行普选制度，同时人民得以集会或总投票之方式直接行使创制、复决、罢免各权。① 这些提议重申了先前联省自治运动中提出的观念，换言之，孙中山也仅是追随并非引领精英的意见。孙中山和国民党将直接普选视为所谓训政时期的一个重要方面，而训政正是为了训练民主社会的公民。② 这种直接普选的教育功能正与联省自治支持者的意图相似。

训政虽然从未被表述为一整套的政策，却一直是国民党于 1927 年在南京建立国民政府后的指导理念。训政的具体施行，尤其是基于选举的政策，一直滞后。1936 年 5 月 5 日，南京政府在历经数年的商谈、修正和争执之后公布了一部宪法草案。这部宪法设想的国民大会选举"以普通平等直接无记名投票之方法行之"，投票权普及 20 岁以上的全体公民。具体的选举法随后颁布，并于 1936 年夏历经多次修改。③ 所有的选民在登记注册时都需要就公民身份宣誓，因此将投票过程与对国民政府的忠诚结合起来。宣誓者面对中华民国国旗、国民党党旗、孙中山像，宣誓"保卫中华民国"和支持国民党的意识形态，例如孙的"三民主义"。④ 誓言本身就构成了一种关于国民政府的符号、话语和意识形态方面的政治教育。

国民党的此轮选举，原定于 1936 年秋，却一直未能举行。选民造册和其他准备性工作屡遭延误，整个进程也被迫推延。大选改期至 1937 年 7 月，当月投票在部分地区展开。然而，此时已经错过了时机。中日两军

---

① 《中国国民党宣言》，转引自夏新华等整理《近代中国宪政历程：史料荟萃》，第 67～71 页。

② 《建国大纲》，转引自夏新华等整理《近代中国宪政历程：史料荟萃》，第 598～600 页。

③ 《中华民国宪法草案》（1936 年 5 月 5 日）、《国民大会代表选举法》《国民大会：代表选举法施行细则》，转引自夏新华等整理《近代中国宪政历程：史料荟萃》，第 982～992、1001～1015 页。

④ 誓言可参考国民政府 1930 年颁布的《宣誓条例》和《市组织法》（《政府公报》1930 年 5 月 27 日，第 8～9 页；1930 年 5 月 20 日，第 1～6 页）而非选举法本身。

于 7 月 7 日在北京附近的卢沟桥交火，最终导致两国全面开战。在国家存亡的斗争中，选举被搁置了。直到日本于 1945 年 9 月投降，蒋介石政府才将其注意力重新转回这套选举法的实施上。

战争的终结标志着重新关注国家治理的开始。在内外压力之下，国民党被迫设计一条将其统治规范化和民主化的路径。蒋的政府，不顾共产党的反对，于 1946 年 12 月 25 日公布了一部新宪法。一年后，从 1947 年 11 月底至 1948 年 1 月初举行了全国范围的选举，国民政府宣布正式结束训政。蒋介石无论抱有任何试图通过选举赋予其政府以内政外交上的合法性的幻想，都证明是徒劳无益的。战场上的溃败迫使蒋逃亡台湾，偏安一隅。在这个意义上，如历史学家张朋园总结，这些选举都"失败"了。①但它们也是以选举作为所有成年公民教育经历这一观念的集中体现。尽管国民党人试图将肇端于联省自治运动的观念制度化的尝试宣告失败，其遗产却于 1949 年后在台湾和大陆生根发芽。

结语：不完备的遗产

初步观之，中国的选举看起来不过是 20 世纪史的一个脚注：国家的领袖多出身于军事政变和武装革命，而非投票。然而，选举法却构成了民国时期思想争论的重要领域。民国诞生之初，从清朝立法者承继过来的共识认为限制选民资格的间接选举有利于遴选出德才兼备的公职人员。尽管批评者猛烈抨击依法举行的民国选举中的实际情况，他们批评的焦点却是候选人和选民道德品质的败坏，而非建议改革制度本身。到 1920 年代初，受联省自治运动触发，这一共识逐渐解体。取而代之的是由知识精英、城市名流和社会活动家所提出的一套成年普选权加直接选举的方案。这些选举意图在于将普罗大众更直接地引入政治，作为一种仪式性的政治教育，将普通人同新国家的符号和观念联系起来。1920 年之前，几乎无人支持

---

① 张朋园：《中国民主政治的困境（1909～1949）：晚清以来历届议会选举论述》，台北，联经出版公司，第 201～205 页。

这种选举，1923 年之后，所有重要的政治参与者都赞同这一概念。这一理念在 1927 年进入一党专制后仍然得以存活。

这种选举体制构成了联省自治运动给予 20 世纪中后期"党国体制"下的法律结构的重要遗产。大众参与的选举和成年普选权发端于一场不同于而且独立于国共两党的政治运动。以谢诺和杜赞奇为代表的学者，已经指出了联省自治运动同时聚焦去中央集权和民主治理的二元特性。① 1927年后的国民党党国体制原则上放弃了前者，而后者也被委诸遥远的未来，要待未定期限的训政结束后才能实现。然而，虽未言明出处，新政府却将联省自治选举法的法律结构融入构建训政之后的国家当中。

然而这份遗产却只能以文本的生产而非具体的政治行动来衡量。尽管有数省倾力起草省宪，只有湖南的宪法生效施行。1922 年 3 月，该省政府举行了 1927 年之前唯一的基于直接投票和成年普选权的选举，然而这场选举只有零星的资料存世。没有联省自治选举的记录，这场运动的选举理念也无从检测，现存的法律汇编在其改革蓝图中留下了诸多未解的问题。杨春绿的一生是其中最为重要的问题的缩影。尽管后来他也支持新的选举制度，却从未回答新的选举制度如何解决他当初的案件中提出的问题。他质疑 1921 年的选举，本是关注清末民初选举制度中的系统性腐败。若旧法能被推翻，那么联省自治提倡者所提出的新法能够避免腐败？确切地讲，参与直接选举如何能够在新近获得选举权的民众中激发出杨和他的同道所期待的公民德性？如何训练民众去践行新获得的投票权？

国民党时代所举行的大众普选和直接选举为这些问题提供了一种可能的解决方案。伴随投票的是一堂即兴的公民课，投票者（对许多人来说或许是首次）接触到国民党政权的符号和口号。投票行为是公民庆典的一部分，是一种联结人民和政体的仪式，而非决定领导人的实践。由于消除了竞争，舞弊也得以控制。在 1947 年的投票开始之前，国民党已经决定了每一个选区的胜者，党的官员丝毫无意掩饰这一事实，尽管他们并不能完全掌控投票结果。在国民党人的手中，普选和直接选举丝毫无助于

① Jean Chesneaux, "The Federalist Movement in China, 1920－1923," pp. 96－137.

民国时期的法律、社会与军事

"救济"民众对于选举的"冷淡",而这正是 1921 年杜威的对话者所关心的问题。1947 年的选举反而激化了这些问题。然而,当新成立的中华人民共和国在 1950 年代举行地方人民代表大会选举时,这两个选举原则都被中国共产党热切地接纳,其实施的彻底程度会令联省自治支持者和国民党人为之震惊。

选举是中国政治史和思想史的重要组成部分,即使中国 20 世纪的领袖无一人能够自称是通过选举产生。关于选举适当结构的争论,折射出关于选举所创造的法律和制度如何影响人类行为的观念变迁。这一变迁跨越了中国近现代史的数个标准分期,它模糊了清末和民初的区别,还有联省自治运动和 1927 年后的国民党统治的区别。它为政权之间不寻常的借用法条和法律观念提供了一个例证,这也是中国 20 世纪早期法律发展的一大特征。

附识 本文较早的一个版本曾提交 2012 年由伯克利加州大学叶文心和中国社会科学院汪朝光主持的学术会议,作者在此谨致谢忱。对李在全、发表在 Cross – Currents 上的本文英文版的匿名评审意见及本文翻译赵妍杰,也一并致以谢意。

〔作者贺祥,俄亥俄大学历史系助理教授〕

(赵妍杰 译)

南京国民政府的意识形态和法律：新生活运动（1934～1937）

曾玛莉（Margherita Zanasi）

内容提要　本文探讨了民国时期意识形态和国家法律之间的复杂关系。通过聚焦于在新生活运动中如何运用《违警罚法》，考察了中国近代法制在现代化过程中于两种不同路径间摇摆不定的状态，一条路径是 19 世纪以来的自由主义和实证法学所确立的"法治"理念，另一路径则是国民党领导人认为实现民族建设目标必须有统一意识形态的信念。

关键词　新生活运动　《违警罚法》　意识形态　群众运动

新生活运动 1934 年 2 月在江西省会南昌正式发起，它作为第五次"围剿"中加强国民政府军事力量的工具，是国民政府在江西地区军事策略的有机组成部分。[①] 然而，新生活运动同时也试图在江西之外有助于更大范围内的国家政权建设。其总目标是将中国社会改造成一个现代的公民群体，使其现代化和"启蒙"，严格意义上说这就是国民党的意识形态。比如，在上海这样的大都市，国民党试图用新生活运动规范道德伦理和个人行为，并且要求民众遵守一些现代化的规范，诸如公共卫生、交通规则、维护公共空间秩序和公共设施等，这些是在全世界都很常见的国家政权建设的内容。

[①] 张力：《江西农村服务事业（1934～1945）》，《抗战建国史研讨会论文集（1937～1945）》，台北，中研院近代史研究所，1985。Federica Ferlanti，"The New Life Movement in Jiangxi Province，1934–1938，" *Modern Asian Studies*，vol. 44，no. 5（2010），pp. 961–1000.

《违警罚法》是实现这一意识形态和道德目标的主要工具之一。这一法规给警察以权力去规范日常生活，从禁止在街上吐痰到指导穿着打扮，都在其范围内。《违警罚法》还给了警察广泛的任意性权力，使其拥有裁定罪罚的"半独立的司法权"，可以不遵循一般的法律程序。

《违警罚法》威权主义的性质表现了中华民国法律现代化过程的复杂性。此过程显示出一种左右摇摆的状态（在经济和政治领域也有类似特征），一方面是 19 世纪自由主义和实在法学派所坚持的"法治"（Rule of Law），另一方面则相信实现民族建设的目标必须具备强有力的国家政府和统一的意识形态。这两方面之间的紧张关系不是中国特有的，在许多受到民族屈辱的国家中都很常见，比如两次大战之间的德国和意大利。这些国家的领导人都觉得其祖国是试图限制其国力的国际秩序的牺牲品，认为有必要坚决进行民族建设以使民族复兴，重新获得其应有的国际地位。这一信念导致了所谓"例外状态"（state of exception）观念的形成，在"例外状态"中，偏离既定的政治和法律常规显得正当有理。[1] 这一观念让政府赋予军警特殊的权力，令其扮演意识形态推行者的角色，使整个国家统一在中央集权的政治和意识形态领导之下。"例外状态"因而成为欧洲法西斯主义的共同特征，有了这一观念，政府干涉个人权利，无视既定的法律程序，都变得正当了。

中国也属于这类受到民族屈辱的国家之一，遭受帝国主义侵略，并以民族建设为抵抗侵略的手段。在这类国家中，采用自由主义的"法治"（这恰恰是西方列强引入中国的观念，被当作普遍适用的法律现代性的基本特征）与民族主义和民族建设的目标是相冲突的。国民党领导人面对着诸多困境：深重的经济危机，来自列强的压力，国内政治社会的不稳定，以及与日本即将爆发的全面战争。国民党的领导人相信中国的确处于一个关键的拐点，决定民族的生死存亡，这是需要采用政治和法律的非常手段才能解决的危机。因此，在一战和二战之间的那些年里，民族屈辱感

---

[1] Carl Schmitt and Jeffrey Seitzer, *Legality and Legitimacy* (Durham: Duke University Press, 2004).

和反帝国主义潮流一起促成了"例外状态"产生的肥沃土壤。哲学家乔治·阿甘本（Giorgio Agamben）认为，"例外状态"成为一种现代范式，挑战政治和法律意义上的自由主义基本原则，并为威权主义铺平了道路。① 正如瓦尔特·本雅明（Walter Benjamin）在 1942 年所说，在两次大战之间"例外状态……已经成为常态"。②

法理的讨论：进步、道德和自然法

卡尔·施密特（Carl Schmitt）在评论魏玛共和国时，第一次全面阐述了"例外状态"的概念。他是德国哲学家、政治神学家，还曾被选为德国法学家国家社会主义者联合会主席。在《合法性与正当性》（1932年出版）一书中，施密特讨论了"议会立法国家的垮台"，并介绍了其他作为替代的政治组织形式。他认为，通常在自由主义议会国家里政治正当性源于既定的司法和立法常规，但在这些替代性的政治组织形式中，即使偏离了既定的司法和立法常规，也能获得正当性。施密特摒弃了 19 世纪的自由主义，将其视为过时的观念，支持"行政国家""全能国家"。他将"行政国家"定义为一种政治组织形式，"在其中命令和意志并不表现出威权和个人性，但也不仅追求实现高尚理念，而且要遵循客观指令"。③

行政国家主要表现在行政命令以及行政首脑的权力，也即施密特所谓的"颁布行政总则、凭其权威安排新的特殊机构，并创建特别的执行部门来确保新机构的运作和实施"。因此，行政国家的首脑"将立法和执法的角色集于一身"。通过行政命令与立法、执法和司法权力的集中，就使政府摆脱了更高的程序和法律常规的束缚，并使政府有能力迅速应对千变万化、前所未有、意料之外的情况。施密特进一步解释道：行政国家的正

---

① Giorgio Agamben, *State of Exception* (Chicago: University of Chicago Press, 2005).

② Ibid, p. 6.

③ 本段及以下两段，见 Carl Schmitt and Jeffrey Seitzer, *Legality and Legitimacy*, pp. 3，5，10，70 - 71，90.

当性在于其能够"尽可能密切地与具体现实保持直接联系,因而……具有某种具体的存在"。对施密特而言,这种"具体的存在"确保有效灵活地应对千变万化的情况,正是它赋予了行政国家正当性。如此,行政国家的这些措施能将"例外状态"常规化,将其从一种特殊的政治工具转变为法治的另一种普遍模式。

施密特还认为,当自由已经成为议会国家的基本理念时,世界正在经历"向全能国家的转折",也即"人的存在的完全政治化"。全能国家意味着放弃"不干涉、不介入(私人领域)"的原则,这也是行政国家一贯具有的特征。个人权力会因此受到侵害这一点,尤其引起了自由派法学家、知识分子、天主教圈子、激进学生对施密特思想的强烈反对。

中国人有关"合法性"的论述也体现着施密特的思想,而且还促成了旨在增强国家行政效能的《违警罚法》的颁布。这些规章将管制权与司法权置于一个系统之中,并作为社会政治化的工具而发挥作用。虽然中国的一些知识分子,例如张东荪、张君劢对施密特的论点熟稔于心,但是,这些相似点并非直接仿效德国模式而来。实际上,这正是国民党领导人基于对中国危机的深刻理解,并希望从世界政治和思想发展潮流的崭新角度寻找出路,而后者是在两次世界大战期间得以充分发展的。① 这些新思潮——自由主义的危机,中央集权的政治经济体系的崛起,以及战时非常规的政治法律程序的延续(这是为了应对当时的民族主义危机状态),使国民党的领导人乐于接受新思想,而这正是"例外状态"观念的根基所在。

然而,在中国,非常规的政治法律措施都围绕革命主题来展开,而这正是当时中国民族主义话语的典型特征。大部分有关《违警罚法》以及新生活运动的评论都认为,法律法规是现代性和进步的标志,可以看作在科学发展、道德和文化进步基础上的文明化进程。随着社会愈发复杂,知识更加发达,法律法规也需要日臻成熟以适应时代的发展。正是在这种思

---

① 中国领导人在应对经济危机,采纳社团主义和采取自给自足政策时,也同样如此。见 Margherita Zanasi, *Saving the Nation: Economic Modernity in Republican China* (Chicago: University of Chicago Press, 2006).

想启发下，形成了新生活运动的思想框架。

社论撰写人谷兆芬就曾恰当地阐释了这种演进途径。在谷兆芬看来，科学的进步与大众知识的普及极大地促进了民众与政府之间的相互尊重的发展，社会因此得以保持和平安定，减少了过去那些难以掌控的暴力事件的发生。但是，犯罪行为也利用了这一进步而变得更加狡猾。为此，"国家为保障公共安宁，防止一切危害起见，特定专条以资遵守，使人民知所警戒"。① 因此，谷兆芬认为《违警罚法》是法律现代化这一自然进程的产物，是维护社会稳定的必要工具。

沈维栋在为《无锡市政》所写的文章中也认同谷兆芬对《违警罚法》的阐释，认为它是进步的体现，是对现代社会基本需求的反映。但是，沈维栋更加直接地探讨了执行问题和国家效率问题。他认为，《违警罚法》对于市政的改进和提高大有裨益。好的市政依赖两个因素的合力：民众的道德水平和禁令的执行力。如果民众的道德水准较高，就不太需要禁令和限制（治理的积极方面）。如果民众道德水平低，那么禁令对于善治（good governance）而言就至关重要（治理的消极方面）。沈维栋继续谈道：中国人的道德水准，无论是个人道德还是社会公德，都十分低下，因此，《违警罚法》条例的执行对于城市生活的现代化就显得举足轻重。在沈维栋看来，中国道德水平和公德意识低下正是民族建设的最大障碍，因为民众不能以一种开化文明的方式，积极地参与城市治理，而是需要消极地、在警察的监督管制下，使行为符合道德要求和社会公德。②

正是在这种进步、开化、民族建设的语境下，《违警罚法》潜藏的对个人生活的干预找到了其合法性依据，而且在进步启蒙之目标（本质上是自由的，而且是发展中的政治理论的根本）和国家如何在民众中有效实施的方式方法问题之间产生了矛盾。在矛盾的夹缝中，启蒙从个人的自然演进过程转变成民族建设目标，而这又需要坚决果断的执行力为后盾。

① 谷兆芬：《警务：违警罚法与新刑法之责任年龄问题》，《警察月刊》1935 年第 3 期，第 23～28 页。
② 《无锡市政》1929 年第 2 期，第 239～242 页。

民国时期的法律、社会与军事

换句话说，实现自由启蒙需要有一个非自由的、具有强大执行力的中央集权政府。

沈维栋虽然没有直接引述卡尔·施密特的话，但基本附和了施密特有关行政国家的概念及基本观点，他将《违警罚法》描绘成政府"政行"的基本特征。他认为，有效政府应该具有两个基本功能：制定"政策"；确保这些政策通过认真"执行"而产生预期效果。警察和《违警罚法》是政策执行的重要工具，对实现有效治理举足轻重。沈维栋解释说，有效治理依靠"政行"中的"行"，如果只有"政"而没有"行"，也就是只有政策计划而没有有效执行，不能构成一个完整的政府。① 沈维栋通过强调政府行政部门的重要性，将国家的合法性寄托于其执行力，为《违警罚法》所具有的特别的执法和司法权提供了合法依据。

除此之外，中国知识分子认为，发展进步的标志是道德水平的提高，这促使他们意识到，恰当的道德标准在评判法治和立法状况时的重要性。许多知识分子认为，对法律法规的单纯依赖只能提供一个有限的发展路径，而这一路径注定是要失败的。社评家蓝源曾在《新生活周刊》刊文表示，仅仅是因为畏惧而非尊重道德去守法，并不能创造一个安宁、稳定、繁荣的社会。在这种环境下，人们便会借机行尔虞我诈之事。因此，人人都应培育道德修养，不仅要做到不相互伤害，而且更应该乐于互帮互助。② 道德，尤其是现代社会所需要的"公德"，被广泛认为是对现代法律不可或缺的补充，不仅是社会进步的标志，也是成功进行国家民族建设的工具。

在此背景下，意识形态伪装成"自然"的道德律，凌驾于国家法律之上。事实上，在许多知识分子眼中，中华文明内在固有之"自然"律令应当具有优先性，常常被等同于儒家的一些基本道德原则。他们认为，

---

① Carl Schmitt and Jeffrey Seitzer, *Legality and Legitimacy*；沈维栋：《附录：市政与"违警罚法"》，《无锡市政》1929 年第 2 期，第 177 页；蒋介石：《新生活运动纲要》，秦孝仪编《先总统蒋公思想言论总集》卷 30，台北，中国国民党中央委员会党史委员会，1984，第 154～170 页；曾玛莉：《节俭、消费和新生活运动——蒋介石的社会经济思想研究》，《亚洲研究》第 64 期，2012 年，第 251～271 页。

② 蓝源：《论法律与道德》，《新生活周刊》第 1 卷第 59 期，1935 年，第 2 页。

没有自然道德律作为补充的国家法律，便不足以进行民族建设，建立稳定社会。①

政治上，构成国家法律的总体框架的"自然"道德律，其判定的标准成了争议之源。这种国家批准的道德准则将成为中国构建新社会的主要思想基础。曾经的实用主义者汪精卫担心蒋介石借此推行自己的思想意识，便反对通过《违警罚法》来实现新生活运动的道德目标，谴责其是对个人权利的侵犯。② 汪精卫认为，如果要按照道德标准执行的话，标准不仅要低，也应达成共识，而且国家不能任意强迫执行。③ 汪精卫的批评并未阻止蒋介石和陈立夫通过采用中国自然法中"礼义廉耻，国之四维"，以实现现代中国社会的愿景。蒋介石认为"礼义廉耻"是中国的"基本道德"和"国家统一的基本条件"。④《新生活运动纲要》中将"四维"作为规范日常活动的道德准绳。正如蒋介石所言："新生活运动，就是提倡'礼义廉耻'的规律生活。以'礼义廉耻'之素行，习之于日常生活。"礼义廉耻"为待人、处事、持躬、接物之中心规律"。他认为"资料之获得"应该"廉"，"品质之选择"应遵从"义"，蒋介石在此处将"义"定义为"宜"也，"须因人制宜，因时制宜，因地制宜与因位制宜"。青年比老者身强力壮，因而少年仅"以不饥不寒为足"，因为这"宜于（青年的）刻苦锻炼"。这种斯巴达式的生活方式成了当时中国年轻人的伦理准则。饮食也应该与环境相协调，并与气候相适应，根据四季寒暖不同，顺时调节，并遵守卫生和节约的基本原则。民众的衣食住行应该因其地位上下以制宜，遵守"不卑不亢，毋泰毋啬"的基本原则。"生

---

① 易贤举：《道德与法律的比较观》，《诚化》1935 年第 3 期，第 18~19 页；阎琛：《儒家与法律》，《新中华》第 2 卷第 23 期，1934 年，第 47~54 页；谢振声：《法律与道德之效用》，《学生文艺丛刊》第 8 卷第 4 期，1934 年，第 53 页。

② Liu Wennan, "Redefining the Moral and Legal Roles of the State in Everyday Life: The New Life Movement in China in the Mid-1930s," *Cross-Currents: East Asian History and Culture Review*, vol. 2, no. 2 (2013), pp. 335-365.

③ 刘文楠：《规训日常生活：新生活运动与现代国家的治理》，《南京大学学报》2013 年第 5 期，第 92 页。

④ Arif Dirlik, "The Ideological Foundations of the New Life Movement: A Study in Counterrevolution," *The Journal of Asian Studies*, vol. 34, no. 4 (1975), p. 945.

民国时期的法律、社会与军事

活须知，礼义廉耻。整齐清洁，简单朴素，迅速确实"。①

因此，新生活运动的道德思想，依据传统儒家道德规范，在有所修订调适的基础上为社会生活的政治化提供了参照。《申报》一位不具名的评论人对此表示欢迎，认为这适时替代了清朝提倡节约的法令。他慨叹道，民国时期经历了风俗习惯等规范的无序和混乱状态，新生活运动最终拨乱为治。② 这位评论人正确地指出，新生活运动倡导者企图恢复建立在儒家价值观基础之上的传统社会等级制度。尽管蒋介石使用了儒家教义的语言，但是这些生活消费规则其实在很大程度上是意图将社会资源汇聚至国库，以支持国民党的军队和国家建设，这也恰好揭示了新生活运动对个人权利的干涉其实是政治战略，而非为恢复儒家传统道德所做出的努力。③

中国的法律话语效仿了"例外状态"理论的中心思想。它的阐释总是围绕一些特定主题展开，而这些主题正是中国民族主义的核心。中国绝大多数知识分子，一方面强调需要一个能从执行力（行政国家）中获得合法性的政府，反对遵从预设规范、宣扬统一意识形态的政府（全能国家和社会完全政治化）；另一方面，他们提出各种出路和办法，希望在世界政治和法律发展潮流与民族主义目标之间寻找平衡。在追求代表文明进步的有效形式的同时，又能保留其鲜明的民族特征。《违警罚法》所具有的能够规避正常法律程序的执行能力借此找到了正当理由。"自然法"的思想似乎能够保证中国的法律现代化在本质上和目标上都是民族主义的。

落实与执行：意识形态、群众运动、公私边界的模糊

19世纪中期以来，社会的"启蒙"以及对城市空间的美化成为世界

---

① 蒋介石：《新生活运动纲要》，秦孝仪编《先总统蒋公思想言论总集》卷30，第158～167页。

② 《以间通用礼节》，《申报》1935年2月15日，第21版。

③ 曾玛莉：《节俭、消费和新生活运动——蒋介石的社会经济思想研究》，《亚洲研究》第64期，2012年，第251～271页。

范围内国家现代化建设努力的共同目标。这也许是因为，当时一些新兴的国家都将建立现代警察队伍作为其民族主义建设的组成部分，警察开始在这些重要公民活动中扮演不可或缺的角色。例如，1852 年，奥地利出台了一系列警察条例，其内容包括保护公共卫生、保护私人和公共财产、维持社会秩序及公民的行为端正等。德国（1877 年）、意大利（1889 年）和日本（1880 年）等国家也相继效仿。尽管警察权力范围问题仍存在激烈争议，但是在德国和日本，警察可以绕开司法程序，在预设的范围内，对各类侵害和违法行为进行裁定和处罚。[①]

民国建立之前，这种现代化的努力便已经在中国产生了。从清朝末年到五四运动，以"新生活"作为强国途径和工具的想法激励着各式改革运动，也催生了许多改革主张。清政府 1907 年颁布的《大清违警律》是第一部为实现上述目标而制定的警察条例。对诸如当街便溺吐痰、流浪以及散布谣言等具有政治倾向的行为，警察都可以在特定的规则之内进行自由裁量，处罚包括监禁或罚款。[②] 最新的研究表明，警察将新的"教化"规则很快地强加于人力车夫、茶馆以及公众生活。[③]

因此，警察条例从制定之初，就将现代化改革中两个重要趋势融合为一体：培育现代公民和创建现代警察制度。二者具有相似的民族主义诉求和文明开化的目标，而且也是 19、20 世纪之交中国民族自强、国家政权建设不可分割的组成部分。正如历史学家魏斐德（Frederic Wakeman）指出的，正因如此，"当新生活运动在上海开展之时"，上海警察"颇有几

---

① 李秀清：《"大清违警律"移植外国法评析》，《犯罪研究》2002 年第 3 期，第 8 页。

② 李秀清：《"大清违警律"移植外国法评析》，《犯罪研究》2002 年第 3 期，第 8 页；Janet Chen, *Guilty of Indigence: The Urban Poor in China, 1900 - 1953* (Princeton, NJ: Princeton University Press, 2012), p. 34.

③ Frederic E. Wakeman, *Policing Shanghai, 1927 - 1937* (University of California Press, 1996), p. 92; David Strand, *Rickshaw Beijing: City People and Politics in the 1920s* (University of California Press, 1989); Kristin Eileen Stapleton, *Civilizing Chengdu: Chinese Urban Reform, 1895 - 1937* (Cambridge, Mass.: Published by the Harvard University Asia Center; Distributed by Havard University Press, 2000); Wang Di, *Street Culture in Chengdu: Public Space, Urban Commoners, and Local Politics, 1870 - 1930* (Stanford, Calif.: Stanford University Press, 2003); Janet Chen, *Guilty of Indigence: The Urban Poor in China, 1900 - 1953*.

分惊愕"。1932～1937 年任上海市市长的吴铁城相信，用魏斐德的话说就是，新生活运动具有"'管制'社会行为……'培养'民众习惯的推力"。[1] 实际上，新生活运动只是文明开化意向的一种表达。与蒋介石一起被认为是新生活运动（初期）理论框架总设计者的陈立夫，曾在 1934 年的演讲中总结道，发起新生活运动的主要推动力是基于这样一个事实："生是宇宙进化之重心，民生是人类历史的重心"。[2]

1915～1928 年的《违警罚法》与清朝法典并无太多出入，主要包括八类犯罪：妨害安宁、妨害秩序、妨害公务、诬告伪证及湮没证据、妨害交通、妨害风俗、妨害卫生以及妨害他人身体财产。警察可以处罚八类违法行为，可以处以最高 15 天监禁或 15 元罚款，而无须经过任何司法程序。[3]

1933 年，《违警罚法》再次修订，修改虽然不大，但是特别强调对社会习俗的监督，法律条款更多涉及道德标准，不仅突出其重要性，而且对违反者的处罚明显加重（最高 15 天监禁和 15 元罚款）。[4]

在法规执行缺乏详细指导的情况下，实际上是由警察来确定何种行为不属于道德范畴，何种行为有伤风化而应该适用此规范。有些地区或城市制定了执行细则。例如，1934 年，山东济南就面临着执行《违警罚法》有关妨害风俗条款中禁止"奇装异服有碍风化者"的艰巨任务。[5] 最终，当地警察机关决定采取江西已经实行的有关妇女奇装异服的特殊规定。该规定极为详尽，几乎涉及妇女装束的全部内容，从戒缠足到旗袍衣领的高

---

[1] Frederic E. Wakeman, *Policing Shanghai*, *1927 - 1937*, p. 232.
[2] 《陈立夫讲生之原理——在中央纪念周报告》，《申报》1934 年 5 月 1 日，第 9 版。
[3] 《参政院议决"违警罚法"》，《政府公报》第 1258 期，1915 年 11 月 8 日，第 346～356 页；《制定"违警罚法"》，《国民政府公报》第 77 期，1928 年 6 月，第 1～11 页。
[4] 除了反对行乞、赌博、娼妓和违反公共道德等一般性规定外，该部分还增加了"妖言惑众，或散布此类文字、图或物品"及"贩卖或陈列查禁书报"等条款。这些新规定赋予了警察审查权，为新生活运动成为镇压政治异见的独裁统治工具铺平了道路。见《制定"违警罚法"》，《国民政府公报》第 602 期，1933 年 9 月 4 日，第 1～14 页。
[5] 《参政院议决"违警罚法"》，《政府公报》第 1258 期，1915 年 11 月 8 日，第 346～356 页；《制定"违警罚法"》，《国民政府公报》第 77 期，1928 年 6 月，第 1～11 页；《制定"违警罚法"》，《国民政府公报》第 602 期，1933 年 9 月 4 日，第 1～14 页；《取缔妇女奇装异服》，《申报》1934 年 9 月 30 日，第 11 版。

度，以及妇女短发的长度。①

　　虽然上海似乎并未像济南那样依照详尽规章执行，但是据上海市公安局局长的报告，公安局也严格执行了新生活运动的相关规定。该公安局局长在报告中称，上海警察已经组成了"劝导队"，巡逻队队长也已经接受悉心指导，确保在巡逻中执行规定。这位局长声称，在第二阶段，警察将入户调查。警察被告诫采取得当且恭谦有礼的态度，同时要积极地推进新生活运动的主要活动，宣扬其主要原则。② 上海老北门警察所所长沈振华也明确表示，警察将会积极地配合正在进行的活动，具体而言，就是努力确保民众遵循交通和卫生法规。虽然这一辖区早些时候并未充分参与新生活运动，但是此时，已经严阵以待。沈所长表示，他的部下不再容忍不遵照规定的高官，也不再纵容对新生活运动阳奉阴违或者无视法规的居户商民。警察在确保其辖区人人知悉新生活运动要求的同时，对违规违法者将严惩不贷。③

　　尽管新生活运动的各类活动定期举行，但是上述严厉声明或许并不能准确反映出上海警察的执行效力。大部分活动只集中在展览、演讲等宣传上，而直接的警察执法却寥寥无几。例如，1935 年，上海新生活运动促进会禁止烫发，并要求警察厅、社会局通过禁止理发店使用烫发工具来贯彻本条例，禁止党员干部、教师、民众团体成员烫发。④ 另举一例，蔡劲军作为上海市公安局局长，主动采取措施。1935 年 7 月炎热的一天，蔡劲军预见到，普通民众，尤其是劳工和车夫，将会袒胸赤膊，沿街行走纳凉，他便动员所有警力及新生活劝导队执行新生活运动的宗旨。蔡劲军

---

　　① 条例规定了可以接受的两种款式的衣服：旗袍和旗袍短衣，而且还规定了旗袍可以接受的长度，旗袍最长须离脚背一寸；衣领最高须离颚骨一寸半；袖长最短须齐肘关节；左右开叉旗袍，不得过膝盖以上三寸；凡着短衣者，均须着裙，不着裙者，衣须过臀部三寸；腰身不得绷紧贴体，须稍宽松；裤长最短须过膝四寸，不得露腿赤足，但从事劳动工作时，不在此限；裙子最短须过膝四寸。条例的第三部分规定了"装束"：头发须向脑后贴垂，发长不得垂过衣领口以下，长发梳髻者听之；禁止缠足束乳；禁着毛线类织成无扣之短衣；禁止着睡衣及衬衣，或拖鞋赤足，行走街市。见《取缔妇女奇装异服》，《申报》1934 年 9 月 30 日，第 11 版。
　　② 《警政情报：省会公安局推行新生活》，《警光周刊》1934 年第 6 期，第 14 页。
　　③ 《沈所长布告奉行新生活》，《申报》1935 年 1 月 16 日，第 15 版。
　　④ 《京市着手取缔烫发》，《申报》1935 年 1 月 7 日，第 3 版。

说，衣衫不整、祖胸露臂有损城市形象，有害公共卫生，根据《违警罚法》，所有违规之人都将受到惩罚。[①]

　　然而，新生活运动纲领的实行却引出了一个含糊而有争议的问题，即警察职权的界限。汪精卫的批评促使蒋介石在 1934 年的一封电报（该电文公开发表在《江西民报》）中表态，新生活运动的范围限定在公共场合，即便如此，蒋介石仍将机关、学校、街道和码头包括在内，而且还涉及其他非典型的公共场所，例如私人经营的旅馆和饭店。除此之外，蒋介石解释说，新生活运动纠正个人行为之目标的实现，需要公务人员及在校学子率先实践，以身作则，示人模范。尽管蒋介石保证执行的公平公正性，但是电报仍显露出不愿遵照公私界限之标准的勉强和为难，也暗示了全盘解决问题之迫切性和必要性。虽然党员、公务人员是新生活运动的主要动力，但蒋介石认为，他们不宜"一手包办"，"致失人民群起参加之兴趣"。[②] 况且，来自同僚的压力——汪精卫提出的不同路线，虽然可能对新生活运动有所裨益，但不能与运动本身相混淆。蒋介石在预见到警察将会介入新生活运动之后，总结说，在提升民众道德水准和实现民族复兴努力过程中，朋辈之间相互勉励并不能保证众志成城团结一心。

　　蒋介石的电文以谨慎而模糊的语言预示了新生活运动有可能侵入私人领域。对执行标准的任何附加条件只会使问题变得更加隐晦暧昧。新生活运动的中央机关——新生活运动促进总会，在南昌的第二次会议上，确定

[①]《取缔祖胸赤膊》，《申报》1935 年 6 月 15 日，第 12 版。《违警罚法》中的一条罪状为"游荡无赖行迹不检"，该规定使警察对流浪治罪成为可能，参见 Janet Chen, *Guilty of Indigence: The Urban Poor in China, 1900 - 1953.*

[②]《蒋委员长电复汪院长商榷推行新运方法》，《江西民报》1934 年 4 月 5 日，第 2 版，转引自刘文楠《规训日常生活：新生活运动与现代国家的治理》，第 92 页。实际上，公务人员及在校学生居于新生活运动领导地位的思想在实施阶段并未完全实现。例如，在济南，有关妇女服饰的规定允许公共场合和办公室的妇女，以及女教师和女学生在一个月内适应新规定，其他行业的妇女则准予两个月的时间期限。（《取缔妇女奇装异服》，《申报》1934 年 9 月 30 日，第 11 版）一个月的时间差显然不足使"以身作则、示人模范"政策理念取得成功，这种执行模式似乎反映出领导者想尽快达到新生活运动促进总会所提到的"纠察"阶段的急切心情。

了新生活运动的基本规范，规范不仅适用于江西地区，而且要延伸至全国。① 新生活运动促进总会还规定了新生活运动的行政架构，包括当地的促进会、指导队和服务中心等分层次的网络结构。他们还制定了新生活运动的时间表，将分三个阶段实行，即"先以宣传、继以指导、后以纠察"。② 但新生活运动促进会并没有驱除人们的恐惧和担忧，即新生活运动的执行范围终将会跳出蒋介石 1934 年电报中所规定的界限，而最终在警察和《违警罚法》的权威下进入警察"纠察"（policing）阶段。

警察的职权界限不清晰，同时，警察、党、政府以及社会集团之间的界限也模糊难辨。实际上，新生活运动促进会将党员、政府官员、私人商业团体代表凝聚在一起，本身即反映出国民党的国家统一观，认为国家与社会之间、社会集团（如工人和资本家）之间不存在外显的冲突。③

在此情境中，新生活运动见证了公私组织之间的合作。上海商会的代表在本市新生活运动促进会中任职，在新生活运动开展过程中与公安局和其他一些市属部门如卫生局协作。④ 1936 年，当"清洁运动"发起时，新生活运动促进会动员社会各个部门参与。劝导队一般由学生、公务人员和办公室职员组成，与警察密切合作。他们挨家挨户劝导民众执行新生活标准，对拒不执行者进行处罚。在这种情况下，很难判断这场运动是警察保卫治安，还是来自"朋辈督促"（peer pressure）。劝导队成员虽是平民百姓，但他们执行的却是以警察为后盾的《违警罚法》。

新生活运动各种组织的触角延伸越长，公私之间以及国家和社会之间的界限就越模糊。1934 年 4 月，江苏省徐州市新生活运动促进会决定扩大组织，创设了两个新工作队：普通宣传队及家庭宣传队，其任务是敦促

---

① 《去年新运回顾》，《申报》1935 年 1 月 1 日，第 24 版。新生活运动促进总会起草的《新生活运动纲要（初稿）》以"规矩""清洁"为新生活运动的初步目标，并计划从江西一隅拓展至北京、上海及河北、江苏、浙江等省份。

② 《去年新运回顾》，《申报》1935 年 1 月 1 日，第 24 版。

③ 《新生活运动》（1935 年 1 月），上海市档案馆藏档：Q5 - 3 - 47。

④ 《各地之新生活运动》《市公用公安卫生等三局》，《申报》1934 年 3 月 4 日，第 10 版；1935 年 5 月 22 日，第 11 版。

新生活运动的执行。① 上海新生活运动促进会也扩大其组织，1934 年 4 月
9 日，该会宣布在基层成立新的新生活运动组织，其中包括纠察队，其任
务是监督全城的新生活运动执行情况，确保人人都能遵守新生活运动的要
求。他们一旦发现违法越轨情形，就可以通过指出问题、劝导市民消弭恶
习的方法进行干预。童子军负责挨户分送标语。②

　　因此，新生活运动的组织结构阐明了三个重要功能：它能将社会以共
同的思想团结起来，将新生活运动发展成为触及个人的群众运动，通过征
募民众作为执法者，打破了公私界限，使社会政治化。

结　语

　　有关新生活运动和《违警罚法》的研究说明，我们应该扩展黄宗智
的观点，即不应该将中国法律的变迁简单地看成"从落后的封建法律到
资本主义法律的转变……也不是马克斯·韦伯所谓的从非理性到理性的转
变"。黄宗智总结说，中国法律改革不是简单的"传统/现代"或"西方/
中国"非此即彼的二元对立。③ 对此，我们也可以补充说，"西方"并不
一定就等同于自由主义法治。在两次世界大战期间，政治和法律的现代性
似乎与施密特所描述的新的威权主义模式共生。

　　两次世界大战期间，自由主义危机对全世界的政治制度产生了至关重
要的影响，其引发的问题和造成的紧张不安至今仍能引起热议，而且永远
改变了世界范围的政治和法律实践。尤其是，它还提出了如何在有效实施
政策和保护个人权利之间保持平衡的问题。例如，二战后，"例外状态"
仍然是战后西方工业化国家的重要特点，体现在议会民主制国家通过普遍
使用"具有法律效力的行政命令"，使"立法权力逐渐受到削弱和侵

---

① 《各地之新生活运动》，《申报》1934 年 4 月 15 日，第 11 版。

② 《新生活运动周》，《申报》1934 年 4 月 9 日，第 9～10 版。

③ Philip C. Huang, *Code, Custom, and Legal Practice in China: The Qing and the Republic Compared* (Stanford, Calif.: Stanford University Press, 2001), p. 3.

蚀"。① 因此，在当今的议会民主制国家中，"例外状态"不仅存在于与战争和国家安全相关的情形中，例如，在美国，1917年伍德罗·威尔逊推动国会通过的反间谍法，"9·11"之后的反恐法律以及最近通过的"幼年抵境儿童暂缓递解计划"（Deferred Action for Childhood Arrivals）；而且，也被公认为议会民主政体中政治实践的局限性所在。这种程序变化引出了生命政治立法（biopolitical legislation）问题，提出了现代国家中法律、生活和政治之间关系的复杂问题。② 而且，施密特最近在中国重新受到学界关注，表明了法治与有效执行之间的矛盾在那些致力于快速发展经济的国家仍然存在。正是出于这个原因，我们需要跳出民主-专制二元对立的视角，将政治、法律与生活之间的互动置于历史视野之中，以期获得对特定国家性质更细致入微的了解。

在20世纪初的国家建设的危机中，中国的知识分子和官员吸收并改进了中国自身传统（自然法）因素，以及西方的新思潮（"例外状态"）。这种改造和重新阐释是一种全新的视角，通过它，人们能够认识到自己国家的问题，并为解决这些问题设定目标。新生活运动和《违警罚法》正是基于以下假设，即社会进步的结果是文明开化，这种进步观受到西方现代化理论的启迪和鼓舞，也成为中国人认为应该拥有的品质。然而，开启民智、思想启蒙的国家建设目标却与19世纪进步思想的核心——自由主义和议会政治的思想直接相抵触。一边是对西方现代性过于物质主义的广泛争论，另一边则是在以中国固有道德为基础的"自然"法上构建中国现代法律和政治认同的尝试。正是在这个节点上，此二者与世界范围内对自由国家的批评会合在了一起。

道德（不仅保护公共安全也保护普通民众）一旦成为法律的对象，公私之间的界限将会变得十分模糊。在这种情形下，新生活运动，与国家建设、开启民智的目标一起，将干涉中国普通民众的私人生活合法化、正

---

① Giorgio Agamben, *State of Exception*, p. 7.

② Judith Butler, *Precarious Life: The Powers of Mourning and Violence* (London; New York: Verso, 2003); Giorgio Agamben, *State of Exception*; Elena Loizidou, *Judith Butler: Ethics, Law, Politics* (Abingdon [England]; New York: Routledge-Cavendish, 2007).

当化。

国民党并没有足够的政治权力和政治力量全面推行新生活运动，或是将社会政治化至显著程度，尤其是与1949年后共产党和台湾国民党政权的成功相比。1937年，蒋介石本人也对上年新生活运动的推行无力表示了不满。①

尽管新生活运动在实施过程中收效有限，但是运动本身却是走向"启蒙"，也即中国社会政治化过程中的一个转折点。虽然引入新生活方式的思想观念可以追溯至清末，但是新生活运动却将之发展成为社会政治化的全面尝试，这一策略也成为新中国最初几十年间的典型特征。

〔作者曾玛莉，路易斯安那州立大学历史系副教授〕

（贾亚娟　译）

---

① 蒋介石：《新生活运动三周年告全国同胞书》（1937年2月19日），秦孝仪编《先总统蒋公思想言论总集》卷30，第210页。

以党如何治国：南京国民政府
司法建设之推演及难局

李在全

内容提要 1927 年南京国民政府成立后，国民党逐步掌控全国政权，厉行"以党治国"，但国民党党治的推展并不均衡，亦不同步。就司法领域而言，在国民政府初期，司法中枢以北洋旧人为班底，总体上延续北洋时期的司法独立与超越党派政治之理念。1932 年居正出任司法院院长，国民党革命元老开始进入司法中枢，北洋旧人逐渐退出，及至 1935 年前后，司法中枢基本完成人事递嬗；与此同时，鉴于司法现状无法满足国民党的政治需要，并在民族危机的刺激下，国民党政权强调司法的政治性，重新宣扬、推进司法党化。至此，即南京国民政府成立约八年之后，国民党人才真正掌控了司法中枢，完成从北洋时代到国民党党治时代的递嬗。但终国民党统治时代，其对司法系统中下层的渗透、控制、整合却未能成功，司法理念及人员构成依然保留着浓厚的北洋遗风。

关键词 国民党　国民政府　以党治国　司法独立　司法党化

一　引言

北洋政府统治时期标榜宪政与法治，以期建构现代民主国家，虽然这种尝试基本停留于制度文本层面，付诸实践者无多，但宪政与法治毕竟是北洋时期的国家制度诉求。国民党在其统治时期，无论是政体设置，还是实际政治的运行，均着力推进"党在国之上""以党治国"，虽然由于外部环境与国民党自身的原因，国民党的党治显得粗糙、乏力、不彻底，但当时中国确实为一党专政的党治国家。从学理上讲，宪政法治与"以党治国"是两种不同的国家统治（治理）模式，甚至可以说，这两种模式有着内在的逻辑冲突。这就产生一个问题：1927 年国民党在全国范围内建立政权后，在先前北洋政制的基础上，在 20 世纪二三十年代波谲云诡的国内外环境中，是如何推行"以党治国"的。

此乃一大问题，也不易解答。对任何"大"问题的有效探究必须建立在诸多"小"问题的具体、实证研究的基础上。故本文择取一个相对较"小"的问题——司法领域——为研究对象，尤其是以司法中枢中的人事构成与政治导向为考察点，力争具体、实证地，当然也只是部分地解答上述问题。

清季以降，"欧风美雨驰而东"，包括宪政、三权分立等在内的理论与政体被引入中国，开始了一场宪政实验。与此相适应，一套以司法独立为主旨的西式司法理念与制度也开始在中国展开。1912 年中华民国建立后，赓续其事。南京《临时约法》规定："法院依法律审判民事诉讼及刑事诉讼"，"法官独立审判，不受上级官厅之干涉"。[1] 此制为北洋政府所延续，此后多部约法、宪法也有相同或类似的规定。这反映了北洋时代国家对司法独立、超越党派政治的诉求。但在 1920 年代，随着国民革命的兴起和国民党党国体制的建立，北洋时期宣扬的超越党派政治的司法体系逐步被"纳入"国民党党国体制之中，司法开始"国民党化"。[2] 可见，党派政治与司法领域的关系在北洋时代和国民党时代变化很大，故 20 世纪二三十年代的司法领域是考察国民党"以党治国"如何具体推展的较佳视域。

---

[1] 夏新华、胡旭晟整理《近代中国宪政历程：史料荟萃》，中国政法大学出版社，2004，第 159 页。

[2] 据笔者阅读所及，关于此课题的专论尚付阙如，仅有零星篇什旁及此问题，如 Xu Xiaoqun, "*The Fate of Judicial Independence in Republican China, 1912 - 37*," *The China Quarterly*, no. 149（March 1997），pp. 1 - 28；贺卫方：《中国的司法传统及其近代化》，载苏力等主编《20 世纪的中国：学术与社会（法学卷）》，山东人民出版社，2001，第 172 ~ 213 页；韩秀桃：《司法独立与近代中国》，清华大学出版社，2003，第 7、8 章；江照信：《中国法律"看不见中国"——居正司法时期（1932 ~ 1948）研究》，清华大学出版社，2010，第 3 章；等等，故有系统、深入探究之必要。

二 南京政府初期的司法中枢

1927 年 4 月 18 日，南京国民政府宣告成立，此乃国民党一党专政之政府，厉行"以党治国"。胡汉民当时就宣称："在国民党之下，无论何人，须服从党义，认定党以外无党，而党以内更不能有其他之跨党分子捣乱。"① 此后，南京国民党人开始政权建设，司法中枢的组建自是其中一部分。6 月 24 日，国民政府任命王宠惠为司法部部长，王氏于 7 月 14 日就职。8 月 6 日，国民政府任命罗文庄为司法部次长；11 月 5 日，任命徐元诰为最高法院院长；12 月 3 日，又任命魏道明为司法部次长。由此初步组成南京国民政府的司法中枢。

1928 年 2 月，国民革命军开始二次北伐，6 月占领平津。是月 12 日，国民政府发表对内施政方针，宣称结束军事，开始训政，宣布厉行法治、澄清吏治、肃清匪盗、蠲免苛税、裁减兵额等。② 15 日，国民政府发表对外宣言，宣布中国"统一告成"，为建设新国家，今后外交重点是解除近代以来不平等条约的束缚，签订相互尊重主权的平等新约。③ 8 月，国民党二届五中全会在南京召开，在此次会议及随后举行的中常会上，通过了《政治问题决议案》《训政纲领》《国民政府组织法》等一系列决议案。

10 月 3 日，由胡汉民起草的《训政纲领》经国民党中常会通过，规定：训政期间，由中国国民党全国代表大会代表国民大会领导国民，行使选举、罢免、创制、复决四种政权，代表大会闭会时期，以政权付托中国国民党中央执行委员会执行之；治权之行政、立法、司法、考试、监察五项付托于国民政府总揽而执行之，以立宪政时期民选政府之基础；指导、

---

① 《国民政府建都南京之盛典》，《申报》1927 年 4 月 22 日，第 6 版。
② 《国民政府通电对内施政方针》，《国民政府公报》第 67 期，1928 年 6 月，"通电"，第 1～3 页。
③ 《对外宣言修正发表》，《申报》1928 年 6 月 16 日，第 7 版。

监督国民政府重大国务之施行，由中国国民党中央执行委员会政治会议行之。[1] 同月 26 日，国民政府国务会议通过《国民政府训政时期施政宣言》，宣布军政时期结束，训政时期开始，组建五院制国民政府。

1928 年 10 月，王宠惠出任国民政府司法院首任院长，张继为副院长。11 月，魏道明被任命为司法行政部部长，朱履龢为政务次长，12 月，任命谢瀛洲为常务次长。由此组成了五院制国民政府初期的司法中枢。

从 1927 年 7 月出任国民政府司法部部长，中经 1928 年 10 月升任司法院院长，到 1931 年 6 月辞职，在四年时间里，王宠惠无疑是国民党政权司法中枢的核心人物。因此，这一时期可谓国民政府司法之王宠惠时期。[2]

不过，此时期的司法中枢很不稳定。核心人物王宠惠上任不久即于 1927 年 12 月离职，由刚刚被任命为司法部次长的魏道明代理部务，很快，魏氏于 1928 年 3 月辞职，由蔡元培兼代至 10 月。1928 年 10 月司法院成立，王宠惠任院长，张继任副院长。次年 6 月，王氏履职国际法庭，由于副院长张继也未到任，故院长职权由司法行政部部长魏道明代行，直到 12 月王宠惠回京到院，但此次王氏在职时间也不长，1931 年 6 月即辞去司法院院长职务。作为王宠惠司法中枢第二号人物的魏道明，于 1930 年 4 月调任南京特别市市长，司法行政部务由政务次长朱履龢代理。此外，原任最高法院院长的徐元诰也在 1928 年 11 月辞职，由林翔继任。

1932 年 1 月居正代理司法院院长，5 月正式接任。但司法系统中的司法行政部在 1932 年 1 月改隶行政院。由此，司法中枢被分割为两部分：一为居正为首的司法院；一为行政院中的司法行政部。两者之中，因为司法行政部从司法院划出，司法院只管辖最高法院，[3] 司法院"只剩下一个

---

[1] 夏新华、胡旭晟整理《近代中国宪政历程：史料荟萃》，2004，第 803 页。

[2] 此四年中，王宠惠曾两度离职，但总体而言，王氏依然是此时期司法中枢的最高首长与核心人物。

[3] 1932 年 4 月，司法院下设公务员惩戒委员会，1933 年 6 月设立行政法院。

空架子，名是司法院，实是审判院"。① 因此，从 1932 年初到 1934 年底（即司法行政部重新隶属司法院之前），居正名为全国司法最高首长，但司法中枢的权力重心在司法行政部。② 此期间，司法行政部部长为罗文干，政务次长先后为何世桢、郑天锡，常务次长原为郑天锡，郑升任政务次长后，常务次长为石志泉。

表1　1927～1934 年司法中枢主要人员简表

姓名	职务及任职时间	教育背景	履历简况	司法主张
王宠惠 (1881～1958)	司法部长(1927 年 7～12 月)、司法院长(1928 年 10 月～1931 年 6 月)	北洋大学，耶鲁大学，法学博士	参加同盟会。北洋政府司法总长、外交总长、大理院院长、国务总理等职。南京国民政府司法部长、司法院长	党化(不强烈)
魏道明 (1901～1978)	司法部次长(1927 年 12 月～1928 年 3 月)、司法部秘书长(1927 年～1928 年 2 月)、司法行政部部长(1928 年 11 月～1930 年 4 月)	巴黎大学法学博士	上海律师。1927 年任国民政府司法部秘书，同年冬任司法部次长、代理部长,1928 年任司法行政部部长。1930 年任南京特别市市长	不详
朱履龢 (1877～1945)	司法行政部政务次长(1928 年 11 月～1932 年 1 月)、代理部长(1930 年 4 月～1931 年 12 月)、司法院秘书长(兼代,1929 年 5 月～1930 年 4 月)	留学英国	法权讨论会秘书、关税特别会议委员会秘书,1927 年任职于外交部,1928 年任职于司法部,1929 年兼代司法院秘书长	不详
谢冠生 (1897～1971)	司法院秘书长(兼代,1930 年 4 月～1936 年 3 月,正式任至 1938 年 4 月)	震旦大学法科、巴黎大学法学博士	历任震旦大学、复旦大学、持志大学、中国公学、法政大学教授,中央大学法律系主任。1930 年兼代司法院秘书长	党化(1935 年后)

① 杨玉清：《国民党政府的五院制度》，载《文史资料存稿选编（政府、政党）》，中国文史出版社，2002，第 445 页。
② 司法行政部具有任免全国司法人员、设立或废止法院监所、审核全国司法经费等职权，可以说是司法系统中最活跃且最有权力的部门。

民国时期的法律、社会与军事

续表

姓名	职务及任职时间	教育背景	履历简况	司法主张
罗文幹 (1888～1941)	司法行政部部长（1931年12月～1934年10月），兼法官训练所所长（1932年1～11月）	牛津大学法学硕士	北洋政府总检察厅检察长、修订法律馆副总裁、大理院院长、司法总长、财政总长等。1932年任国民政府司法行政部长	不党
郑天锡 (1884～1970)	司法行政部政务次长（1932年7月～1934年10月）	香港皇仁书院，伦敦大学法学博士	香港律师。大理院推事，法权调查委员会准备处处长，国际法权委员会代表。北京大学、朝阳大学、法政大学、东吴大学教授。1932年任国民政府司法行政部次长	不党
谢瀛洲 (1894～1972)	司法行政部常务次长（1928年12月～1932年7月），兼法官训练所所长（1929年2月～1932年1月）	巴黎大学法学博士	大元帅府法制委员。广东大学教授、陆军军官学校政治总教官、南京中央大学教授、北京大学法学院院长。1932年任国民政府司法行政部次长	不详
苏希洵 (1890～1970)	司法行政部总务司司长（1930年5月～1933年11月），兼法官培训所教务主任（1929年9月～1933年3月）	广西公立政法学堂，巴黎大学法学博士	北洋政府外交部金事科长，外交部欧美司司长，外交部长王宠惠的秘书	不详
董康 (1867～1947)	法官训练所教务主任（1932年3～11月）、所长（1932年11月～1935年11月）	前清进士，赴日本修学律法	前清大理院推事、法律馆编修。北洋政府大理院院长、司法总长、财政总长等职。北京大学、东吴大学教授，执业律师	不党
石志泉 (1885～1960)	司法行政部常务次长（1932年7月～1934年11月）	日本东京帝国大学法学学士	1922年任北洋政府司法部次长，代理部务。朝阳大学、法政大学、北平大学教授	不党

姓名	职务及任职时间	教育背景	履历简况	司法主张
夏勤 （1892～1950）	司法院中央公务员惩戒委员（1932 年 6 月～1934 年）	国立京师法政学堂、日本中央大学、东京帝国大学	北洋时期大理院推事、总检察厅检察官、首席检察官。1927 年任南京国民政府法制局编审，1928 年任最高法院刑二庭庭长、法官惩戒委员会委员	不党

资料来源：许师慎编《国民政府建制职名录》，台北，"国史馆"，1984；中国社会科学院近代史研究所编《民国人物传》，中华书局，1978～2005；徐友春主编《民国人物大辞典》；刘寿林等编《民国职官年表》，中华书局，1995；金沛仁：《国民党法官的训练、使用与司法党化》，《文史资料选辑》第 78 辑，文史资料出版社，1982；金沛仁、汪振国：《CC "党化司法"的实质及其经过》，载柴夫编《CC 内幕》，中国文史出版社，1988；等等。

说明：表中人员包括两部分：1927～1931 年的王宠惠司法中枢人员、1932～1934 年的司法行政部人员，居正为首的司法院人员暂不列入，原因详下文。

　　若仔细考察，不难发现上述表中所列的王宠惠、罗文幹等人与其后的居正等人有很大不同。王、罗等人更多的是技术型官僚，具有浓厚的北洋背景，[①] 他们在国民党内的革命渊源显然不及居正等人，但在了解和推崇西方宪政法治方面，似较居正等人深刻。因此，王宠惠虽然主张过司法党化，但文字不多；[②] 罗文幹更是明确反对司法党化。[③] 从人事构成来看，这时期国民政府司法中枢里北洋"旧人"居多，很多人具有欧美背景，他们多半较为推崇英美民主宪政制度，内心深处未必认同国民党一党专政与司法党化。因此，有人就观察到，1927 年后，国民党虽然执掌了全国

---

① 在出任国民政府司法部部长之前，王宠惠曾三次出任北洋政府司法总长，时间分别是 1912 年 3 月 30 日至 7 月 14 日（在职 3 个月 14 天）、1921 年 12 月 25 日至 1922 年 8 月 5 日（王未到任，由董康署理、罗文幹代理，王实际在任 1 个月 24 天）、1924 年 1 月 12 日至 9 月 14 日（王未任职，由次长薛笃弼代理）。罗文幹也三次出任（代理）北洋政府的司法总长。（王用宾：《二十五年来之司法行政》，《现代司法》第 2 卷第 1 期，1936 年）值得指出的是，历史人物的身份往往是多面的，若仅仅认定王宠惠为北洋旧人，则未免简单化，不过，与居正、覃振等人相比，王宠惠确实北洋色彩相当浓厚。
② 就笔者阅读所及，王宠惠阐述司法党化的文字，主要是《今后司法改良之方针》（《法律评论》第 6 卷第 21、22 期，1929 年 3 月 3、10 日）一文。
③ 金沛仁：《国民党法官的训练、使用与司法党化》，《文史资料选辑》第 78 辑，第 102 页。

政权，但司法界基本上还是"晚清及北洋政府司法界的班底"，代表人物除王宠惠外，还有罗文幹、董康、夏勤、潘恩培等人，他们在北洋时期司法界地位很高。例如，董康，前清进士，曾任清末刑部主事，民国成立后，历任北洋政府大理院院长、修订法律馆总裁、司法总长等职，并数次东渡日本讲学，是司法界的"老前辈"，满门桃李，尊之为"法界圣人"；罗文幹，曾留学英国牛津大学，回国后，任北洋政府大理院院长、司法总长等职。国民党政权建立后，他们仍然身居高位，仍然是司法界的权威。还有留法、留日的司法界人员魏道明、朱履龢、谢瀛洲、赵琛等，也先后主持司法行政。他们拥有大批的门生故吏。国民党政权初期的司法行政人员与各级法院的司法官，以及各省的法律专门学校，基本上都还掌握在这些人手里。① 显而易见，在国民政府统治初期，国民党虽然掌握了全国统治权，但在司法领域，国民党人及其司法理念并未占据统治地位。

三　司法现状："于本党政府之下而处处有反党之事实"

南京国民政府成立之初，除普通法院外，还在很多地方设立特种刑事临时法庭，主要是审判共产党员与政治异议人士。在南京设立中央特刑庭，在一些省市设立地方特刑庭。特刑庭并非普通法院，行政上受司法行政部管辖，人事安排也由司法行政部提请任免，地方特刑庭的审判人员多由该省高等法院人员，特别是其中"忠实"的国民党员兼任。1927年11月，中政会广州分会致函广东省党部称，该省特刑庭拟设置审判官，由政治分会、省党部、市党部、临时军事委员会、军事裁判所、广东司法厅等机关各推荐"本党忠实党员而富有法律学识及审判经验者"，呈报政治分会核准任命。② 1928年8月，浙江省党务指导委员会常委何应钦也呈请国民党中央："请规定审判反革命机关之服务人员，不论其职务大小，一概不得任用非党员，以免本党忠实同志，受其桎梏，而使反革命者漏网，以

① 金沛仁、汪振国：《CC"党化司法"的实质及其经过》，载柴夫编《CC内幕》。
② 《政治分会函请省党部派员组织特别法庭》，《广州民国日报》1927年11月9日，第5版。

尊党权，而清腐恶案。"国民党中常会决议交国民政府办理。①

1928 年 6 月 4 日，国民党中常会第 143 次会议讨论各级党部与特刑庭关于办理特种刑事诉讼的关系问题，决议：（1）各级党部因执行职务而知有犯反革命或土豪劣绅罪之嫌疑者，不论其为党员或非党员，均有告发之权；（2）告发应向特种刑事法庭为之，其未设立特种刑事法庭之各地方向普通法院为之，如有向各级党部告发之特种刑事案件，该机关应移送特种刑事法庭办理；（3）凡犯反革命罪之嫌疑犯，经特种刑事法庭受理侦查后，应将被告人姓名及其犯罪行为函达各该地方最高级党部，不起诉之处分亦应送达；（4）凡党员犯反革命罪，经特种刑事法庭审问终结后，须拟具意见书并诉讼书类函报该地方最高级党部，如该党部认为有判决不当者，于一定时期内得请其再审，并派员前往会审；（5）凡特种刑事法庭传唤被告时，如被告现充党务工作人员，只应送达传票，除现行犯外，不得径行拘捕；（6）现充党务工作人员，如犯罪嫌疑重大，有逃亡或湮没伪造变造证据，以及勾串共同犯或证人之虞者，在逮捕以前，须咨询该被告所承属之党部，若意见不合，得责付于其所承属之党部出具证书，载明如经传唤，应令被告随时到案。②

简言之，在特刑庭与国民党关系问题上，特刑庭的审判要接受国民党同级党部之监督，省党部对该省特刑庭的审判结果如持有异议时，可要求其再审，特刑庭的审判结果也要由党务部门核准。

在"革命"者审判"反革命"者的旗号下，各地广设特刑庭，这对整个国家司法系统的正常运转破坏很大。因为"革命"本身的任意性、专断性很容易使这种司法演变成名为司法审判，实为公报私仇、党同伐异、派系之争等，负面作用凸显，故有学者就认为"司法权因设有特种审判机关，而被削弱"。③ 特种司法审判也遭到国民党高层人物的反对。1928 年 8 月 14 日，在国民党二届五中全会上，蔡元培就提议废止《特种刑事临时法

---

① 中国第二历史档案馆编《中国国民党中央执行委员会常务委员会会议录》第 6 册，广西师范大学出版社，2000，第 63~64 页。
② 《中国国民党中央执行委员会常务委员会会议录》第 4 册，第 393~394 页。
③ 转引自田湘波《中国国民党党政体制剖析（1927~1937）》，湖南人民出版社，2006，第 364 页。

庭组织条例》，所有反革命及土豪劣绅案件均归普通司法机关审理，提案获准通过。① 8 月 23 日，国民党中常会第 161 次会议决议：司法院即将成立，所有各种特别法庭应即取消，以谋法权之统一，详细办法交政治会议妥议。② 11 月 21 日，中政会第 164 次会议决议《关于取消特种刑事临时法庭办法六条》，交国民政府公布，中央与地方特刑庭取消。③

取消特刑庭，表面上缩减了特种司法机关，但没有解决实质问题。大量政治性案件依然存在，把这些政治性案件转移给普通司法机关审理，使普通司法机关陷入两难的境地：一方面，普通司法机关承担了本不应由其承担的过多政治性案件，使原本就超负荷运行的普通司法机关工作量倍增，而且导致普通司法机关过分政治化，几乎完全成为国民党的专政机器，社会公信力也随之降低；另一方面，普通司法机关不管如何政治化，毕竟还是司法机关，还得遵循一定的司法程序、证据原则，加之，南京国民政府司法人员很多来自北洋司法界，④ 这些北洋老法官审案时"往往死扣法律条文，司法审判程序迂缓繁复"，⑤ 这使普通司法机关无法成为国民党运用自如的政治工具。因此，很多党部对普通法院非常不满，"某些地方的法院与当地的国民党的党部常常发生矛盾"，⑥ 有的地方两者甚至处于对立状态。这种内部与外部因素的变化，对本以处理社会纠纷为主业的普通司法机关本身而言，几乎是致命的。

国民党各地党部对普通法院在审判共产党"反革命"案件中的表现，尤感不满。1929 年 4 月，据天津特别市党部向国民党中央报告："该市前曾组织惩共委员会，惟该机关职权，对于共党，只能逮捕，不能处理，以

---

① 荣孟源主编《中国国民党历次代表大会及中央全会资料》上册，光明日报出版社，1985，第 544 页。
② 《中国国民党中央执行委员会常务委员会会议录》第 6 册，第 64~65 页。
③ 中国第二历史档案馆编《国民党政府政治制度档案史料选编》下册，安徽教育出版社，1994，第 620~621 页。
④ 南京国民政府司法系统留用很多北洋政府的司法人员，故在北伐前后有"革命军北伐，司法官南伐"之说。见陈嗣哲《1912~1949 年我国司法界概况》，《文史资料存稿选编（政府、政党）》。
⑤ 裘孟涵：《CC 渗透的国民党司法界》，《文史资料选辑》第 78 辑。
⑥ 金沛仁、汪振国：《CC "党化司法"的实质及其经过》，载柴夫编《CC 内幕》。

致被捕共党，移送法院后，往往宣告无罪，益令共党无所忌惮。请赐予惩共委员会以处分共党之权，以便应机处理，或请明令法院，对于审理共党案件，非经党部同意，不得滥予释放。"该报告还称："查各地关于审决共产党徒案，党部对法院，不少同样感想。在法院依照程序手续，自有其职责，而共产党徒得因以免脱者，实所难免，似应另定救济办法，特请讨论。"国民党中常会决定，推王宠惠、陈果夫、叶楚伧三委员审议救济办法。5月13日，在中常会上，三委员报告了审查结果，提出解决办法：第一步，当地高级党部声明不服，检察官接到声请书后，当然提出上诉；第二步，试行简单陪审制度。此原则经中常会通过，交司法院拟定施行办法。7月1日，司法院报告说：第一步，"已令行各级法院遵照"；第二步，已拟定《反革命案件陪审条例草案》（28条），"并缮具理由书，送请核议"，还认为此属立法性质，请提交立法院审议。中常会决议：第一项通令各级党部知照；第二项送交政治会议交送立法院。①

1929年7月，国民党中央也承认："近来各地破获共党甚多，党部对于法院仍虑其偏重证据，轻易释放，迭据陈述前来"，指出"共产党徒行为狡诈，易被免脱……为镇压反动计，尤不宜稍事宽纵"，认为应请国民政府通令各司法机关，"在反革命案件陪审制度未实行以前，如党部对于共产嫌疑之判决有异议时，不得释放，以杜流弊"。随后，国民党中央正式决定采纳王宠惠等人提出的上述解决办法。② 8月17日，国民政府公布《反革命案件陪审暂行法》（28条），③ 规定："陪审员就居住各该高等法院或分院所在地之中国国民党党员年龄在二十五岁以上者选充之。"9月13日，司法院公布与之配套的《反革命案件陪审暂行法施行细则》（12条），④ 第二条规定：各高等法院及分院奉到《反革命案件陪审暂行法》公布令后，应通知所在地之省或市县党部，依该法第七条之规定，于一个

---

① 《中国国民党中央执行委员会常务委员会会议录》第8册，第30、164、422页。

② 《司法院训令》，《司法公报》第31号，1929年8月10日，"院令"，第6页。

③ 《反革命案件陪审暂行法》，《司法公报》第34号，1929年8月31日，"法规"，第1~5页。

④ 《反革命案件陪审暂行法施行细则》，《司法公报》第38号，1929年9月28日，"法规"，第1~2页。

月内将居住该地有陪审员资格之党员列表造册送其副本于各该法院。

　　法院处理反革命案件时，"每格于普通程序及手续，或因不得充分证据，至未能为严厉之制裁"，① 这种情形在当时较为普遍，也引起国民党相关方面的关注。1929 年 12 月，国民党中央组织部就呈报中执会，称"各地共产党徒阴谋反动，虽迭有破获，或以搜捕不能得法或以捕后惩办失之过宽，以致若辈变本加厉，肆意捣乱。本部迭据各方报告咸谓法院对于共党案件往往不能严密侦查，尽法惩治，殊失以法裁乱之旨"。请中执会转函国民政府严令司法机关"对于共党案件不得稍事姑息，以遏乱萌借固党基"。很快，中执会致函国民政府，令司法部门遵照办理。②

　　但问题是，法院不管如何"积极配合"，毕竟不能和党政军警机关一样，可不按司法程序处置"反革命"案件，因此，法院与党部之间矛盾摩擦日多。1930 年 2 月 7 日天津《大公报》报道了市党部与高等法院发生冲突的一桩事件：张信庵等人受控反革命罪，但法院判决无罪，这"引起市训练部测验党义问题"。市党部认为高等法院"此种举动，似乎不明党义"，训练部部长刘不同决定"赴该院测验党义，并准备问题八十五项"。高等法院请求暂缓测验，原因是"一为院长现在出巡各监狱，未回；二为法院事务忙迫，案件甚多，职员办公，日以继夜，实无余暇；三为法院礼堂狭小，职员众多难于测验，并声明该院已成立党义研究会，不过因时间较少，研究未臻精细"。市党部认为法院"请求展期之理由不甚充足，决定届时仍往测验"。③ 这桩事件说明，在"革命"名义下，党部人员的横行和党治的气焰甚炽；④ 同时也表明，司法机关往往以程序、证据、司法独立为由，反对党部的做法，至少可以说，司法现状不能满足党部的政治需要。这自然使得很多党部对司法机关非常不满。当时掌控中统的 CC 系要人徐恩曾就对人说："那些司法检察部门都是无用之辈，我们

----

① 中国第二历史档案馆编《国民党政府政治制度档案史料选编》下册，第 626～627 页。
② 《司法院训令》，《司法公报》第 51 号，1929 年 12 月 28 日，"院令"，第 18 页。
③ 《市党部与高等法院》，天津《大公报》1930 年 2 月 7 日，第 3 张第 11 版。
④ 余英时也认为："国民党执政以后，实行了所谓'训政'，事实上只学到了苏联'一党专政'的一点外形。但党部中人挟'革命'之名而到处横行，则日有所闻。"见氏著《从〈日记〉看胡适的一生》，《现代危机与思想人物》，三联书店，2005，第 217 页。

要做的许多重要事情，都得不到他们相应的配合。"① 1930 年代初期任职于中央党部的王子壮在其日记中深叹："以吾国司法界深闭固拒，于本党政府之下而处处有反党之事实，不一而足"。②

党部对司法现状的不满，在 1930 年 3 月召开的国民党三届三中全会上反应强烈。在这次会议上，有地方党部就提议，以后法官须受党义检定合格方可任用。③ 江苏省党务整理委员会提议，请中央"规定司法独立之意义，绝对不能超越于党的指导范围"。④ 此提案引起国民党高层的重视，很快交由中政会办理，经法律组审查，认为有解答之必要，陈述曰：党治与司法独立，其意义并不矛盾。⑤ 参加此次会议的国民党中央候补执委焦易堂也认为，司法独立不能超越国民党之指导。⑥ 如此一来，国民党当局就把"以党治国"与"司法独立"（或法治）"有机"地统一起来，此论调也成为拥护国民党掌控司法人士的辩词。有人就说："现在以党治国，所谓'党治'非但与法治毫无冲突之可言，彼此实相助为理。法治以党治为其精神，党治以法治伸其作用；党治毋宁谓为法治之过程，法治实为党治之归宿。现为训政时期，而完成宪政，是为党治之最终任务，而宪政之完成，又以人民能行使政权为依归，则灌输民众普遍的法律智识，养成其法治观念，以熟练政权之行使，而实现党治之目标。"⑦ 还有人认为："以党治国，既明白规定是以党义治国；司法独立，又是五权宪法之授与，二者均以实行三民主义为目的，其意义是相助而不相害也明矣。"⑧

① 杨颖奇、张万栋：《二号嫡系：一个中统大特务的自述》，青岛出版社，1999，第 137～139 页。
② 《王子壮日记》第 2 册，1934 年 10 月 22 日，台北，中研院近代史研究所，2001，第 150 页。
③ 《司法机关法官须受党义检定合格方可任用案》（1930 年 3 月），台北中国国民党党史会藏档：3.2/12.4.4。
④ 《司法独立之意义不能超越于党的指导范围》（1930 年 2 月），台北中国国民党党史会藏档：3.2/10.2.5；另见《苏省党整会——三次会议》，《中央日报》1930 年 2 月 27 日，第 8 版。
⑤ 《中国国民党中央执行委员会常务委员会会议录》第 11 册，第 254 页。
⑥ 《审查规定司法独立之意义案》（1930 年 3 月），台北中国国民党党史会藏档：3.3/107.9。
⑦ 《本报之使命》，《法治周报》第 1 卷第 1 期，1933 年 1 月 1 日。
⑧ 楚咸遒叟：《党化司法之研究》，《亚洲文化月刊》第 2 卷第 3、4 期，1937 年 2 月 1 日。

四　人事递嬗：从北洋旧人到革命元老

1931年2月，因约法之争，蒋介石囚禁胡汉民，反蒋各派聚集广州召开国民党中央执监非常会议，另立广州中央，引发宁粤对峙政潮。在这场政治纷争中，时任司法院院长的王宠惠立场在胡汉民一边，6月，他辞去司法院院长一职，王宠惠司法时期宣告结束。9月，九一八事变爆发，举国震惊。面对日本的侵略，南京国民政府表现出的软弱与无能，激起全国性的抗议活动，尤其是广大青年学生，情绪激昂。南京学生首先走上街头，上海、北平、天津等地学生也涌向南京，他们一边示威游行，痛斥政府的软弱与无能；一边向中央政府和中央党部请愿，要求武装抗日。

如此局面迫使蒋介石必须有所应对。蒋很快授意南京国民党中央致电广州方面，表示愿捐弃前嫌，谋求和平统一。广州方面也深感压力，表示愿意在蒋下野和以统一会议产生统一政府的前提下，取消广州中央。几经讨价还价，蒋介石被迫做出妥协。10月14日，胡汉民恢复自由，由南京到上海，结束7个多月的软禁生活。11月初，宁粤达成妥协，议定：南京和广州分别召开国民党第四次代表大会，两会一切提案均提交第四届中央第一次会议处理；四届中央委员160人，一、二、三届中央委员均为中委（共产党员除外），宁粤双方再各推24人；四届一中全会修改《国民政府组织法》，改组国民政府；南京国民政府改组后，广州政府取消；等等。这使得国民党革命元老、西山会议派代表人物、此前因反蒋而被捕入狱的居正，[①] 有机会重返政治舞台。

---

① 学界关于居正的研究成果颇多，传记就有赵玉明：《菩萨心肠的革命家：居正传》，台北，近代中国出版社，1982；林济：《居正传》，湖北人民出版社，1993。相关论文更多，如郭芳美：《居正与中国革命（1905～1916）》，硕士学位论文，台北政治大学历史所，1979；华友根：《居正对中国旧律和近代新法的意见及重建中国法系的主张》，《甘肃社会科学》1993年第6期；徐矛：《居正与司法院》，《民国春秋》1994年第6期；春杨：《居正与中国法制近代化》，《法学家》2000年第4期；周振新：《居正法律思想研究》，硕士学位论文，华中师范大学历史系，2003；肖太福：《论居正的"重建中国法系"思想》，载韩延龙主编《法律史论集》第5卷，法律出版社，2004。就笔者阅读所及，江照信的《中国法律"看不见中国"——居正司法时期（1932～1948）研究》一书，是从法律史角度研究居正的论著中最具分量的，对本文的研究颇有启发。

如前所述，宁粤双方达成妥协，但不料，因为广东军事实力派陈济棠等人对蒋介石没有下野非常不满，广东方面内部发生分裂，导致汪精卫、孙科等人退出广州大会，聚集上海召开第四次代表大会。在民族危机空前的情况下，国民党在谋求统一过程中，竟然弄出三个代表大会，可见其内部矛盾之深、斗争之烈。在此情势下，经过反复权衡，蒋介石于 12 月 5 日宣布下野，辞去国民政府主席、行政院院长、陆海空总司令职务。这样，各方的争斗一时失去了对象，22～29 日，统一的国民党四届一中全会在南京召开，推举蒋介石、胡汉民、汪精卫、居正等 9 人为常务委员。从此，居正重返国民党中央。

1932 年初，国民政府改组，林森任国民政府主席，孙科任行政院院长，张继任立法院院长，伍朝枢任司法院院长，戴季陶任考试院院长，于右任任监察院院长。广东方面通电取消在粤之国民政府与中央党部，国民党形式上重归统一。1932 年 1 月 6 日，司法院院长伍朝枢辞职不就，国民党中央决定，由副院长居正代理院长。1 月 11 日，居正到院视事，5 月，正式出任司法院院长，直至 1948 年 7 月，长达 16 年零 6 个月，居正为民国时期任职时间最长的司法首长。

晚年的居正忆述："三十岁以前，言明贫家子，困而学之，志不在大。三十岁以后，言明行拂乱其所为，所以动心忍性，断断兮，无他技。五十岁以后服官政，等因奉此，则有司存，故略而不书。"[1] 这大致勾勒了他自己的生命历程。按照居正忆述，从 1905 年参加中国同盟会开始革命活动，到 1932 年出任司法院院长的 20 多年里，他扮演过多种角色，[2] 其中革命者与党务工作经历对其此后政治生活影响很大，尤其是 1914 年孙中山在东京组建中华革命党，居正任党务部部长，在很多革命人士不愿意参加、革命阵营处于分裂状态下，居正"宣誓服从领袖"并"亲盖指模"加入中华革命党，在极其艰难的环境里，成为孙中山的左膀右臂，也足证其对孙文学说的服膺。缘此，当居正执掌司法后，自然而然地延续

---

① 《梅川谱偈》，陈三井、居蜜主编《居正先生全集》上册，台北，中研院近代史研究所，1998，第 87 页。

② 《梅川谱偈》，陈三井、居蜜主编《居正先生全集》上册，第 87～124 页。

这种革命性，将"党义""党性"导入司法变革中。

作为国民党的革命元老，居正一直积极参与党务活动。从 1931 年至 1947 年，居正位列国民党中执会常委，且身兼数职，如在 1936 年即身兼党职（8 种）与政职（2 种）共 10 种，[①] 是名副其实的党国要员。在 1930 年代，许多国民党要员对党务不再热心，但居正不然，依旧保持认真态度和热忱。[②] 在长期的革命和党务工作生涯中，居正形成较为深厚的"党性"修养，这为他后来的司法建设提供了源于国民党革命的意识形态支持力。易言之，在居正司法时期，党性、政治与司法相互纠缠在一起，故政治色彩非常浓厚。

在居正司法时期，1934 年、1935 年是重要的标界年份。居正虽曾在日本学习法政，但 1932 年前他的主要精力是从事各种革命与党务工作，1932 年执掌司法事务后，他需要一个了解、熟悉的过程；从国民党高层政治方面来说，出狱后的居正也需要一个政治威望的恢复时期。因此，若从司法中枢演变角度着眼，1932～1934 年是王宠惠时代向居正时代的过渡时期。1934 年、1935 年居正发表《司法党化问题》长文，1935 年 9 月召开全国司法会议，旋即组织中华民国法学会，居正将此后的中国司法变革明显地烙上自己的印迹。

在居正司法时期，司法院副院长覃振也是一位关键人物。覃振与居正有着许多相同或相近的经历，同为国民党的革命元老。在辛亥革命中、在民国初年与北洋集团的斗争中，覃振与居正有过合作，[③] 此后，两人又同为西山会议派之中坚，共同参与反共、反蒋运动。1931 底，宁粤"和解"后，西山会议派开始重返南京政权中枢，1932 年 1 月，居正接管司法院，5 月，覃振出任副院长，两人开始长达十余年的"搭档"关系。在如何推

---

① 王奇生：《党员、党权与党争：1924～1949 年中国国民党的组织形态》，上海书店出版社，2003，第 157 页。

② 据时任国民党中央党部秘书王子壮的观察，很多国民党要员"近似已不热心党事"，如在总理纪念周中"除叶（楚伧）、居（正）诸先生外，即随时拉夫而已"。见《王子壮日记》第 2 册，1934 年 5 月 3、4 日，第 63 页。

③ 《梅川谱偈》，陈三井、居蜜主编《居正先生全集》上册，第 109 页；张小林：《覃振传》，中华书局，2005，第 43～48 页。

进司法建设方面，覃、居二人均认为司法必须党化，尤其必须将国民党党义精神贯彻到法律与司法中。覃振指陈，民国成立后，"司法界同人勉强维持现状，改革无由，法院形式仅存。迨国府奠都南京，虽创制法律多篇，而中山先生主义仍未能完全贯彻于其中"，今后"须认清我国社会之需要，创造我国需要之法律，运用我国社会固有之精神，尤须贯彻中山先生主义于法律"。[①]

在 1935 年前后，司法中枢进行了一番权力与人事的调整。1934 年 10 月，国民政府公布《修正中华民国国民政府组织法》第二十四条第五款、第三十五条、第三十六条，其中第三十五条规定："司法院为国民政府最高司法机关"；第三十六条规定："司法院设司法行政部、最高法院、行政法院及公务员惩戒委员会"。[②] 司法行政部的重归，使司法院的权力得以加强。[③] 同时，迫使具有浓厚北洋背景而缺乏国民党革命经历、主张司法独立的司法行政部长罗文干离职，[④] 由居正暂时兼任。1934 年 12 月，王用宾出任司法行政部部长，次年 7 月，焦易堂出任最高法院院长，王、焦二人均为革命元老，都主张司法党化。[⑤] 由革命元老组成的司法中枢在强化司法政治性（如司法党化）问题上形成共识。

总之，在 1935 年前后，形成以居正为首、革命元老为主的司法中枢。与此前王宠惠时期司法高层北洋旧人颇多的情况不同，居正司法中枢人员大致具有如下共性：早年接受法政教育；有着长期的革命与党务工作经历；在司法建设方向倾向党化。换言之，到此时，国民党人才真正掌控司

---

① 《我国司法缺点及欧洲司法概况》，《中央日报》1934 年 11 月 28 日，第 7 版。

② 《修正中华民国国民政府组织法》，《司法院公报》第 146 号，1934 年 10 月 27 日，"法规"，第 1 页。

③ 1928 年 10 月司法行政部隶属司法院，1931 年 12 月改隶行政院，1934 年 10 月恢复隶属司法院，1942 年 12 月又划归行政院。司法行政部隶属司法院还是隶属行政院，既涉及政治利益分配，也与孙中山理论体系有关。有学者就指出："总理五权宪法原则上，司法权之独立，与考试监察各权同。惟于司法行政与司法审判两者制度上，应如何组织，未尝多所指示。"见杨幼炯《中国近代立法史》，商务印书馆，1936，第 351 页。

④ 张继就对邵元冲说："最近司法行政部之改隶司法院，实为驱除罗文干"。见王仰清、许映湖标注《邵元冲日记》，1934 年 10 月 15 日，上海人民出版社，1990，第 1166 页。

⑤ 金沛仁：《国民党法官的训练、使用与司法党化》，《文史资料选辑》第 78 辑。

民国时期的法律、社会与军事

法中枢。以罗文幹、董康为代表的北洋司法"旧人"已被排挤出司法中枢了。

表2 1935~1937年司法中枢主要人员简况

姓名	职务及任职时间	教育背景	履历简况	司法主张
居正 （1876~1951）	司法院长（1932年5月~1948年6月）	日本法政大学预备部、日本大学本科法律部	中国同盟会会员，国民党中央执行委员、常委，西山会议派中坚人物	党化
覃振 （1885~1947）	司法院副院长（1932年5月~1947年4月）	日本早稻田大学法律系	中国同盟会评议员，参加中华革命党，长期追随孙中山从事革命运动	党化
王用宾 （1881~1944）	司法行政部长（1934年12月~1937年8月）	日本盐仓铁道专科学校攻读铁道工程、日本法政大学大学部法律科	中国同盟会第一批会员，长期追随孙中山从事革命活动	党化
洪陆东 （1893~1976）	司法行政部政务次长（1934年12月~1948年12）	北京大学、山西大学，法学学士	长期为国民党党务工作者，为CC系骨干人物	党化
谢健 （1883~1960）	司法行政部常务次长（1935年2月~1937年12月）	日本警监学校、日本东京法政大学法政速成科	法政教员、司法官、律师、县知事等职	不详
焦易堂 （1880~1950）	司法院最高法院院长（1935年7月~1940年9月）	陕西自治研究所、中国公学	参加二次革命、护国运动、护法战争，迎孙中山北上，参与北伐战争	党化
茅祖权 （1883~1952）	司法院行政法院院长（1933年6月~1943年2月）	留学日本	加入中国同盟会、中华革命党	党化
洪兰友 （1900~1958）	司法院法官训练所所长（1935~1943年）	震旦大学法科研究院	长期从事国民党党务工作，CC系骨干人物	党化

资料来源：同表1。

五 民族危机与司法问题的政治解决

清末新政以来的司法改革一直与谋求废除列强在华领事裁判权相

关联，伴随着浓烈的民族情愫，可以说，中国近代司法变革一直与民族主义交织缠绕。五四运动爆发后，"修约""废约"①运动的主导意识发生转变，在民族情绪高涨的情况下，许多民众势力被鼓动并被容纳进来。参加华盛顿会议的中国代表王宠惠在会后即表示："希望国民速起奋勉，盖二十世纪之国家，非外交所能收回已失权利，而全赖国民自勉也。"②

1925年五卅运动爆发，随之中国民族主义运动空前高涨，"废除不平等条约""废除领事裁判权"立即成为社会各界关注的焦点。王宠惠后来就回忆说："收回法权之情绪，弥漫于国人之心目中，五卅事件以后，此种情绪，益为激烈"。③ 在这个过程中，广东革命政府对废约的宣传与动员，对于促使民众认识、反对帝国主义起着重要的助推作用。同样的，广大民众在五卅运动中表现出来高涨的爱国热情和巨大能量，也很快被相关各方，尤其是广东政府引导进入包括废约运动在内的反帝洪流中去，这也成为国民革命能迅速席卷全国的重要助力之一。

在1925年、1926年前后，为应付列强（调查法权会议）对中国法律、司法状况的调查，与广东政府相对立的北洋政府确曾费尽心机，艰难筹划，但结果令人失望。时任北京大学法律系教授的燕树棠获悉1926年1~9月召开的法权会议的结果后，即撰文表示失望与愤慨，在文中劈头即是："法权会议的结果真糟！我们对这个会议曾经发过几次议论，总没有预想到他的结果这样糟！"④ 这种失望感很容易转化为激烈的民族主义情绪，而对民族情绪的引导和利用，广东政府明显优于北洋政府。广东政府认为，由外人来调查中国的司法状况，是对中国主权的侵犯，因此，禁

---

① "修约"多是北洋政府的表述，"废约"则多为南方革命政府的宣传，这既反映了北南两政府在反帝立场上坚定性的差异，也具有一定的策略考虑。有意思的是，在国民党掌握全国政权后，虽还是以"废约"号召国人，但其实际行动基本上是"修约"，与此前的北洋政府并无太大的差别。本文研究对象为国民党政权，为表述方便起见，故多用"废约"一词。
② 王宠惠：《太平洋会议之经过》，《东方杂志》第19卷第4号，1922年2月25日。
③ 《改组上海法院之感想》，张仁善编《王宠惠法学文集》，法律出版社，2008，第291页。
④ 燕树棠：《法权会议的结果》，《现代评论》第4卷第99期，1926年10月30日。

止法权会议的调查团进入国民政府控制的南方地区。广东政府外交部宣称："对（法权）委员团前往调查，认为毫无必要，因广东政府早已声明取销治外法权等情……汕头交涉员通知驻汕美领事，据政府训令，对十国调查法权委员到汕时，不予以正式接待。"① 与北洋政府相比，广东政府这种强硬的立场与政策，更容易被国人接受而获得拥护。

就在法权会议进行当中，时任北洋政府司法总长的马君武就意识到："收回法权一事，现非法典问题，乃是政治问题"。② 易言之，在民族情绪激昂的年代，治外法权收回与否，关键不再是中国司法事实是否改良，不再是新式法院筹设的多寡与新式司法人员的多少等形式化问题，而必须借助司法之外的因素，如政治力量的介入。很明显，此时中国的收回法权问题已经政治化了。因此，法学家燕树棠深叹："从前只以改良司法为收回法权的条件，至今二十余年，尚且不达到收回的目的，若再加上政治改良种种条件，我们中国恐怕从此没有收回法权的日期了！"③ 这样的心态以及由此形成的社会共识，为中国司法变革继续朝着政治化的方向推进提供了助力。

1927年4月南京国民政府成立后，基本继续此前的对外立场。1928年6月6日，曾主张"革命外交"的王正廷出任外交部部长。15日，国民政府发表对外宣言：中国80多年备受不平等条约的束缚，既与国际相互尊重主权之原则违背，也为独立国家所不许，"今当中国统一告成之际，应进一步而遵正当之手续，实行重订新约，以副完全平等及相互尊重主权之宗旨"。同日，国民政府外交部发表关于重订新约的宣言，称："对于一切不平等条约之废除及双方平等互惠主权新约之重订，久已视为当务之急"。依据以下三原则重订新约：（1）已届期满之条约，当然废止，另订新约；（2）尚未期满者，应以相当之手续解除而重订之；

---

① 《法权委员中止调查》，《广州民国日报》1926年4月29日，第9版。

② 《马君武对法权会议谈话》，《申报》1926年2月6日，第10版。

③ 燕树棠：《法权会议的结果》，《现代评论》第4卷第99期，1926年10月30日。燕氏还认为："这次法权会议的结果是：1. 全国所希望的无条件的收回法权完全没有达到目的；2. 这次所定的将来收回法权的条件是苛于从前的条件；3. 中国承认开这次会议不如没有这个会议。"

（3）旧约期满而新约未订者，应另订临时办法处理一切。①

由此，国民政府开始与列强进行一系列艰难的谈判，内容涉及关税自主权、领事裁判权、租界主权、外国在华驻军权等。不可否认，国民政府在包括废除领事裁判权在内的废约运动中，取得不少成绩。例如，1930年2月，国民政府与列强签订了《关于上海公共租界内中国法院之协定》，其中规定：中国政府可以依照中国法律在上海公共租界内设立地方法院及高等法院分院各一所，高等法院分院之刑事判决及裁决可以上诉于中国最高法院；废除领事出庭观审或会同出庭；废除外国人书记官长制，由中国政府任命检察官若干人，依照中国法律执行职务；等等。② 此协定虽保留了司法警察的派充和法院判决的执行仍由租界工部局参与的条款，但毕竟收回了上海租界的大部分司法主权，这也是1843年签订《中英五口通商章程》以来中国第一次以和平方式收回租界司法权。不久，国民政府也与法国驻华公使代表签订《关于上海法租界内设置中国法院之协定》。很快，原上海公共租界临时法院改称"上海第一特区法院"，设立江苏高等法院第二分院受理其上诉案件；原法租界内的会审公署改称"上海第二特区法院"，设立江苏高等法院第三分院受理其上诉案件。

在国民政府废约运动逐渐取得成效的过程中，1931年九一八事变爆发，迫使很多谈判不得不搁置起来。在空前的民族危机中，国民党内部各派别也逐渐由分裂、对峙走向"统一""和解"。缘此，1931年底，居正、覃振等西山会议派中坚分子逐渐重返政治舞台，1932年初开始入主司法中枢。

九一八事变后，民族危急日剧，国民党政权多次强调国难方殷。1932年1月，日本又在上海挑起"一·二八"事变，引发十九路军的淞沪抗战。面对日本的一再挑衅，增兵中国，和可能带来的全面战争，国民党对日政策也逐渐强硬，因为九一八事变以来，接连不断地丧城失地，引发全国民众空前的抗日浪潮，同时也引起国人对国民党政权的信任危机。1932

---

① 中国第二历史档案馆编《中华民国史档案资料汇编 第五辑第一编 外交》（1），江苏古籍出版社，1994，第33~34页。

② 王铁崖编《中外旧约章汇编》第3册，三联书店，1962，第770~772页。

年 4 月，国民政府饬令司法部门，称："自上年九月十八日事变之后，日本侵略我国，暴力凭陵，有加无已，政府为保持领土主权之完整，自应作长期之准备，当此危急存亡之间，若非倾全国之人力物力，胥出于救国一途，断无以抒此大难。"① 显然，摆在居正等司法中枢要人面前的严重问题，也是空前的国难。九一八一周年之际，居正以《从"不忘"两字做起》为题在中央党部说道："从今以后，要时时刻刻记着这种奇耻大辱，然后鼓着勇气，做我们复仇雪耻的工作。我们国家是有办法的。"② 在很长时间里，这种国难感占据居正心头，挥之不去。1934 年 11 月 29 日，居正训令司法机关，称："溯自九一八事变以来，政府鉴于其性质之重大，断非寻常国际事故所可比拟，亦断非寻常外交方法所可应付。""国势阽危，存亡之机，系于一发，凡我国人，应引匹夫有责之义，懔精诚团结之旨，以卧薪尝胆之精神，作生聚教训之准备，庶几挽回国难，维持统一完整之国家。其共勉之。"③ 在如此国难当头的危急情况下，作为全国司法最高长官的居正，不得不考虑如何有效整合各种资源以推进司法建设，让司法系统也成为纾缓国难、救亡图存的一股力量。

对居正本人而言，在 1934 年、1935 年前后，即其入主司法中枢两三年后，基本上已确定了自己的司法权威。这时，如何让国民党政治因素深度介入司法领域，以便推动司法建设，成为居正思虑司法变革的重要方向之一。他说："现在国势垂危，大家异口同声的是要救国。我们以党员立场说，救国是国民党员的责任。可是我们须知有党然后有国，有党而后国不亡，有党员能继承总理及先烈革命的精神，则党不亡。我们党员已不容轻视此种责任了。我们要看准党的主义、严守党的党纲和纪律，服膺先烈革命的模范，个人可亡，党是不能亡的。国民党的党员，能够个个都有这样精神，才负得起救国的责任。"④

---

① 《司法院训令》，《司法院公报》第 16 号，1932 年 4 月 30 日，"院令"，第 1 页。

② 《从"不忘"两字做起》，《中央党务月刊》第 50 期，1932 年 9 月，"选录"，第 585 ~ 586 页。

③ 陈三井、居蜜编《居正先生全集》中册，第 544 ~ 545 页。

④ 《黄克强先生逝世第十九周年纪念报告词》，罗福惠、萧怡编《居正文集》下册，华中师范大学出版社，1989，第 804 ~ 805 页。

　　居正察觉到司法界普遍存在的"司法独立"意识与现象，以及由此造成司法界"国家意识"淡薄问题。这实际上是司法与政治的疏远。为此，居正指陈："过去司法界常蒙有国家意识极淡薄之讥，意者以为司法乃以独立体，可超然于一般政治形态以外。此其臆说，固为诞妄，而过去司法人员之未能发挥国家意识，忽视国家整体，亦属事实。"① 1935 年 8 月，时任司法行政部部长的王用宾在青岛考察司法工作时也指出，现在司法界存在的问题很多，其中一项是"因以前司法界，利用司法独立的美名，致陷于完全无人监督的状态，法官仅以不违法不失职为了事，而不图积极的尽法官保障人民权利，维持国家法纪责任"。②

　　居正、王用宾所言的司法界借"司法独立"为名，造成"国家意识"淡薄现象，也确属事实。1934 年 9 月，最高法院推事余觉在总理纪念周上报告：按理说"司法机关应该有很好的成绩在社会上表见，社会上的人民对于司法机关也应该表示相当的好感。但是，据我所见所闻，结果适得其反，一般人民对于司法机关不特没有好感，并且说司法机关是一个奖励逞刁健讼的机关，司法官都是不通情理的法呆子"。③ 这样的司法机关、司法官自然"国家意识"不浓，自然无法担当救国的重任。作为国民党中央领导人，居正很容易将司法建设与国民党关联起来，从强化国民党因素的角度寻求司法变革之道，所以他认为："现在司法之要义，就是扩大国家的自由，以保护人民之利益。"④ 1935 年 8 月，王用宾在绥远视察司法时发表演讲，也强调司法是"政治之重要部分"，当他在"痛述国难之严重"时，"甚至泣下"，深感中国"现遭空前大难，情势至为危急"。⑤ 居正、王用宾所言，即在国难空前之际，让国民党政治因素深度介入司法

---

① 陈三井、居蜜编《居正先生全集》中册，第 582 页。
② 王用宾：《视察华北七省司法报告书（附征轺记略）》（征轺记略部分），出版地、时间不详，第 9 页。
③ 《最高法院总理纪念周报告》，《司法院公报》第 142 号，1934 年 9 月 29 日，"附录"，第 44 页。
④ 居正：《司法改造之三时期与最近司法之兴革》，《中华法学杂志》第 1 卷第 1 号，1936 年 7 月。
⑤ 王用宾：《视察华北七省司法报告书（附征轺记略）》（征轺记略部分），第 23 页。

中，让司法系统更紧密、有效地整合进入国民党党国体制之中。

从司法与当时政治、社会、文化等的关联角度看，司法状况备受诟病，处于困局之中也是不争的事实。

首先，从司法与政治关联方面而言，此时司法现状令国民党当局很不满意。主要表现在，司法机关对共产党和政治异议人士的审理，无法满足国民党一党统治的需求，引起很多党部的不满（详上文）。对这种司法现状，居正心里很清楚，也决心整顿。时任中央党部秘书的王子壮就观察到："彼（指居正）对于司法固抱有整理之决心者，以吾国司法界深闭固拒，于本党政府之下而处处有反党之事实，不一而足，以此司法来自北平，已自成派故也。"① 在多数人看来，司法机关长期备受军警行政部门的干涉，处于弱势地位，但一些国民党当权者认为，行政反而受司法牵制，应排除司法障碍以增行政效能。② 基于如此认识，很多国民党政要认为，司法系统必须根本改革，以满足党治的需要。

其次，从司法与社会关联方面而言，原先司法当局规划的 1929 ~ 1935 年训政期间"司法六年计划"无法实现，③ 此计划的失败与 1930 年代司法的不良状况，促使司法当局与社会各界都在探讨司法建设失败的原因所在。居正也承认说："此（即'司法六年计划'）本是最低限度之司法工作计划。现在六年间新式法院与监狱虽有增加，然距此限度尚远。吾人必须于最短期间，排除万难以赴之，以补吾人之过。"他认为"六年计划所以失败，主因即在于财政困难"。④ 司法建设缺乏财政支持，确属事实。1930 年 11 月，司法院秘书胡翰在广播电台报告时就说："现在司法经费，异常支绌，由中央以至各省，莫不皆然，不独应添之法院，未能按

---

① 《王子壮日记》第 2 册，1934 年 10 月 22 日，第 150 页。
② 《行政受司法牵推行困难应排除障碍案》（1932 年 12 月），台北中国国民党党史会藏档：4.2/16.10.16。
③ 根据国民党的革命程序三期论，国民党当局原定训政自 1929 年开始，为期六年，1935 年进入宪政时期。与此相配套，1929 年时任司法院院长的王宠惠也以六年为期规划司法建设蓝图。见《司法行政部训政时期工作分配年表》，《司法公报》第 32 号，1929 年 8 月 17 日，"特载"，第 17 ~ 33 页。
④ 居正：《二十五年来司法之回顾与展望》，《中华法学杂志》新编第 1 卷第 2 号，1936 年 10 月。

照预定计划，通盘筹设，即已成之法院，欲稍谋扩充，亦往往形格势禁，不易成为事实。"① 1932～1934 年任司法行政部次长的郑天锡，在考察各地司法状况后也感叹："近年各省司法经费，往往不能按时发给，欠发数月者有之，给付一纸空头支付通知书者有之，此次视察所经各省区，无不感经费困难。各法院维持现状尚须动用应行解部之法收，甚至挪用诉讼存款，为长官者几乎无时不在设法筹款之中。"② 其实，居正自己也明白，财政困难只是导致"六年计划"失败原因之一，其他原因还很多，如时局不靖，国民党党力、党势不足，等等。

时任司法院参事的吴昆吾撰文，指陈中国司法不良状况：审判权不统一；法令之适用不一致；诉讼延迟；判决不能执行；初审草率；下级法官之受人指摘；新式法院过少，县长多兼理司法；新式监狱过少，看守所拥挤污秽且黑幕重重；等等。吴认为其原因是"受外界之摧残"与"经费之窘困"。③ 中央政治学校阮毅成教授认为，司法实施方针可以分两方面：一为对外"应当竭力从事收回各国在华领事裁判权的准备"；二为对内"应当竭力设法解除人民因诉讼所生的痛苦"。他还指出"按现行司法所予人民的痛苦，非身受者不能尽道"，司法问题中最严重者有三：诉讼延迟、滥行羁押、形式主义。④ 在湖北任职的司法官朱志焜也感叹：近年来，"人民对于司法，颇露不满意的表示。许多报纸刊物，都极肆攻击。甚有人论现代司法，为一切建设的障碍。而在司法界埋头工作之人，则更觉得卖力不讨好。不但未能减轻人民痛苦，反增添人民的烦怨"。⑤

第三，从司法与民族文化关联方面而言，此时的司法状况难以回应复兴民族文化、"建设中国本位的法律"之诉求。1934 年 2 月，蒋介石在南昌行营发表演讲，倡导"新生活运动"，强调要改造社会，复兴民族，必须

---

① 《司法院之施政报告》，《中央日报》1930 年 11 月 15 日，第 1 张第 4 版。
② 郑天锡：《对于司法改良之意见》，《法令周刊》第 145 期，1933 年。
③ 吴昆吾：《中国今日司法不良之最大原因》，《东方杂志》第 32 卷第 10 号，1935 年 5 月。
④ 阮毅成：《所企望于全国司法会议者》，《东方杂志》第 32 卷第 10 号，1935 年 5 月。
⑤ 《现代司法的毛病在那里》（1937 年 6 月），中国社会科学院近代史研究所档案馆藏胡适档案：第 510 宗第 7 件。

"明礼义，知廉耻，负责任，守纪律"。在国民党当局看来，这是中华民国建国以来第一次文化复兴运动。国民党CC系头子陈立夫也开始大谈文化建设问题，成立中国文化建设协会，创办机关刊物《文化建设》。陈立夫宣称："吾国民族固有之特性，可以'大'、'刚'、'中'、'正'四字赅括之"，但如今中华民族之特性已经"消灭殆尽矣"，所以"今日欲挽救中国，一方面须将中国固有之文化从根救起，一方面对于西方之文明，须迎头赶上"。① 在陈立夫等人的策动下，1935年1月，陶希圣、何炳松、萨孟武、樊仲云等十位教授在《文化建设》上，联名发表《中国本位的文化建设宣言》（也称"十教授宣言"），开篇就说："在文化的领域中，我们看不见现在的中国了"，认为"要使中国能在文化的领域中抬头，要使中国的政治、社会和思想都具有中国的特征，必须从事于中国本位的文化建设"。② 由此，掀起一场"中国文化本位建设运动"，一时引起广泛讨论，文化民族主义思潮高涨。

这股思潮很快波及法制与司法领域，法界人士即高呼：中国的法律"看不见中国"。中央政治学校教授阮毅成认为：清末以来，"我国修订新律，当时所注意的，只是列国的成规，以为只要将他国法律，移入中国，中国立刻便可臻于富强。民国以来，'变法即可图强'的迷梦虽已打破，但因一切学术，均以仿效他人为时髦，对于中国固有文化，则力倡怀疑精神，欲一一借口重新评定价值而咸加抹杀。法律遂也不能例外，亦以顺应世界潮流，依据他国立法为唯一原则。所以，我们看中国现行的法律，学者于解释引证之时，不曰此仿德国某法第若干条，即曰仿瑞士某法第若干条。举凡日本、暹罗、土耳其等国法律，几乎无一不为我国法律所采用。在别的国家，人民只服从本国一国的法律；而在我国现在因法律乃凑合各国法律而成，人民几有须同时遵守德、瑞、暹、土等许多国家法律的现象"。简言之，中国出现"'看不见中国'的中国法律"，必须直面"怎样建设中国本位的法律"问题。③

---

① 陈立夫：《文化建设之前夜》，《华侨半月刊》第46期，1934年5月1日。
② 《中国本位的文化建设宣言》，《文化建设》第1卷第4期，1935年1月10日。
③ 阮毅成：《怎样建设中国本位的法律》，《中国本位文化建设讨论集》，文化建设月刊社，1936，第366~370页。

不仅法界人士体认到此时的中国法律"看不见中国"，国民党高层也意识到这一问题。1934年11月，蒋介石在日记中就写道："今日中国之法制应有重新产生，自订，决不能抄袭现在欧美所定之法制，否则未有不谬枉鼓瑟，徒见其治丝益棼而已。"① 司法院副院长覃振于1934年5～11月出国考察司法，② 回国后向国民党中央提交的《司法改革意见书》中，通篇饱含着民族情愫。覃振认为："一国法律，当取之于一个社会精神，万不可误解他人之组织，以求适用于本国。在欧美有同一罗马法与宗教者，尚不能彼此合流，而谓吾东方五千年文明之民族，一旦弃其所固有者，追踪于欧美，宁非梦呓！"接着，覃振指出中国司法问题之所在："一误于民国建立时之求速，草率从事，未有深切之研究。在当时人才不备，以留日学派主张为多。日采大陆制，吾则间接采用日制也。再则误于促进国际化之主张，侧重形式，而忽略其社会之精神与实际……我今日所需要之民族复兴运动，迫切万分，而我之司法之无生气、无作为，不能于国家树威信，于社会增利益，黯淡前途，不大可为痛苦耶！"③

综上所述，在司法内部，南京政府前期的司法困局以及由此引发法律、司法与政治、社会、文化之间紧张关系；④ 在司法外部，九一八事变以后不断加剧的民族危机以及由此引发司法领域的民族危机感，这种内外因素的交织作用，导致司法党化运动之复起——以民族主义、复兴传统文化、符合中国国情为号召，实际上将司法问题进一步纳入政治中加以解决——成为国民党政权司法当局体认的司法变革之道。居正倡导和践行的司法党化即在此历史情境中登场。

---

① 《蒋介石日记》，1934年11月15日，美国斯坦福大学胡佛研究所藏。

② 1934年3月，国民政府特派覃振赴欧美考察司法，5月，覃振一行从上海出发，路经安南（今越南）、新加坡、锡兰（今斯里兰卡）、埃及、法国、英国、荷兰、比利时、德国、波兰、意大利、瑞士、美国、日本等40多个国家和地区，历时半年多，11月回国。

③ 张小林：《覃振传》，中华书局，2005，第247～250页。

④ 中央政治学校教授阮毅成就指出："中国自有独立的司法制度，不过三十年，而这三十年中，竟日日在风雨飘摇之下。法律与国民感情不合，是人民不信仰法院的致命伤；政府不信任法院，是法院无法可以调和法律与人民感情的致命伤；法院蓄意钝惰，不敢与政府抗，以顾全人民利益，是法院得不到人民信仰的致命伤。"见阮毅成《怎样调节法律与国民感情》，《时代公论》第52号，1933年3月。

六　政治转向：司法党化

其实，国民党政权成立后，倡导司法党化者，不乏其人，如 1926 ～ 1927 年任广州、武汉国民政府司法部部长的徐谦，[①] 1929 年前后的司法院院长王宠惠，[②] 1934 年、1935 年之交出任司法行政部部长的王用宾，均宣称要“党化司法”。[③] 问题是，持续不断的司法党化论调并未获得多少司法界人员和社会人士的认同与拥护。有人对此做了分析，认为司法界的很多人是保守的，对“党化”两个字没有十分习惯，这源于他们长期深受“司法独立”思想的影响。“司法独立”是 18 世纪以来西方国家的“天经地义”，依照西方传统观念，司法独立的一项重要条件是司法官不卷入党争的旋涡，因此，许多国家在法律上规定司法官不得加入任何政党。肇始于清末的中国近代司法变革，便以模仿西洋制度为急务，把西洋司法独立的观念也整个地搬来，因此，也规定在职司法人员不得为政党党员或政社社员。到南京政府成立时，这种规定在中国已经有十多年的历史了，可以说，司法官不得参加政党的思想已经“深入人心”了。“加入政党”这句话不仅为人们所怕说，就是“党”这个字也为很多人所不乐闻。结果，不但许多服务司法界的人不愿谈“党”，就是社会上一般关心司法的人也不希望他们与“党”有何关系。所以，如今很多人一听见“党化司法”这几个字，便觉得刺耳，难以接受。此外，在南京政府成立之初，一些在司法界资历很深的人没有得到升迁，他们眼见很多“党化的分子”却升官加俸，自然心存愤恨，迁怒于“党化司法”；有些对司法现状不满的人，也不免将其归咎于“党化司法”。[④]

针对各界对司法党化认识不一致的状况，同时，为即将展开的司法党

---

① 参见李在全《徐谦与国民革命中的司法党化》，《历史研究》2011 年第 6 期。

② 参见《今后司法改良之方针》，张仁善编《王宠惠法学文集》，第 285 ～ 290 页。

③ 《革命司法人民司法生产司法与地方司法——司法行政部长王用宾十一月十八日在党政欢迎会上演词》，《安徽政务月刊》第 25 期，1936 年，第 28 ～ 30 页。

④ 杨兆龙：《党化司法之意义与价值》，《经世》第 1 卷第 5 期，1937 年 3 月 15 日。

化运动造势，居正撰写《司法党化问题》长文。该文最初发表在《中华法学杂志》第 5 卷第 10 ~ 12 号合刊（1934 年），半年之后，又在《东方杂志》"司法问题"专栏中重刊，引起广泛的社会反响。①

在该文中，居正首先统一各界对司法党化的思想认识。针对司法党化这个新名词，有人"色然喜"、有人"蹙然忧"的现象，居正斥之曰：这其实都是"大惊小怪"。因为在"以党治国"一个大原则统治着的国家里，司法党化应该视为"家常便饭"。在这样国家里一切政治制度都应该党化，尤其是在训政时期，新社会思想尚待扶植，而旧思想却反动堪虞，如果不把一切政治制度都党化了，无异于自己解除武装，任凭敌人袭击，何况司法是国家生存之保障社会秩序之前卫，因此司法必须党化。否则的话，如果尚容许旧社会意识偷藏潜伏于国民党政权的司法系统中，那就无异于容许敌方遣派的奸细参加入自己卫队的营幕里。这是"何等一个自杀政策！"②

因此，在居正看来，司法党化是毋庸讨论的，问题关键是司法如何党化。居正指出：司法系统的高级长官由国民党员担任，把一切司法官限制都取消了，凡是国民党员都可担任司法官，把一切法律都取消，任国民党员的司法官拿自己的意思武断一切，等等，这些是社会各界对司法党化的误解，都不是真正的司法党化。由此，居正提出"真正"的司法党化必须包含以下两个原则：主观方面，司法干部人员一律党化；客观方面，适用法律之际必须注意于党义之运用。

居正直言："为增进司法效能，期司法作用适合于人民实际生活起见，必须使司法官认识一国之根本法理、法律全系统之中心原则。"在三民主义的中国，即要求每位司法官对于三民主义法律哲学都有充分的认识，然后可以拿党义充分地运用到裁判上。为此，居正指出，应注意以下

---

① 1943 年 7 月，居正在中华法学会第二次年会（重庆）上说："党化司法，曾于民国二十二（应为二十四）年发表一篇文章（载商务印书馆的《东方杂志》）颇引起不少注意或非议。"见居正《中国法系之重新建立》，《中华法学杂志》新编第 3 卷第 1 号，1944 年 1 月 10 日。

② 居正：《司法党化问题》，《东方杂志》第 32 卷第 10 号，1935 年 5 月。本节中若无注释之处，均引自该文。

民国时期的法律、社会与军事

四点标准法则:

　　1. 法律所未规定之处，应当运用党义来补充他;

　　2. 法律规定太抽象空洞而不能解决实际的具体问题时，应当拿党义去充实他们的内容，在党义所明定的界限上，装置法律之具体形态;

　　3. 法律已经僵化之处，应该拿党义把他活用起来;

　　4. 法律与实际社会生活明显地表现矛盾而又没有别的法律可援用时，可以根据一定之党义宣布该法律无效。

　　根据上述所论，居正提出实行司法党化的几条切要办法:(1) 令法官注意研究党义，适用党义;(2) 以运用党义判案作为审查成绩之第一标准;(3) 司法官考试，关于党义科目，应以运用党义判案为试题，不用呆板的抽象的党义问答;(4) 法官训练所应极力扩充范围，务使下级法官一律有入所训练之机会，同时该所课程应增加"法律哲学""党义判例""党义拟判实习"等科目;(5) 设立法曹会，并饬其注重研究党义之运用;(6) 编纂"判解党义汇览"摘录党义及基本法理，与判例解释例类比，分别附于法律条文之后，而辨别其旨趣之符契或乖离;(7) 从速施行陪审制度。

　　居正有关司法党化的论述，其实已经超出了其语词本身的含义，居正不仅试图解决由司法党化引起的思想认识不统一问题，也融入了他本人对当时中西法理的借鉴与批判。居正一方面把党化问题与中国法律传统勾连起来，认为司法党化继承、延续了中国古代的儒家司法传统;另一方面，通过对西方法学理论的反思，否定了法律与司法的普遍适用性，强调法律与司法的民族特性，其意旨是在强调以司法党化手段，达致对中国传统文明的传承与对中华民族法律文化的尊重。① 在民族情绪高涨的 1930 年代，

---

　　① 江照信:《中国法律"看不见中国"——居正司法时期 (1932 ~ 1948) 研究》，第 89 ~ 93 页。

这种论述策略也易于被国人接受与拥护。

如前所述，司法党化大体上可分为党义化与党人化两方面。在推进司法党义化方面，除举行总理纪念周等常规方式灌输国民党党义外，当局还很注意在司法官的考选、培训环节灌输党义。在选拔司法官的考试中，加重有关党义党纲题目的比例，录取人员送入司法官训练所受训。该所组织条例第一条即明确规定："司法院为确立三民主义之法治基础，培养健全司法人才，特设法官训练所"。① 为达此目的，该所制定的学员训练方针为：（1）培养忠实健全、笃信主义、深明法理、洞达实务之司法人才，以确立三民主义之法治基础；（2）使能明了中国政治、经济及社会之现状及司法任务之重要，以确定其在革命过程中应负之使命；（3）使受严格纪律之训练，改善个人之生活与道德修养，锻炼坚定意志，实现新生活之精神；（4）使涤除个人思想、阶级观念，具有为社会服务之精神。学员入所后，研究党义被列为学习的重要内容，训练所为此特制定《职员学员研究党义细则》（8条）。②

借助法学团体推广国民党党义，即居正在《司法党化问题》文中所言"设立法曹会，并饬其注重研究党义之运用"，确实付诸施行，成为司法党义化的重要方式之一。1935年9月全国司法会议召开，会后随即组织成立中华民国法学会，该会是当时中国唯一的法学团体，居正亲任会长，会员以法学界知名人士与法律实务者为主。居正为该会制定六条纲领，内容如下：

1. 确认三民主义为法学最高原理，研究吾国固有法系之制度及思想，以建立中国本位新法系。

2. 以民生史观为中心，研究现行立法之得失及改进方法，求与人民生活及民族文化相适应，并谋其发展。

3. 根据中国社会实际情形，指陈现行司法制度之得失，并研究

① 《司法院法官训练所组织条例》（10条），《司法公报》第27号，1935年3月15日，"法规"，第9~10页。

② 《司法院法官训练所概览》，司法院法官训练所编印，1935，第26、60~61页。

最有效之改革方案。

　　4. 吸收现行法学思想，介绍他国法律制度，均以适合现代中国需要为依归。

　　5. 发扬三民主义之立法精神，参证其他学派之优劣，以增进法界人员对于革命意义及责任之认识。

　　6. 普及法律知识，养成国民守法习惯，以转移社会风气，树立法治国家之基础。①

　　司法当局意图很明显，借助中华民国法学会这一法学团体，努力在司法领域推行三民主义，司法党义化自是重点所在。司法党义化虽在努力推行，但这种思想道德层面的说教，成效很难说，往往流于空谈（详下文）。可实际操作的还是司法党人化，包括将司法人员拉入国民党组织中、派党务人员直接从事司法工作等方式。

　　在司法党人化过程中，法官训练所无疑是一个大本营，尤其是在1934 年底国民党 CC 系骨干分子洪兰友担任该所所长后，司法当局利用这一训练机构，把司法人员拉入国民党组织中。1936 年 8 月，司法院公布《现任法官训练计划大纲》，② 抽调各地在职司法官送入法官训练所接受短期训练，调训要旨是：（1）增进受训人员对于本党主义、政纲、政策、国民政府立法精神及部院施政方针之认识，借树党化司法之基础；（2）增进受训人员之法律学识，借增司法效率；（3）增进其对于国际法律、政治、经济、文化之认识，使成为具有现代精神之法官；（4）培植其服从革命纪律，积极负责服务之精神，养成其整齐、敏捷、严肃之习惯。具体办法：各省高等以下法院现任正缺及候补推检人员，由司法行政部分别调入法官训练所受训；每批调训一百至二百人；受训期间定为一个月，必要时得延长之，但不得过两个月。据相关人士忆述："训练内容只有国民党党纲、党义，军事训练，精神讲话，业务概要四门课。学员生活

① 《居院长书本会纲领》，《中华法学杂志》新编第 1 卷第 1 号，1936 年 9 月 1 日。
② 《司法公报》第 134 号，1936 年 8 月 31 日，"院令"，第 2~4 页。

军事化，精神讲话内容为蒋介石所提倡的'新生活'，以及司法必须党化，必须接受党的领导，必须贯彻执行党的方针政策。没有参加国民党的，在受训期满后，都得参加国民党"。①

从 1935 年开始，大量党务工作人员通过"考试"途径进入司法领域，即"党务人员从事司法工作"。1935 年 2 月 28 日，国民党中执会第 160 次常务会议通过了《中央及各省市党部工作人员从事司法工作考试办法大纲》（11 条），规定：中执会为使中央及各省市工作同志得实际从事司法工作，特举行现任工作人员考试，其及格人员交由司法院法官训练所，训练后分发各司法机关尽先任用；凡现任中央及各省市党部工作人员志愿从事司法工作者，均得应考，省市党部工作同志由省市党部保送之。② 为落实上述大纲，国民党中常会还通过了《中央及各省市党部工作人员从事司法工作考试办法大纲施行细则》（17 条），规定考试分为甲、乙两种：

> 甲种、现任中央及各省市党部工作人员具有下列资格之一：
> （1）修习法政学科得有毕业证书，并经中央及各省市党部工作人员甄别审查合格，以荐任官登记得有证书者；（2）有《高等考试司法官考试条例》第二条所列各款资格之一者，参加甲种考试。甲种考试考取人员经训练期满试验及格者，作为法官再试及格以推检任用。
>
> 乙种、现任中央及各省市党部工作人员具有下列资格之一：
> （1）经中央及各省市党部工作人员甄别审查合格以委任官登记得有证书者；（2）有《承审员考试条例》、《法院书记官考试条例》、《监狱官考试条例》各第二条所列各款资格之一者，参加乙种考试。乙种考试考取人员经训练期满试验及格者，以承审员、书记官或监狱官任用。③

为此，国民党中央推定居正、戴传贤、叶楚伧、覃振、陈立夫、陈公

---

① 金沛仁、汪振国：《CC"党化司法"的实质及其经过》，载柴夫编《CC 内幕》。
② 《司法公报》第 29 号，1935 年 3 月 25 日，"院令"，第 1~2 页。
③ 《司法公报》第 29 号，1935 年 3 月 25 日，"院令"，第 3~4 页。

博、钮永建、王用宾、陈大齐为此次考试委员，以居正为委员长，洪兰友为秘书长。[1] 从报名情况来看，党部人员相当踊跃，这既因为掌控党务组织的 CC 系的运作，也因为党部人员的职权、待遇、发展空间均不如政府部门的工作人员。[2] 在政府中，司法部门虽不算理想部门，但比起党务系统，还算是不错的选择。借此途径，很多国民党党务人员开始"服务"于司法界，成为党治体制下的司法人员。

1935 年 6 月，中央及各省市党部工作人员从事司法工作考试在考试院举行，7 月，考试及格人员名单确定，经报国民党中常会备案，送入法官训练所受训。入所受训一年期满后，"分发各司法机关尽先任用"。1936 年 7 月，国民党第五届中常会第 17 次会议通过《中央及各省市党部工作人员从事司法工作考试及格人员分发办法》（7 条），规定：中央考试甲种司法官及格在法官训练所毕业经再试及格者，按其成绩分别分发任用，再试在 75 分以上者，分发各省以正缺推检任用；75 分以下者，以候补推检任用，仍尽先补缺；愿赴边远省区者，以正缺推检任用。[3] 9 月、10 月，这些由党务人员转变而来的司法人员分发各地任职，[4] 时人称之为"党法官"。

上述司法党化举措之实际效果如何，是个值得考察的问题。1930 年，在对国民政府 24 个中央机关政治工作人员的统计中，发现"非党员超过党员数倍"，其中，司法机关，包括司法院、司法行政部、最高法院的党员比例分别是 24.6%、11.5%、19.0%，平均仅为 16.9%，低于所统计的 24 个机关的平均比例（25% 左右）。[5] 经过几年的司法党化后，到 1936 年底，司法院中国民党党员比例达到 69.81%。[6] 1937 年 6 月最高法院的

---

① 《推定中央及各省市党部工作人员从事司法工作考试委员》，《中央党务月刊》第 80 期，1935 年 3 月，"纪事"，第 242 ~ 243 页。

② 王奇生：《党员、党权与党争：1924 ~ 1949 年中国国民党的组织形态》，第 7 章。

③ 《司法公报》第 136 号，1936 年 9 月 10 日，"院令"，第 6 页。

④ 分发各地充任地方法院候补推检（75 分以下）的人员名单，见《司法公报》第 139 号，1936 年 9 月 25 日，"部令"，第 8 ~ 9 页；分发各地充任各地正缺推检（75 分以上）的人员名单，见《司法公报》第 144 号，1936 年 10 月 20 日，"部令"，第 7 ~ 8 页。

⑤ 《各机关政工人员统计》，《中央日报》1930 年 3 月 31 日，第 3 版。

⑥ 《司法院现任职员党籍统计表》，《司法公报》第 164 号，1937 年 1 月 28 日，"附录"，第 48 页。

推事 80 人中，党员 34 人，非党员 46 人；15 名庭长中，党员 14 人，非党员 1 人。① 党员的比例已明显高于 1930 年。可见，司法党化，尤其是党人化还是取得了一定成效的。但必须注意到，司法院、最高法院均是司法系统的高层，司法系统的中下层党员比例并没有这么高。从 1935 年法官训练所学员的党籍统计来看，党员在总人数中的比例应是 1/3～1/2。② 考虑到这些学员绝大多数是分发到各地司法机关中去，所以地方司法人员中党员比例应较此更低。

有司法人员后来回忆说："旧司法界，从开始到北洋军阀时代，法官是很少有加入国民党或其他政党的。南京中央政府成立后，有'党化司法'的口号。有些原无法官资格，因系国民党员，有国民党要人的援引，一跃而为高等法院院长……法官、书记官，也有加入国民党的。但毕竟是少数。"③ 另一位在安徽司法机关工作的人员也回忆说，国民党统治时期，"从安徽高等法院成立起，就有一个国民党区分部，但没有三青团组织。区分部成员不多，而其活动极少。因为法界人员思想守旧，不爱活动，在'司法独立'的标榜下，对国民党不那么重视。皖高法院长陈长簇，首席检察官王树荣，皆是无党派人士，甚至对国民党不满。曾记忆在一次总理纪念周上，高院院长周诒柯说：'三民主义好，五权宪法好，就是四季发财不好'。这话多么讽刺……在司法机关内，国民党一向很少。一九三三年间，为了响应司法行政部部长王用宾'党化司法'的号召，发展了一批党员，人数虽然增多了，但实际上不起作用"。④ 由此，我们不难判断，国民党人其实只是掌控了司法中枢，而在司法系统的中下层，国民党力量很微弱，司法党化之实效可见一斑。

此外，"党化"是否为推进司法建设的必要举措，也是一个值得考究

---

① 《最高法院推事籍贯年龄服务年数党籍及学历一览表》，《司法公报》第 195 号，1937 年 7 月 2 日，"附录"，第 47 页。最高法院共 16 庭，因 1 庭长系院长兼任，故不列入。

② 《司法院法官训练所概览》，第 75 页。1/3 到 1/2 之间为笔者估算。

③ 胡绩：《旧司法制度的一些回忆》，《河南文史资料》第 4 辑，河南省政府文史资料研究委员会编印，1980。

④ 朱其珍：《我所知道的解放前安徽司法部门的一些情况》，《安庆文史资料》第 5 辑，安庆市政协文史资料研究委员会编印，1983。

的问题。司法官朱志焜认为，解决司法困局，"党化"并非"对症下药"。他说，关于司法困局，有人认为这是司法官不明党义所致，其实以明了党义之人司法亦难免除司法困局；有人认为是立法不良，把所有责任诿之于立法方面，"不过司法官对于不良之法律，于适用之际，亦不无救济之途。此在老于斯道者，尤能言之"。朱氏认为："立法不良，不是造成现代司法不良的唯一原因；而司法党化，亦不是补救这种缺点的有效办法。""现在人民攻击司法，呈控司法官吏的是比旧北京政府的时候多。而北京政府时代的司法，并不是党化的，这样看来，是很明显了，不是党化司法就可把人民的不满意止住了，立刻就信仰司法了。"在朱氏看来，"今日司法最大的毛病是在司法官办案力求迅速的原故。他们只求案能保结，不求解除人民之真正讼争原因"。司法"欲迅速遂不免潦草，愈潦草则愈失人民之信仰"，司法官之潦草"又不能不归过于当局所订以办案多寡为奖励之标准"。朱氏认为解决司法问题的关键在"添人方面着想"，即增加司法人员数量，而非其他，可惜当局还没认识到这点。[①]

七 结语

北洋时代的司法理念与制度如何递嬗进入国民党党治体制之中，是中国近代法律史研究者必须思考的重要问题之一。从南京国民政府前期司法中枢的人事构成和政治导向方面着眼考察，不难发现，在南京国民党政权建立之初，司法中枢主要是以王宠惠、罗文幹、董康等人为代表的北洋旧人，他们基本延续北洋时期的司法独立与超越党派政治之理念。1932 年居正出任司法院院长，国民党革命元老开始进入司法中枢，北洋旧人为主的司法中枢开始改变，到 1935 年前后基本完成人事嬗变，居正、覃振、王用宾等国民党革命元老掌控了司法中枢。

借助司法手段来镇压共产党与政治异议人士，是国民党维护一党专政

---

① 《现代司法的毛病在那里》（1937 年 6 月），中国社会科学院近代史研究所档案馆藏胡适档案：第 510 宗第 7 件。

统治的重要方式。但国民政府成立初期，其司法人员很多来自北洋司法界，这些"旧"司法人员在国民政府司法系统中很有势力，他们未经"革命洗礼"，依然保持着北洋时期的司法方法与作风，审案时"往往死扣法律条文，司法审判程序迂缓繁复"，这使司法机关无法成为国民党运用自如的政治工具，造成"于本党政府之下而处处有反党之事实"的局面。缘此，很多党部对司法机关深感不满，有的地方两者甚至处于对立状态。同时，九一八事变后，民族危机日深，国民党当局也意识到必须让国民党政治因素深度介入司法中，让司法系统更紧密、有效地整合进入国民党党国体制之中，让司法系统也成为纾缓国难、救亡图存的一股力量。因此，国民党政权强调司法的政治性，重新宣扬、推进司法党化。

1935 年前后，国民党人真正掌控了司法中枢，基本完成司法中枢从北洋时代到国民党党治时代的递嬗。但在司法系统的中下层，国民党力量很微弱。其实，直到 20 世纪三四十年代，国民党依旧未能掌控司法系统的中下层。可以说，在国民党统治时期，司法中枢确曾被纳入党国体制之中，进入国民党时代，但司法系统中下层的人员构成及司法理念，大体上依然停留在北洋时代。由此可知，1927 年以后国民党在全国范围推行"以党治国"是何等的"心有余而力不足"，实际效果也很有限。

〔作者李在全，中国社会科学院近代史研究所副研究员〕

无法拒绝的继承：民国司法现代化及其留给中华人民共和国的遗产

谭安（Glenn Tiffert）

内容提要 长期以来，评论者将中华民国与中华人民共和国的司法体系视作相互隔绝、互不渗透的两个体系。这样就无法完全理解中华人民共和国的司法与其继承的民国遗产之间的历史关联，将二者脱钩也就阻止了理解的关键途径。作为修复这种割裂的一步，本文详述民国法院的构造与分布，并阐释在共和国建立之初所面临的民国时期对司法痼疾的讨论及其改革。本文将建立一种必要的实证基础，以此领会中共司法设计者在1949年所面临的制度性缺陷与失衡、发展困境以及规范性话语；同时，它也使读者理解司法设计者的因应，那些因应绝非只有意识形态的考虑，也是出于对具体实际问题的理性应对。本文还指出，对民国司法制度的记忆能提供丰富的洞见，由此可型塑、评估并理解法律在新中国的命运。

关键词 地方法院 司法系统 民国时期 河北省

关于1949年的中国革命，已故当代法学家蔡定剑曾评论道：

> 如果对旧法统采取总体上摧毁，而对法律抱着可以继承的态度，而不采取批判一切、蔑视一切的态度，对具体法律具体分析，一些法律的基本理念，如正义、平等、公正、法律权威、尊重法律、诚实、守信等等，给予保留下来，一些解决纠纷的具体规则、程序继承下来，新中国法制建设的起点就不至于如此低，恐怕后来也不会遭如此

劫难。

蔡的假设揭示了一个重要的历史问题：我们如何将 1949 年革命和中华人民共和国编进中国历史？毕竟，长期以来学者都承认民国现代化对中国法律理论与实践的典范转换有所贡献。然而，与蔡一样，他们倾向于将中华人民共和国的法律体系与其民国时期的前身脱钩，而将其谱系追溯至传统中国、中共早期以及苏联的法律资源。①

导致这种不一致的原因并不难理解，中华人民共和国自身就宣称断然拒绝民国法律现代化的遗产。1949 年 1 月，当毛泽东在《关于时局的声明》中提出对国民党的八项和平条件时，其中有三条集中在法律上，即废除 1947 年民国宪法、废除卖国条约以及废除伪法统。一个月之后，随着华北平原完全处于其控制之下，中共发表了一个里程碑式的文件《中共中央关于废除国民党的六法全书与确定解放区的司法原则的指示》。同年 4 月，在华北人民政府颁布的一个法令中，这一文件的实质又得到了重申。最终，在那一年 9 月，中华人民共和国于 1949～1954 年之间实际上的宪法——《中国人民政治协商会议共同纲领》第 17 条宣称："废除国民党反动政府一切压迫人民的法律、法令和司法制度，制定保护人民的法律、法令，建立人民司法制度。"② 通过摧毁旧国民政府的法制，中共建立了新中国的法制。中共关于革命的主流认识决定了这一点。

如果我们对这一起点及其后续感兴趣的话，就必须将时钟拨到更久以前，以弄清楚民国法制实际上可能遗留给新中国哪些东西，从而弄清楚废除它具体意味着什么。无论是从积极还是消极的方面来看，

① 蔡定剑：《对新中国摧毁旧法制的历史反思：建国以来法学界重大事件研究》，《法学》1997 年第 10 期，第 6 页。最近的研究中，不遵循这种叙述模式的优秀著作有 Mühlhahn 于 2009 年出版的《刑事司法在中国：一段历史》一书，参见 Klaus Mühlhahn, *Criminal Justice in China: A History* (Cambridge, MA: Harvard University Press, 2009).
② 《废除伪法统，建设新法制》，《司法业务参考材料》第 2 卷，中国政法大学教务处，1949，第 1～36 页。

民国时期的法律、社会与军事

民国法制现代化的经验与遗产都为新中国早期围绕如何重建法制、如何重新定义其发展模式的激烈斗争设定了语境，同时也提供了便利。中华民国培养了很多中共的重要法律专家，形成了他们所继承的观念和制度的知识领域，并提供了与其固化的法律观念相对应的参照物。在国民政府司法人员被清除及其供职的机构被重建很久以后，中共仍然觉得有必要"蔑视和批判"那些曾被贴上"反动"或"反人民"的歧视标签的法律，以警告其成员反对从前"伪法统"的诱人魅力与虚假权威，并以此打击那些涉嫌庇护"旧法观点"的人。然而，即便这样，也没有阻止关于法律继承性的争论在"百花齐放"运动期间爆发，甚至在一场令人畏缩的反右斗争后，仍在毛泽东逝世后重新恢复。① 如果我们能更好地描述大陆的民国法制现代化的终点，就可以修复一条更准确的基线，由此可以评估甚至可能重构中华人民共和国在法律方面的革命。

问题在于，我们对那个年代法制史的把握，即直接跨越 1949 年分水岭的时期，是不够成熟的。很多误解和经验知识中的缺失扭曲了我们对革命的理解，并阻止我们对一个时代如何被引向（或脱胎于）另一个时代有更丰富、更细微的理解。为这一转型绘制详细地图的时机已然成熟。在众多可供选择的维度中，本文集中关注民国法院系统的制度性条件。本文的目标和范围有限；由于这一领域的研究很不发达，我们所接受的假设又很不可靠，故这篇论文刻意避免理论化，也不会提出一个独断或宽泛的分析准则，而只是试图仔细考量民国法院体系这一领域，由此可使研究民国社会文化史及法律实践的、不断壮大的学术群体更多地注意到，法院与案例所能告诉我们的那些内容在历史学与方法论方面的局限。更进一步，它也为我们重新确立一种即将形成的、更富雄心的理解奠定基础，即中国的现代性、革命与法律之间

---

① 杨兆龙：《法律的阶级性和继承性》，《华东政法学报》1956 年第 3 期，第 26～34 页；《北京法学界讨论法律，法学的阶级性和继承性》，《人民日报》1957 年 5 月 22 日，第 7 版；Frank Münzel，"Chinese Thoughts on the Heritability of Law: Translations," *Review of Socialist Law*，vol. 6，no. 3（1980），pp. 275–279.

是如何互动的。

简单地说，司法改革是晚清法律现代化最初的催化剂，而且，在其后四十年中关于法律教育、法律职业及法典方面的所有努力都是与之相随的，并与其成功紧密联系在一起。然而，令人惊讶的是，我们对民国法院体系的印象主要来自其早年的发展与活力，但对其晚期的了解要少得多。民国法院在1940年代后期经历了重大的转变与挫折，其中部分原因是与日本的毁灭性战争带来的自然而然的后果。而且，关于民国法院，我们对某些地方（如上海、江苏、浙江和广东）的了解要远胜于其他地方。这就扭曲了我们的视角，因为那些地方是中华民国最富有、与世界联系最密切的区域。相较而言，对边疆和内陆省份的研究要薄弱得多。这与其所处的时间段有关，由于战争蹂躏了国民政府司法体系中发达的核心地带，在将近十年时间里，其中心迁至欠发达的内陆地区，这带来了持久的影响。

为了缩小我们观念中关于民国司法现代化如何展开、结束在地域和时间方面的差异，同时，为了更准确地说明中华人民共和国司法制度的起点，这篇论文重点描绘河北省的法院，时间迄至1949年革命。本文意在探究在中华民国时代遗赠给中华人民共和国的国家政权建设的记录中，一个迄今仍未得到审视的面相，并详述中共对民国司法体系的废除在制度层面意味着什么。这就使得我们可以超越那种作为中共司法政策总体解释的意识形态，相反的，把那些政策在某种程度上视为针对具体、实际问题的理性应对措施来评估。简要地说，河北是中国现代法院体系的诞生地，但后来又成为司法体系发展和扩张过程中的落后者。这一省份展示了复杂的内部多样性，它与富足的北京邻近，面向一片相对贫瘠的腹地；同时，它也是呈现诸多成就、不足、失衡与挫折的缩影，是能展示民国司法建设的典型。

当然，用来评估某种法院体系的生命力的途径很多，本文主要采用其中两种：机构发展与利用程度的相关资料，以及相关法学家的评论。由于大量的分析是根据官方的统计资料做出的，因此有必要对它们具备一种起码的谨慎。尽管民国政府及其分支机构对法院体系有大量的报道，其数据在可靠性和一致性方面还是有些问题的。① 我已尽量通过多种渠道来证实那些数据，并且运用可靠的判断来辨识其中的不一致之处。不过，因为担心文中的数据传递一种虚假的精确感，请求读者允许存在一些因原始文献的瑕疵而导致的小错误。关于人口的数据也是如此，尽管是官方估计，但即使在它们自己的时代，也被认为是带有瑕疵的。

民国法院系统：一个统计性的概况

中国的现代法院出现于清朝衰落的年代，由此不可避免地与国家生存及现代化的双重困境联系在一起。在治外法权的压力之下，同时根据其他旨在挽救摇摇欲坠的帝国的大量新政措施，清政府于 1906 年颁布了一道以西方司法独立原则为前提的法令，这预示着一场前所未有的法制改革的到来。② 这一法令将司法行政与审判分离开来，把前者归于刑部（后改名为法部），后者归于大理寺（后改名为大理院）。受明治日本的影响，随之颁布的《大理院审判编制法》将帝国的司法系统改造为四级三审制，由大理院（见图 1）、省级高等审判厅、地方审判厅和初级审判厅组成，各级审判厅都附设检察厅。首个这类法院于 1907 年 3 月出现在天津，继而是北京，在那里建立了一个京师高等审判厅、一个京城内城地方审判厅及 5 个初级审判厅。京师审判厅不久就开始每月处理 200 个案件。③

---

① 1936 年对民国司法系统来说是一个好年份，它是一个展示性的例子。在那一年，司法院统计全国有 394 个法院，但是据其他地方报告职员仅有 365 名。而且，其他权威的国民政府资料来源引用不同的数据，此类情况经常出现。居正宣称 1936 年有 398 个法院，比他所主持的司法院提供的数据要多出 4 个。（居正：《二十五年来司法之问题与展望》，范忠信、尤陈俊、龚先砦选编《为什么要重建中国法系：居正法政文选》，中国政法大学出版社，2009，第 334 页）1939 年，司法院仍然把察哈尔的 3 个法院、河北的 21 个法院、江苏的 24 个法院计入，尽管这 3 个省份已全部处于日本人的占领或伪政权的控制之下。（《司法年鉴》，长沙商务印书馆，1941，第 214～220 页）与之类似，在 1948 年年中，司法行政部宣称满洲有数十个法院，其实它们中的一部分已牢牢处于中共的控制之中。见《法院检索及现司法机关数》（1948 年），中国第二历史档案馆藏。

② 赵玉环：《清末司法改革的启示》，《山东社会科学》2009 年第 8 期，第 142～144 页。

③ 韩秀桃：《清末官制改革中的大理院》，《法商研究》2000 年第 6 期，第 109 页。

图 1　大理院，北京司法部街 72 号（1914 年）

资料来源："Architecture in the Chinese Capital," *The Far Eastern Review*, vol. 10, no. 9（1914），p. 356.

　　至清朝结束，整个帝国有 24 个省级高等审判厅、62 个地方审判厅及 89 个初级审判厅（设在 218 个府和 1369 个县之中）。出于种种原因，如制度性缺陷、相互冲突的优先事项、资金与专门人才的匮乏等，审判厅都被限制在大部分省会城市、通商口岸城市及其周边的区域。直隶省环抱单独管理的京师，也是现代河北省的前身，它设有一个高等审判厅，在保定和张家口各设了一个地方审判厅，在张家口和清苑各设了一个初级审判厅。按司法部部长梁启超的估计，这些数字加起来也只能分别满足全国范围内对地方审判厅的需求的 14.2%，以及对初级审判厅需求的 3.3%。[①]

　　大体而言，民国前期在晚清建立的框架之上有所细化。在此前的立法及司法系统的机构基础之上，它取得了一些进展，但是经费短缺、政治动荡以及由传统社会组织模式所驱动的抵制，还有相互冲突的利益、价值与目标，使其处处受阻。在 1912 年，也就是中华民国建立的那一年，中国

---

① 刘焕峰、郭丽娟：《清末审判厅设置考略》，《历史档案》2009 年第 2 期，第 119 页。

民国时期的法律、社会与军事

拥有343个现代法院或法庭，但是其中大多数设施很差，在财政上也难以为继。至1926年，由于关闭、重组与合并，法院的数量减至139个，其中直隶5个、首都7个（包括国家最高法院）（见表1）。具体地说，在那一年全国范围内有记录的1950个基层司法机构中，只有89个（5%）是现代法院，而1800个（92%）由继承了传统职能的县长组成，他们在处理司法事务的同时也履行其他的行政职能。

表1 各类法院清单（1912、1926）

单位：个

法院种类	全国(1912)	全国(1926)	直隶省和京师(1926)
初级审判厅	196	—	—
地方审判厅或地方法院	112	66	4
地方审判分厅或地方分院	11	—	5
地方审判厅分庭或地方法院分庭	—	23	—
高等审判厅或高等法院	19	23	1
高等审判分庭或高等分院	4	26	1
大理院或最高法院	1	1	1
合计	343	139	12

资料来源：《二十五年来司法之问题与展望》，范忠信、尤陈俊、龚先砦选编《为什么要重建中国法系：居正法政文选》，第334页；《调查治外法权委员会报告书》，《治外法权报告》，商务印书馆，1926，第118页。

说明：直隶和京师各法院及其位置如下：全国最高法院（北京），直隶省高等审判厅（北京），京师地方审判厅（北京），直隶地方法院（天津、保定、万全），京师地方审判厅分庭（顺义、武清、西郊、涿县），直隶地方审判厅分庭（天津）

民国法院系统的多样化是其标志性的特征之一，也是最令人困扰的特征之一，不过这一方面还需要接受足够的史学分析。在全国法院系统中，最具典型性的一端是江苏省和浙江省，这两个省份是徐小群关于民国司法制度的开创性研究的关注焦点，在南京政府十年（1927~1937）的末期，江浙两省，再加上广东，都声称各有数十个法院。而最具典型性的另一端是北部和南部边疆那些偏远贫困的省份，如新疆、绥远、贵州和云南，在同一时期，这些省份中没有一个省能够组建 8 个以上的法院。在各省之内，不同的地方条件也各有差异，这种情况在河北是最真实不过的了。本文将北平放入河北作为一个整体的背景，并从其他处于司法现代化前列的省份中挑选出一个来与河北比较，这样就可以得到一个关于新中国决策者在 1949 年所面对的民国司法遗产的更全面的图景。

河北于 1928 年从传统的直隶省分离出来，其时，北伐从名义上将中国统一在国民党的统治之下。它包含了北平，对前首都司法系统有管辖权，① 而且充分反映了国民党国家政权建设的缺陷与无序发展。② 当北平自身享有与南京国民政府的精英及机构紧密联系的、活跃的现代法院时，它的周边却失去了这样的法院。在 1920 年代，司法现代化的中心迁至南方的长江三角洲与珠江三角洲，而且，进入南京国民政府时期以后，这种反差越来越强烈。北平及其附近的天津是充满活力的法律活动中心，但是它们所依托的区域却很少享受这些活跃法律活动的好处，这一定程度上也是由于军阀纷争与地方经济的虚弱。

在这一时期，司法扩张的进程清楚地体现了中央政府权威的衰减。表 2 显示了 1928～1937 年国民政府司法系统的演变，展示了它在这些年间不同级别的增长与收缩。如资料所显示的，国民政府时期的法院系统是从一种头重脚轻的分布状况开始的，反映出北洋时期（1912～1927）现代化从清朝继承的、用于治理的基础设施非常薄弱。如表 2 所示，几乎每个省份都拥有一个高等法院，但地方法院不多。考虑到河北辖有此前不久还是首都的北平，且拥有这个国家三个最大城市中的两个（北平和天津），其表现就尤其显得可怜了。

---

① 关于北平的地方法院，河北省高等法院对其司法管辖行使监督权，省级司法官员在中央司法行政部的命令下进行日常的行政管理。

② 参见 William C. Kirby，"Engineering China：Birth of the Developmental State，1928－1937，" in *Becoming Chinese*：*Passages to Modernity*，edited by Wen-hsin Yeh（Berkeley：University of California Press，2000），pp. 137－160；Julia Strauss，*Strong Institutions in Weak Polities*：*State Building in Republican China*，*1927－1940*（Oxford，UK：Clarendon Press，1998）.

表 2　国民政府法院系统的成长（1928～1937）

单位：个

年份	合计*	较上一年增减	各级法院						
			高等法院	地方法院分院	高等法院分院附设地方庭	地方法院	地方法院分院	地方法院分庭	县法院
1928	220	—	21	25	8	59	7	92	8
1929	301	81	28	31	12	88	10	104	28
1930	319	18	28	32	12	90	11	107	39
1931	341	22	28	34	13	95	21	113	37
1932	308	-33	23	31	11	76	23	109	35
1933	335	27	23	32	12	83	23	127	35
1934	300	-35	23	34	14	108	39	45	37
1935	381	81	23	66	2	214	67	9	—
1936	394	13	23	79	—	280	3	9	—
1937	416	22	23	91**	—	302	—	—	—

资料来源：《司法年鉴》（1941），第 211 页。

说明：* 在同一资料的其他部分，司法行政部长报告了有人员配备的法院的不同总数。参见随后的表 3 与表 4。

** 司法行政部长谢冠生报告的数字是 84 个。见《中国年鉴》，商务印书馆，1937，第 181 页。

　　1928 年，全国总共有 59 个地方法院，河北占 3 个。由于北平和天津垄断了这个省份本来就很少的司法资源，周边的腹地更是严重滞后。如表 3 所示，1928～1937 年的进展也未能克服这一弱点。表 4 显示，这个省份远远落在其他国民政府的中心地带及四川后面（四川在南京国民政府十年中的大部分时间处于外围，但是后来由于成为战时政府的所在地而发达起来）。在 1936 年，司法院记载河北有 18 个法院，但有法官和检察官的法院只有 8 个，后面这个数字显得更为可靠。与之人口相近的广东省，拥有的地方法院数量是它的 11 倍，法官数量则是它的 4 倍多。浙江省尽管人口要比它少 1/4，但拥有的地方法院是它的 4 倍多，法官人数是它的近 3 倍。据1938 年出版的省级资料，名义上处于地方法院管辖之下的县所占的百分比情况如下：河北为 11.5%，四川为 27%，浙江为 41.3%，广东为 100%。[①]

①　《司法年鉴》（1941），第 157～159、218～219、263～265 页。

表3 河北省法院系统的发展（1928～1937）

单位：个

年份	合计	较上一年增减	各级法院						
			高等法院	高等法院分院	高等法院分院附设地方庭	地方法院	地方法院分院	地方法院分庭	县法院
1928	9	—	1	2	—	3	—	3	0
1929	10	1	1	2	—	4	—	3	0
1930	11	1	1	2	—	4	—	4	0
1931	16	5	1	2	—	8	—	5	0
1932	16	—	1	2	—	8	—	5	0
1933	16	—	1	2	—	8	—	5	0
1934	16	—	1	2	—	8	—	5	0
1935	20	4	1	5	—	13	1	—	0
1936	18	-2	1	5	—	12	—	—	0
1937	21	3	1	8	—	12	—	—	0

资料来源：《司法年鉴》（1941），第218～219页。

说明：这是司法行政部官方声称的数字，虽然其中一些数字与司法行政部部长向员工报告的其他数据不一致，其可靠性受到质疑，但至少并非全不可信。在同一系列数据中，司法行政部部长声称1937～1939年河北有21个法院，而在这一时期，该省处于日本的占领之下。

表4 各省法院抽样统计（1936）

	人口（百万）*	法院和分院（个）	院长、庭长、推事（人）	首席检察官、检察官（人）	第一期改设县司法处县数（个）**	原兼理县司法县数（人）**
全国	479.1	365	1173	550	384	1052
广东	32.5	89	157	50	—	0
河北	28.6	8	34	18	0	119
四川	52.7	13	74	35	28	141
浙江	21.2	34	99	57	8	43

资料来源：《司法年鉴》（1941），第157～159页。

说明：尽管司法部报告了更多的法院，但这里只统计报告了员工人数的省级法院及其分庭，还有地方法院。法官的数字包括法院和特别法庭的院长与法官，但扣除了484名候选与预备法官。检察官的数字包括检察长与检察官，但是扣除了311名候选与预备检察。扣除这些数据是为了便于与表5中1946年的统计相比较。

*人口数据根据1936年1月至1937年8月编制的官方统计数据。见《中华民国统计提要》（1940），第24页。

**此项说明了一个三年计划（1936年7月至1939年6月）的早期阶段，该计划要改造兼理司法的县长，使其与县级司法机构分离，最终改造为地方法院。这一转变因战争爆发而中断。见王用宾《二十五年来之司法行政》，《现代司法》第2卷第1期，1936年，第20～22页。

在中国的其他地方，以清末创制但流产的初级审判厅为原型的县级司法机构正在分阶段地建设，这些司法机构的目标是最终得到改善并在条件允许时转换为地方法院。这些机构试图将司法独立扩展到县一级，办法是剥离县长的审判权力，代之以那些接受过现代法学教育并由省级司法机构遴选的审判官。县长将保留地方司法行政权与检察权。1937年，中国拥有571个县级司法机构，但是河北一个也没有；省级权力部门向司法院申请延期，允许119个县的县长继续在行使司法权的同时履行其他职责，这多少有点类似过去的衙门。① 在那一年之后，整个省份陷入日本的军事占领之下，全省的司法系统由一系列日本人主使的沦陷区政府接管并运作。②

有意思的是，河北司法系统的困境与该省的其他法律事业形成鲜明的对比。好几所在中国处于领先地位的法学院位于北平，其中包括著名的朝阳大学。朝阳大学尽管是一所私立大学，但享有与政府一种格外紧密的关系。它创建于1912年，创建者为前清修订法律馆的成员。在整个民国时期，它的董事会包括在任的司法行政部部长、司法院院长和立法院院长，以及最高法院院长、最高行政法院院长和河北省高等法院院长。③ 在民国时期，朝阳大学培养了全国高等法学专业将近的1/4毕业生，并成为这个国家立法与司法当局的首选培训基地。④ 1928～1949年，朝阳大学的毕业生在中国所有成功通过司法官考试的考生中占近1/3；1947年的一个关于其毕业生的调查显示，75%的毕业生渴望得到与法院相关的工作。⑤ 然而，这一人脉良好的地方资源对该省的法院扩张速度

---

① 《中国年鉴》，商务印书馆，1937，第181页。
② 《（伪）河北高等法院统计刊要》（1942年），伪河北高等法院书记室。
③ 1948年，董事会由司法院院长居正担任主席，其成员包括王宠惠、江庸、孙科、谢冠生、张知本、夏勤、陈立夫和邓哲熙。
④ 张钧、董芳：《朝阳大学与中国近现代法学教育》，《法学杂志》第25卷第6期，2004年，第85页。
⑤ 据1947年朝阳大学法律系和司法组的毕业生的调查记录，141名回应者中，有105名（75%）想在法院工作。具体数字如下：法官（52名），司法官员（17名），书记员（7名），检察官（5名），其他相关法院工作（24名）。见《私立朝阳学院毕业学生通讯录、名册、服务志愿调查表》，北京市档案馆藏档：J027/001/00145。

却影响甚微。1936年，河北虽然拥有全中国6%的人口，但只拥有全国3%的法官。

英语世界中关于民国司法现代化的优秀研究仅仅覆盖了1937年之前的事件，在时间上还是太早，难以把国民党政权及其司法制度的轨迹中诸多决定性的转变表达清楚。随后几乎战火不断的12年，不仅对国民党政权及其法院具有转折意义，而且对理解反对既有制度的内部批评以及发生在新中国时期的激烈论争和改革来说，也是至关重要的。

在1937年全面抗战爆发后，许多法院工作人员到日本支持的傀儡政权下工作。由于选择了为敌人工作，他们实际上断送了自己的职业生涯。国民政府司法行政部为那些忠诚地随政府撤至内地的法官发放生活费，但是这些钱仍不足以糊口。在1945年之前，很多法官换了其他的工作并放弃了这一职业。因此，在战后开始重建司法系统时，政府已没有多少最富经验的司法人员可用。河北的司法系统遭到的破坏尤其严重。在经过八年的沦陷和傀儡统治之后，北平的地方法院法官经历了一次大换血。

就像1930年代中期的司法改革一样，战后的司法重建也是雄心勃勃但不合时宜。在前日占区，法院遭到破坏或毁灭，家具、设备、图书馆以及档案都有不同程度的遗失或损坏。很快，内战和通货膨胀又给司法的恢复带来了剧烈冲击。①

关于河北，司法行政部1946年恢复法院计划的目标是恢复战前的机构，配备大量增加的人员。具体说来，它设想的是：1个省级高等法院，8个高等法院分院，3个大的地方法院，以及9个小的地方法院。职工安置的目标则设定为：128位司法官，216位法院书记员，119位县司法处承审员，同时还配置119位县司法处书记官。② 从这一计划来判断，战后河北司法系统的基础设施处于一种凄凉的状态。该计划将法院以基本修建的需求程度来分类，在21个法院中，有14个列在"全部修建"或"大部修建"项下，其中包括省高等法院及其8个分院。这意味着全省法院

---

① 在1946年，有145个法院开放。1947年，这个数字降低至60个，反映出不利的政治和经济环境。

② 谢冠生：《战时司法纪要》，台北，"司法院秘书处"，1977，第446页。

的效用已极大减弱。①

表 5 证实了这一点，它描述了河北司法的状况及与另外三个省份相比较的相应地位。从这些数据可以看出，民国司法的状况在战争期间得到了大幅度改善。这主要归功于放宽和扩大司法官水平合格的几条额外途径。那些新进人员多为年轻人，没什么经验，这就引起了人们对其素质和能力的担忧，但是对法官的迫切需求足以压倒这些保留意见。至于法院总数，从 1936 年起，河北相对于其他样本省份的位置并没有显著的变化，不过四川省是个例外，由于战时国民政府首都迁至重庆，它经历了迅猛增长。

表 5 各省法院抽样统计 （1946）

	人口 （百万）*	法院和分院 （个）	院长、庭长、 推事（人）	首席检察官、 检察官（人）	县司法机关 （个）
全国	455.6	737	3297	1748	1006
广东	29.1	102	360	186	—
河北	28.5	13	204	91	—
四川	47.1	75	371	198	78
浙江	19.7	42	231	137	39

资料来源：《司法统计年刊》（1947），第 38、40 页。

说明：法院的数字包括省级法院和它们的分庭以及地方法院。法官的数字包括法院院长和法庭庭长以及法官。检察官的数字包括检察长和检察官。

* 《中华民国统计提要》（1940），第 2 页。

司法行政部列出河北有 8 个地方法院、1 个省高等法院以及 4 个高等法院分庭在运行。然而，这一数据透露出，这些法院中每一法院的平均法官人数暴涨至 15.7 个，或者说，它是广东的 4.5 倍还要多，是全国平均数的 3.5 倍。简言之，在 1946 年底，河北司法系统的人员甚至比战前还要密集：法院的数量很少，仅出现在最大的几个城市和少数县里，且一般

---

① 破坏的情况如下：全部修建（3 个高等法院分院、1 个大的地方法院、4 个小的地方法院）；大部修建（1 个高等法院、两个高等法院分院、1 个大的地方法院、2 个小的地方法院）；小部修建（2 个高等法院分院、1 个大的地方法院、2 个小的地方法院）；一般修理（1 个高等法院分院、1 个小的地方法院）。见谢冠生《战时司法纪要》，第 446、471 页。

而言要比其他地方相同级别的法院大得多。由于国民政府无力在该省的铁路沿线以外建立其权威（主要是因为共产党在乡村地区的强力影响），增长主要局限在战前的机构。这个省份远未达到司法行政部的恢复法院计划与储备司法人员计划提出的目标。

河北法院的运行情况如何呢？共产党频频指责国民党的法律体系难以让普通公民接近。尽管有一系列经济的、技术的以及社会的因素影响着诉讼率，但是现有资料的确说明，即使以其他省份及全国的平均数为标准，河北的司法机构对该省的人口而言仍是严重不敷使用的。考虑到其数量很少且在地理分布上高度集中，这一点不足为奇。

举个例子，表6和表7显示，浙江省尽管人口比河北省少1/3，但其司法机构立案的民事案件是它的近4倍，刑事案件是它的2倍，而且，浙江省法院在1946年接受的新案件要比其河北同行多出不少。与广东省和四川省的比较也能证实，河北法院的人均利用率低得异乎寻常。表7也显示，全省民事调解所占比例相对较小，这意味着和法院打交道的当事人主要是为了提起诉讼。相反，共产党却以一种深思熟虑的政策很快改变了中国司法制度的结构动态，并通过命令的方式逆转了这种情况。

表 6　民事新收案件总汇（1946）

单位：件

	人口（百万）*	县司法机关			民事第一审收案件			民事第二审收案件	
		共计	第一审	调解	共计	第一审	调解	共计	第二审
全国	455.6	129446	101585	5732	329391	164409	38464	94561	58427
广东	29.1	—	—	—	28350	15546	2213	8354	6252
河北	28.5	874	718	13	10576	5539	2770	2469	1960
四川	47.1	26321	19078	394	87352	38596	2626	22757	13833
浙江	19.7	8011	4238	847	39048	19638	5410	6708	5616

资料来源：《司法统计年刊》（1947），第25~52页。

说明：＊《中华民国统计提要》（1947），第2页。

表7 刑事新收案件总汇（1946）

单位：件

	人口（百万）*	县司法机关		刑事第一审收案件		刑事第二审收案件	
		共计	第一审	共计	第一审	共计	第二审
全国	455.6	102521	91840	277704	206515	71013	28475
广东	29.1	—	—	30614	24253	6090	3133
河北	28.5	1220	1117	16584	14460	3529	902
四川	47.1	15354	14182	49715	33519	10813	4763
浙江	19.7	6803	4660	31792	20525	6137	2788

资料来源：《司法统计年刊》（1947），第54～61页。

说明：* 《中华民国统计提要》（1947），第2页。

　　另一个针对国民党司法制度的主要抱怨就是它不能提供及时的正义，给诉讼当事人带来破坏性的影响。说到法律程序的冗长，一位1940年代的法官认为："在一些精于此道的拖延者手中，可能会将一个官司拖个三年五年甚至更久。这并不夸张，然而是一个悲哀的事实。"他将这一点归因于一系列的缺陷，包括一种对法官的不信任，因担心他们滥用权力、犯错误或腐败而对其权力施加过多的约束，当事人在程序性救济中有过多的自由，以及对手续和技术性的过分强调，"不是为了实际目标，而是为了符合原则"。[①] 表8显示，中国的法院在1946年年底的立案数比这一年年初多得多，不过，资料来源没有表明那些未结案的案件最终拖了多久或为何拖延。但是，我们的确了解到，在1946年，河北的司法机构的结案率通常要比其他省份如浙江、四川、广东低（除了刑事上诉案件）。到这年年底，河北74%～85%的已立案初审案件被清理，但是有一半的民事上诉案件拖了更长时间，远低于全国平均水平。当法院系统转由共产党掌控时，案件的积压实际已达到危险的比例，共产党对解决这个问题的乐观态度有了转变，并加快了处理案件以缓解压力的步伐。

---

① Kwei Yu, "Some Judicial Problems Facing China," *Washington Law Review*, no. 23 (1948), p. 367.

表 8　法官的结案率（1946）

	民事（百分比）			刑事（百分比）		
	县司法机关 第一审	地方法院 第一审	高等法院 第二审	县司法机关 第一审	地方法院 第一审	高等法院 第二审
全国	86.01	88.67	80.97	85.13	88.66	87.09
广东	—	93.07	83.81	—	94.05	91.01
河北	74.21	85.21	50.77	81.04	74.50	90.59
四川	87.52	85.48	81.33	84.84	86.68	80.23
浙江	88.70	89.75	79.63	91.52	92.77	85.10

资料来源：《司法统计年刊》（1947），第 45～61 页。

说明：这些数据代表 1946 年各法院审结的案件数量占该年全部所立案件总数的比例。

河北法院对民事纠纷的处理速度不如其他省份的法院，这一点也可得到另外的资料支持。1946 年该省立案的民事案件与刑事案件的比率跟其他省份相比有很大差距，与全国平均数也有很大差距。表 9 显示，河北省全部待处理案件中有 61% 是刑事案件，与之相比，全国平均比例是 45%。该年在河北省惩治的 15717 件刑事案件中，最常见的 5 类犯罪占了 70%，其中盗窃案 5085 件，汉奸案 2206 件，烟毒案 2092 件，抢劫及海盗案 886 件，伤害案 877 件。值得注意的是，在全国依据惩治汉奸条例审理的罪犯内，河北一省的比例是 38%，是全国最高的省份。[1]

表 9　民刑事案件百分比（1946）

	全国	广东	河北	四川	浙江
民事	54.8	48.31	39.08	63.32	55.34
刑事	45.2	51.69	60.92	36.68	44.66

资料来源：《司法统计年刊》（1947），第 27 页。

总的说来，表 2 至表 9 中的数据展现了河北省法院在 1928～1946 年的状况、功能与相应地位演变的一个比较性的概况。在内战即将爆发的最后阶段，浮现出一幅社会与政治长期动乱不安、司法不发达，以及以刑事

---

[1] 《司法统计年刊》（1947），第 63 页。

案件为当务之急、忽视民事纠纷的图景。据官方的《中华民国统计提要》记录，1947 年 4 月，河北全省 3200 万人口，有 12 个法院和 103 名法官，较之上一年减少了 1 个法院和 52 名法官。相比之下，仅上海一个城市就拥有 85 名法官，首都南京则拥有 164 名法官。①

　　放到一个更远的视野中来看，在河北省开启现代中国司法系统的先河之后 40 年，它仅在 132 个县中建成 8 个地方法院，且多数设在城市，这意味着就河北省而言，政府仅仅达到其在每个县都建立一座法院的目标的 6%。② 国民党对该省的控制在 1947 年开始收缩，因为共产党加强了军事行动并扩大了其控制乡村地区的面积。石门（今石家庄）于该年 11 月被中共占领，是中国最早纳入共产党控制的主要城市之一，在那里有一个地方法院和一个省高等法院分院。在 1948 年 6 月，司法行政部宣布该省一共有 25 个法院，是前一年的近 2 倍，但其中很多可能只是徒有其名而已，如石门，其法院当时已在共产党势力范围之内。③ 至于北平，作为该省的明珠、全国人口第三多的城市，在解放前 7 个月，据其地方法院的员工名单记录只有 28 名法官，服务着将近 170 万居民。④ 他们年龄的中值是 31 岁，几乎都是战后国民党重返这个城市时清除通敌者后置换的人员，其中很少有人富于司法经验。这就是共产党在这个不久后成为首都的城市中接收的法院系统。仅就机构而言，并没有多少东西可以废除。

　　当然，民国司法现代化及其扩张遭遇了极端不幸，远未能达成其雄心勃勃的制度性目标，这已是众所周知。这篇文章为此提供了实证细节。不

---

　　① 《中华民国统计提要》（1947），第 137 页。

　　② 《中华民国统计年鉴》，中国文化事业公司，1948，第 393 页。在民国司法改革的早期决策者常提起每个县都设一个地方法院的目标。后来，1929 年的国民党《训政时期司法工作六年计划》提出，1935 年之前，在现存的 88 个地方法院基础上再增加 1773 个。至 1935 年，实际有的地方法院总数是 214 个，只小幅度地增加了 126 个，或者说比计划号召的要少 1647 个。见居正《一年来司法之回顾与前瞻》，《中华法学杂志》第 5 卷第 8、9 号合刊，1934 年，第 74 页；《司法年鉴》（1941），第 211 页。

　　③ 《法院检索及现司法机关数》（1948 年），中国第二历史档案馆藏。这个数字包括在北平的省高等法院、8 个高等法院分院以及 16 个地方法院。令人费解的是，它没有包括当时全国最高法院北平临时庭。

　　④ 这个数字包括 4 名法院院长，但是吴昱恒院长除外，因为他的工作主要是行政管理。

过，让我们在认识到这些之后，最后再来看看一些数据。在 1947 年 10 月，中国的 1964 个县中只有 557 个县拥有一个正式地方法院（约为 28%），且如我们所见，这些法院中还有一部分就像是南京政府想象中的虚构。① 在 30 个省级行政区中，只有 5 个区的地方法院与县的比率超过 50%；这 5 个省级行政区中，除了广东，其余 4 个都自 1930 年代早期或在此之前，就处于日本人的统治之下。② 国民政府的中心地带浙江、江苏和四川，地方法院平均只有 43% 的覆盖率，另外 13 个省份（或全中国近半数的省份），都不到 25%；有 7 个省份还不到 15%。③ 历史学家在阐释民国司法实践及案例时，必须注意这些数据及其暴露出来的局限、断裂与不足。

从好的一方面来看，如果加上县级司法处——它可以审理很多普通的民事和刑事初审案件，但由审判官而不是法官来审理——那么 1947 年全国范围内由某种形式的司法机构所覆盖的县的比例将升至 84%。④ 这些司法处理的案件数占全省待审案件数的比例在各省有所不同。在河北，它们的贡献不大，其处理的案件大约只占前一年全部民事和刑事初审案件的 9%，⑤ 这显示了民国司法机构超出主要城市的范围，向乡村渗透，并为占绝大多数中国人口的乡村服务的能力是何等糟糕。⑥ 再者，国民政府一直打算，一旦时机成熟就将那些临时性的司法处改成正式的法院，实际上是中华人民共和国兑现了这一承诺，尽管仍较粗糙。

按比例来说，河北仅有 6% 的县有地方法院，是全中国表现最差的省份。即使有人毫不怀疑地接受官方 1947 年的统计数据以及宣称该省有 40

---

① 《中华民国统计年鉴》（1948），第 393 页。令人费解的是，这个来源报告的比例是 34%，而原始数据显示的是 28%。
② 4 个先前处于日本人统治下的省份是：热河、辽宁、安东（这 3 个是伪满洲国的一部分）和台湾。
③ 它们是：察哈尔（11%）、福建（15%）、河北（6%）、河南（14%）、湖南（13%）、陕西（8%）、云南（13%）。
④ 《中华民国统计提要》（1947），第 137 页。与法院组织法不同，1944 年《县司法组织条例》明确规定每个县一个办公机构，而不是规定覆盖多个司法管辖区的联合办公机构。
⑤ 《司法统计年刊》（1947），第 47、56 页。
⑥ 1946 年河北县级司法处的一审结案率为：民事（826∶9216），刑事（1171∶12562）。参见《司法统计年刊》（1947），第 47 页。

个县级司法处的事实，在其132个县中，也只有不到52个县（39%）拥有一个宽泛意义上的现代司法机构；而且，实际运行的机构肯定要低于这个数字。然而，若说河北是一个统计上的异常值，但它其实并不是次要的边疆省份。河北是中国现代司法体系的发源地，而且直到1927年都是中国的行政中心。在民国时期，最高法院和司法（行政）部设在北京的时间比南京还长，而且它还以拥有与民国司法关系最密切的法学院而自豪。正是在河北，共产党的中央委员会、华北人民政府以及中国人民政治协商会议决定性地废除了民国司法制度；而且，共和国司法制度的设计者从他们在北京的窗户向外俯瞰，就能看到这个近邻。在1949年，无论从哪一方面来说，这个省份都提供了充足的一手证据来证明他们所面对的令人沮丧的司法方面的不足。

在数字以外

统计数据有助于民国司法体系的比较和定量评估，帮助我们认识所废除的东西具体意味着什么样的规模和内容，以及共和国司法政策制定者在考虑他们自己的发展重点和议程时，所面临司法在机构和地理上的失衡到了何种程度。与此同时，援引统计数据只是我们研究方法的一部分，如果我们要更全面地理解民国司法现代化交给中华人民共和国的遗产——探讨文章开头时所引蔡定剑那段话中的价值与原则——我们还需要参考其他资料来源，以了解其定性的、主观的思考。

在国民党统治时期，政府逐步推行司法党化，无论是在意识形态方面还是在人事方面都是如此。虽然政府并不正式要求法官加入国民党，但司法院院长居正提出，要将法官在处理案件时是否遵循党义作为评判所有法官的标准之一，而且，司法系统中的国民党员享受着独特的职业优势。①党化实际上是民国司法现代化留给中华人民共和国的最重要的遗

---

① 居正：《司法党化问题》，《中华法学杂志》第5卷第10～12期合刊，1934年，第27页。

产之一。①

一开始，国民党政府任命北洋时期的技术官僚担任司法系统的领导职位，但在 1930 年代早期，国民党自己掌握了这些制高点，1934 年是一个转折点。在那一年的最后几个月，一波不断加强的变动席卷了司法系统，其中包括：居正对司法党化做了著名的肯定性表态；CC 系的洪兰友取代董康成为司法官训练所的所长；司法行政部从行政院重归司法院；忠实的国民党党员王用宾取代罗文干成为司法行政部部长。罗是司法党化的批评者，也是司法系统独立于政治的坚定捍卫者。据报道，当时立法院前院长张继断言，司法行政部变动的真正目标是迫使罗文干辞职。② 引人注目的是，到 1937 年，将近 70% 的司法院职员是国民党党员，最高法院中也有43% 的法官是国民党党员（包括该院院长和庭长，15 个庭长中只有 1 个不是国民党党员）。而且，在司法院，这些人还不是普通的国民党党员，居正在这个机构中塞满了湖北同乡。即使在蒋介石竭力用北方人来淡化这一集团的地域色彩后，1943 年，在司法院全部人员中，湖北人仍然过半。这意味着，即使在国民党内部，司法系统也是一个充满激烈派系斗争的地方，政治分赃似乎在人员任用中占有突出的地位。

较低层级的司法机构花费了更长的时间来经历这一转变，对国民党控制的抵制也更为成功。早在 1929 年，国民党政府就执意打破北洋时期的先例，竟将政治和意识形态内容引进法学院课程和常规的司法官考试，随着时间的推移，又在司法院司法官训练班中增加了这些内容。就在罗文干被清除出去不久，1935 年南京国民政府推出了一个特别的招聘考试，也即"中央及各省市党部工作人员从事司法工作考试"，从党务工作者中遴选司法人才。接着，1939 年和 1941 年的司法官训练班完全由筛选出来的党员占据，基于某个报告，这些人实际上是秘密警察和特务，来自戴笠的军事统计局。在 1940 年代中期，国民政府的中央干部学校国立政治大学

---

① 关于司法党化的细节探讨，可以参见韩秀桃《司法独立与近代中国》，清华大学出版社，2003；侯欣一《党治下的司法》，《华东政法大学学报》2009 年第 3 期，第 3~31 页。
② 《邵元冲日记》，王仰清、许映湖标注，上海人民出版社，1990，第 1166 页。

接管了这个司法训练班。这些变动的理由是显而易见的。居正于1946年发表的一个演讲，标题即为《为什么要重建中国法系？》。居正说："总之，我们前提要重建中国法系，今后一切法制、法规、法令、法例，凡可以形成法律者，无论在创法方面，或执行方面，或读法方面，或解释法方面，不仅以贯彻三民主义为要旨，且必须以三民主义为最高指导原则。"①

在民国末期，法院被要求在国民党意识形态和政策的框架内运作，处理审判也要忠实地以党义为先。即使在一些普通的问题上，法院也在其政治长官的压力下工作，在具体的案件中，他们缺乏资源以正规手段有效地对抗外部势力对其事务的干涉。这就为人事上的裙带关系和任人唯亲、司法腐败以及各种外部势力干涉司法打开了方便之门。这些弊病的实际程度还需要进一步研究，但是它们的确很普遍，以至于对其进行谴责的不仅是共产党的宣传，也有国民党内部人士。他们指责司法系统弊病丛生使社会虚弱，并认为法院也有治理方面的缺陷，正如其他政府部门具有的缺陷一样。

而且，国民政府利用法院以政治指控的方式去打击批评者，其中最著名的就是1937年对"七君子"的审判，此外还有其他无数涉案的不太知名的劳工积极分子、学生与记者。它还开掘了一条与普通法院平行的渠道，用于特别刑事法庭，并配备那些政治依附性很强的法官，致力于起诉"特殊犯罪"（包括但不限于反革命）。在这些不受欢迎的法庭上，有不少被告人是共产党员或有亲共嫌疑者，他们不享有辩护或上诉的权利，而且，那些被判死刑的人很快就会被处决。随着国民党政权的处境以及治安总体状况日益恶化，它越来越依靠那些特别法庭，这加剧了很多法律界人士及广大群众的离心离德。一些著名法学家谴责这些法庭，其中一位质问道："难道这才叫做法治？"②

毫不意外，这些评论展示了越来越激烈的对司法系统的不满和要求改革的呼声，可以将其作为一份对国民党政权不满的样本来读。很多法学家

---

① 《为什么要重建中国法系？》，范忠信、尤陈俊、龚先砦选编《为什么要重建中国法系：居正法政文选》，中国政法大学出版社，2009，第88页。

② 费青：《我们为什么要反对特种刑事法庭？》，《北大半月刊》1948年第6期，第12页。

被爱国主义、责任感和不断增强的绝望所撕裂，其中不乏中华民国所培养的受教育程度最高、能力最强的专业人士。他们曾以不同的方式致力于其职业以建立法制，也曾多年为国民政府尽力以度时艰，但至 1940 年代末期，他们对二者的命运已经感到沮丧，其反应则各有不同，或退缩，或呼吁，或忍受，或劝谏。

1947 年，李浩培曾有一个犀利的评论，生动地捕捉到了这种情绪。他是国立浙江大学法学院院长，也是一个直言不讳的批评者。李从各个角度观察到，中国已经拥有了组成一个现代法律体系需要的诸多要素，但是这些东西加在一起并未能达到最终的目标——法治。

> 自然，在我国，有颇多的法律存在，但这绝不能显示我国已实行法治。在我们的这个政治社会中，法律是法律，事实是事实，两者常相违反……在人民方面，他们在法律上原均享有权利与自由，但实际上几无权利与自由可言。而在官吏方面，他们以法律原是负责任的，受法律的制裁的，但实际上"老虎"几均得免于制裁，"苍蝇"有时不免于受裁制，但其受制裁亦未必完全依照合法的程序。

在一个官员缺少法律训练、惯于发号施令而无视法律程序与法律权威的环境下，李浩培问道："何能期望他们有依法行政的实习？不但如此，徇私舞弊，官官相护，早已确立为官场'习惯法'的大原则，更何能期望有真正的法治？"关于司法独立，它自晚清以来就是民国司法现代化的原则，李浩培坚持认为，"一个真正的法治国必有独立的司法"，但"我们与真正的法治，距离尚颇遥远"。这篇文章建议实行广泛的改革，但也承认"现代我国的司法官及监察官，处于行政官的历年积威之下，几均已采取明哲保身的政策……然则，在我国，法治的不能实行，亦可谓'事有必至，理有固然'"。①

李文发表前一个月，重庆地方法院前院长倪征燠对法院系统的弊病做

---

① 李浩培：《法治实行问题》，《观察》第 2 卷第 12 期，1947 年，第 3～5 页。

了更冷静、更技术化的分析，他也得出了相似的结论："吾国法治观念先天衰弱。"① 倪列出了三个方面的具体问题和变革措施：人事、财政和结构。如他指出，中国没有培养或保持足够数量的合格司法人员来满足其需求。恶劣的工作条件和没有竞争力的薪酬意味着私人执业律师是一条更容易走、报酬更高的道路。② 经费不足不仅意味着工资低、人手不够，而且意味着大多数法院只能占用原来的衙门或寺庙，凑合着用那些可以得到的东西；即便是大城市里的法院，其设施也远不如同级别的行政机构。这些条件给法院的威望造成了负面影响，也反映了它们在政府中的低下地位。倪建议恢复战时已大致实验过的一系列改革，其中有些是他帮着推行的，包括建立巡回法庭，简化程序，使判决书的格式、行文风格和篇幅变得简洁，以及将法院的管理交给专业行政人员，以便高级司法人员能够更专注于判案。③

　　这些建议是民国后期法律界激烈争论以及官僚扯皮的话题，但是没有一个在共产党掌权之前有明显进展。共产党以革命之风推进司法重建，在很多方面比国民党曾试图推进的要更进一步。实际上，共产党非常注意国民党在诸多司法问题上的讨论，包括弥漫于法院的文化与经济的不平等，其过度的形式主义、精英主义、疏离社会、官僚主义以及在乡村的有限延伸。共产党注意到这些讨论及其产生的一些建议，然后以对话的形式回应它们，将其变成为一个更进步、民主的替代选择。这其中的关系值得仔细研究。

　　回顾过往，民国法院系统留下一个混合的遗产：有鼓舞人心的成就，但被来自内部、外部的严重干扰和挫折所削弱。看看这个引人注目的、直到今天仍适用的评价，它摘录于 1947 年司法院院长居正一篇题为《无法状态》的文章：

---

① 《司法问题研究》，施觉怀、倪乃先、高积顺编《倪征燠法学文集》，法律出版社，2006，第 123 页。
② 参见张仁善《论法官的生活待遇与品行操守：以南京国民政府时期为例》，《南京大学法律评论》2002 年第 1 期，第 133 ~ 147 页。
③ 《司法问题研究》，施觉怀、倪乃先、高积顺编《倪征燠法学文集》，第 125 页。

今天我们讲民主宪政，首先要培养法治精神。（一）今后立法机关必须真正代表民意，一切法律都要反映人民的需要。（二）言论自由应该大大发挥，对于违法犯法毁法玩法的官吏，予以有力的舆论制裁。（三）今日社会专政封建的余毒未除，官权高于一切，长官的手令和名片的效力大过法律……此种官僚恶风不戢，法治无由谈起。（四）司法制度脆弱可怜，司法人员待遇菲薄，人选不精，在在有待改进。"①

此评价可能会让蔡定剑等人失望，但这可以说才是"新中国法制建设的起点"，而且，从1949年的情况来看，新中国司法的设计者抓住这一机会绘制出一条不同的路线，是毫不足奇的。② 法院的腐化与政治化，尤其是在国民政府统治的最后几年中的恶化，丑化了它们在中共眼中的形象，并为其抽象的、意识形态化的敌意提供了一把锋利的、有凭有据的锋刃。共产党的领导人合乎情理地将民国司法的发展模式视为一种腐败、成本高昂、效率低下、不适合中国需求的典范，并且通过直指某些本文曾描述过的重要缺陷，将其对民国司法的敌意正当化了。所有迹象表明，他们并没有错；而且，有种对新中国法制改革的史学叙述迄今仍几乎完全基于意识形态的原因去考虑他们的动机和政策选择，而民国末期的这些观察以过硬的资料，为此叙述引入了一个至关重要的、缺失的维度。

随之而来的需要考察的关键问题是，那种新路线是如何形成的，因为在1949年它还尚未决定，仍是一个激烈争论的话题。摧毁有缺陷的民国法律体系，比代之以一个更好的体系要容易得多。由于破坏的速度超过了更新，许多民国后期的法学家所谴责的司法体系的衰朽轨迹，已经变成类似自由落体的急剧败落。即便如此，遭到废除也不是民国司法现代化的最

---

① 《无法状态》，范忠信、尤陈俊、龚先砦选编《为什么要重建中国法系：居正法政文选》，第96页。

② 蔡定剑：《对新中国摧毁旧法制的历史反思：建国以来法学界重大事件研究》，《法学》1997年第10期，第6页；Frank Dikötter, *The Age of Openness* (Berkeley, CA：University of California Press, 2008), pp. 29 - 30.

民国时期的法律、社会与军事

终命运，毋宁说是其扮演新角色的开始。1949 的革命使新中国的法学家与其民国的过去决裂，但他们无法完全摆脱它的影响。他们被迫对其反复权衡，围绕可供吸取的教训和可能从中提取的有用材料进行激烈的争论；对新中国的法律、法院和法官最终成为什么样，他们始终在忧虑和希望中摇摆。

图 2　最高法院，司法部街 72 号，1952 年

资料来源：《北京旧城》，北京市规划设计研究院，1996，第 92 页。

我们有充分的理由去探讨这段被忽略的历史。就在中共掌握民国司法系统并将其推入革命熔炉前一年半，付梓不久的《国立政治大学法官训练班第三期毕业同学录》还在扉页印上了字迹清秀的题词："以法治国——（签名）蒋中正"。[1] 蒋介石的呼吁遭到了普遍的冷嘲热讽，可以肯定的是，它就像临终前的呻吟一样，在此后数十年都传达出一种如同垂死的情绪。然而在 1979 年，就在"文化大革命"结束后、"四人帮"等候审判之时，"以法治国"再次成为流行语；而且，与司法独立等相关原则一起，它曲折上升为宪法确认的原则，并成为法律改革议程中的最高目标，直到现在都是争论的话题。后毛泽东时代中华人民共和国的法制重

---

[1]　《国立政治大学法官训练班第三期毕业同学录》，国立政治大学，1948，第 12 页。

建，一定程度上伴随着这句民国司法现代化的口头禅而展开，这一点如此明显，却似乎未被察觉。这两个相同的口号，恰好与毛泽东时代的开端与结束重合，中间隔着三十年的动荡岁月，而两者间的联系，仍需要我们去进一步探索。

〔作者谭安，美国密歇根大学，李佩如－罗睿驰中国研究中心博士后〕

（胡永恒　译）

社　会

九江事件：商团事变前后珠三角地区的军队与地方社会

何文平

内容提要 1923 年驻粤滇军以剿匪名义进驻南海县九江镇，因利益争夺，与当地民团发生激烈冲突，虽然在孙中山及革命政府的干预下，以滇军撤离而暂告平息，孙中山也一度许诺九江实行自治自卫。由于地方势力依赖商团、乡团以及盗匪等地方武力，对抗革命政权，1925 年革命政府又不得不调派军队前往镇压，军团冲突再次升级，虽革命政权方面最终取得胜利，但地方秩序仍难恢复，国民政府以军队控制地方社会的做法也遭遇新兴地方势力农民协会的反对。因此事件恰发生在商团事变前后，其反映出的革命政权对广东地方社会实施控制所面临的困难具有一定的普遍性，为理解商团事变的时代背景以及民初革命政权建设的艰难境况提供了一个地方性的视角。

关键词 珠江三角洲 民国初期 军事化 民团 滇军 地方控制

1923~1925 年南海县九江镇发生的军队与民团之间持续冲突事件，是民初广州地区军团冲突现象的一个典型案例。军团冲突的实质是清末以来武力化背景下广东地方社会权势格局演变的产物，[1] 但就事端而言，则与民初客籍军队进入广东有很大关系。民国初年广东是一个大战场，各派政治势力展开了长时间的争夺。孙中山为首的革命党人也以广东为大本营，旋覆旋起，三次建立革命政权。受政局动荡的影响，滇、桂、湘、赣

---

① 参见何文平《武力化与民初地方社会秩序——1920 年代珠三角地区军团冲突之分析》，《社会科学研究》2011 年第 1 期，第 145~154 页。

等客籍军队相继进入，与各类民军、地方武装攘夺纷争。对其影响，丁文江曾指出："中国各省受兵祸莫过于川、粤，而客军之骄横，党派之复杂，则粤尤甚于川"。① 各类武力，尤其是客籍军队，对广东社会产生了什么样的影响，以往的论述相对笼统，研究并不充分。② 事实上，客籍军队在攘夺地方利益的同时，也进一步激化了社会矛盾，加剧了革命政府与地方社会的裂痕。因此事件恰发生在商团事变前后，它反映出的革命政权对广东地方社会实施控制所面临的困难具有一定的普遍性，亦为理解商团事变的时代背景以及民初革命政权建设的艰难境况提供一个地方性的视角。

一　剿抚盗匪与滇军进入九江

九江为南海县的一个大市镇，位于南海西南，与鹤山县隔河交界，明朝中后期以后，因桑蚕农业而兴盛丝织业，民国初年，商业空前繁荣，有"小广州"之称。匪患是清末民初珠三角地区一个突出的社会问题，地处西江交通要冲、经济较为发达的九江亦不例外。1889 年《申报》曾报道九江关姓妾婢持洋枪抵御盗贼之事；③ 1901 年《申报》也有一则消息说："广东南海县境九江及沙头等处，素为盗匪出没之区，大宪曾拨出广胜营某弁带勇驻扎其间，购线缉捕"，盗匪气势嚣张，与官府公然对战，当什长督带勇丁前往围捕时，"匪放枪以拒，至将什长轰伤毙命"。④ 民国初年，九江匪氛仍炽。在 1923 年《广州民国日报》上，还可以看到"官山、沙头、紫洞、九江一带，向为土匪出没之区"之类的消息。⑤

兴办民团是传统的御盗自卫之策，但是民初广东民团职能衍化趋势明

① 丁文江：《广东军事纪》，中华书局，2007，第 163 页。
② 其基本情况就是，军队庇开烟赌，苛抽捐税。可参见余炎光、陈福霖主编《南粤割据——从龙济光到陈济棠》，广东人民出版社，1989。
③ 《妾婢击贼记》，《申报》1889 年 3 月 20 日，第 9 版。
④ 《轰毙什长》，《申报》1901 年 4 月 7 日，第 2 版。
⑤ 《蒋光亮调陆领回防江浦》，《广州民国日报》1923 年 11 月 21 日，第 3 版。

显，不少民团成为争夺地方权利的工具。① 民初九江民团也已经出现了此
类问题，1917 年 8 月，九江旅港绅商曾向督军署呈控九江乡团局长、团
长"庇烟庇赌""朋比为奸"，以致"盗贼横行"，② 此种控诉虽不排除有
地方权利争夺的动机，但是，在这样的背景下，民团已经很难成为地方秩
序的有力维护者。

1923 年初以杨希闵为总司令的滇军进入广东后，恃驱除陈炯明、平
定沈鸿英叛乱有功于革命政府，得以进驻广州及附近地区，九江成为滇军
的范围。是年，滇军军长范石生针对南海官山、九江一带的匪患，曾批准
当地绅董规复江浦行营，赶紧编练民团，以为自卫，"第因猝难成立，而
原防军队，又多须调往东江助战，遂至匪风尤为猖獗，屡欲乘机蠢动"。
滇军军长蒋光亮接管后，"立将陆领所部调回震慑，大举清剿"，因"布
防极形周密，股匪亦颇敛迹，不敢再出滋扰地方"。③ 陆领是南海本地人，
清末本是盗匪首领，后组织民军参加广东光复，有功于革命，民初军政府
裁撤民军，其所统率的领字营编为警卫军，滇军入粤后，陆领所部一度归
入其中。④ 滇军调陆领所部至南海一带，显然有借本地势力控制地方社会
的意图。此事也说明，客籍军队难以应对广东日益严重的匪患。

招抚盗匪，是应对危机的策略之一。滇军为控制九江，招抚九江一带
著名盗匪首领朱联（又名朱池）、吴三镜（又名吴少强）等人，并委以九
江警备司令之职。对此，滇军第六师师长胡思清解释称："（朱联）前本
著匪，因拒抗官军，早应痛剿，经地方绅商力保，大局又未平靖，勉徇众
意，暂委斯职，并就其原有部队改编，令驻九江。"⑤ 由之可见，滇军招
安朱、吴匪帮，不仅仅在于消弭匪患，也有迎合地方绅商之意，以达控制

---

① 参见何文平《武力化与民初地方社会秩序——1920 年代珠三角地区军团冲突之分析》，
　《社会科学研究》2011 年第 1 期，第 145～154 页。
② 《改组九江乡团》，《七十二行商报》1917 年 8 月 9 日。
③ 《蒋光亮调陆领回防江浦》，《广州民国日报》1923 年 11 月 21 日，第 3 版。
④ 滇军来粤后，各部多有在驻防地招募绿林民军之举。1923 年驻扎在萝行圩的滇军中路第
　一独立旅第二独立连与第一独立旅警卫团第二营因换防问题发生矛盾，"两方面皆暗招
　党羽，严阵以待"，以致"兵匪难分"。见《南海县萝行警察游击队队长何国昌呈南海
　县县长李宝祥》，南海区档案馆藏档案。
⑤ 《胡思清宣布朱池罪状》，《广州民国日报》1924 年 1 月 11 日，第 6 版。

民国时期的法律、社会与军事

地方社会之目的。朱、吴的盗匪队伍 200 余人借此穿上军装，摇身一变，成为隶属滇军第六师的军队。滇军也对朱联寄予期望，"借资震慑"。①

然而，盗匪贼性难改，被收编后的朱联却借滇军名义，召集土匪，"报复私仇，将该乡西方十一约地方焚杀掠掳，毁去屋宇二百七十余家，损失数百万"。②当地民团起而反抗，引发大规模冲突，南海县署亦因此出面致函滇军"请设法制止，以安地方"。③师长胡思清获悉后，一面命令朱联约束士兵，各守军纪，不准稍有逾越，同时也发布告示，警告乡团不得挑逗：

> 双方陈词各具理由，本师长为爱民起见，特将双方实情详悉调查，大致军团不相容，遂尔忽生猜疑，当此大局未平之际，该乡团与该司令，双方均负有保全地方之责，岂容自相鱼肉，糜烂地方。除一面严饬该司令朱池严令该部士兵，各守军纪，不准稍有逾越外，特此布告，仰该乡团人等知悉，嗣后务宜各尽厥职，两不准犯，倘衅起该军，本师长执法如山，自当从严惩办，若该乡团等不遵训诫，竟敢挑逗，则本师长惟有立遣大军，从严剿办，事关军法，慎勿视为具文，切切。④

从滇军师长的告示看，滇军方面最初的态度是认为冲突所起责在双方，希望约束双方，平息事端。但事情并非胡所预料，打着滇军旗号的盗匪队伍与民团发生冲突后，当地乡绅耆老甚为担忧，纷纷向革命政府投诉，大造舆论，局面对滇军在九江的控制明显不利。滇军师长胡思清得到消息后，态度急变，"赫然震怒"。为平息事件，保住地盘，胡派出正规军保荣光旅 2000 余人抵达九江，自己也督队前往，摆下鸿门宴，诱捕处

---

① 《胡师长办理九江军团冲突案布告》，《广州民国日报》1923 年 11 月 22 日，第 7 版。
② 《土匪朱联吴三镜伏法》，《广州民国日报》1923 年 12 月 25 日，第 7 版。九江乡向分为东西南北四方，民国时期各设乡公所，办理乡政。见《南海县第一区九江乡镇概况调查表》，南海区档案馆藏档案。
③ 《胡师长办理九江军团冲突案布告》，《广州民国日报》1923 年 11 月 22 日，第 7 版。
④ 《胡师长办理九江军团冲突案布告》，《广州民国日报》1923 年 11 月 22 日，第 7 版。

死朱联等一批盗匪首领，滇军正规军队随之进驻九江。① 盗匪首领吴三镜等却有幸逃脱，匿聚大同下墟一带，派人分别向顺德三十六乡及鹤山、高明等处匪帮求援，准备反攻。② 《广州民国日报》报道：

> 南属著匪朱联、吴三镜等前投入滇军第六师，编为九江警备司令，率兵焚掠该处西方十一约民团一案，迭纪前报。兹查此案发生后，第六师胡师长思清，即派保旅长荣光率所部二千余人开赴九江，声言查办，朱联不知内容，以为助己，极力与保旅长结纳，该乡人民以保助朱，亦大恐慌，未几胡师长复调祝旅长所部亲自带同驰抵九江，朱联闻讯，疑虑不敢见胡，胡恐其逃脱，即于十二月廿三日即旧历冬节，由保旅长设宴招朱，即席将朱联及其副司令刘安中、参谋陈伯谦、陈泽生、关镜河等扣押，并同时分头尽将朱部缴械。吴三镜、关江、关河、潘全等是日未赴席，闻讯即率部三百余人，由北方宵遁，窜匿大同下墟一带，胡师长已悬红购缉。墟上朱党，如参谋兼商团长之周家瑞，及与朱联合伙包赌收规各商店，均为恐慌，纷纷逃匿。现吴三镜等聚集大同，连日密议派人分向顺德卅六乡及鹤山、高明、三洲、太平等处匪帮运动，准备反攻营救朱联。滇军闻讯，已严密戒备矣。③

随后，滇军师长胡思清登报公开宣布处理朱联的消息及理由：

> 在朱池本宜革面洗心，用盖前愆，不料伊生长斯土，竟视桑梓如陌路，蓄意招容恶匪吴三镜、刘安中、关江、关河等在部，凶暴自恣，无法不犯，前后卒党招匪，拥入沙口、闸边、西方十一约、西山约等处，肆行焚抢，所过之地，无屋不炽，无财不掳，致令繁盛之区，瞬成焦土，身家之民，悉入饿殍，统计露宿饥寒颠连涂炭之难

---

① 《土匪朱联吴三镜伏法》，《广州民国日报》1923 年 12 月 25 日，第 7 版。
② 《滇军计擒著匪之详情》，《广州民国日报》1923 年 12 月 31 日，第 7 版。
③ 《滇军计擒著匪之详情》，《广州民国日报》1923 年 12 月 31 日，第 7 版。

民，在数万以上，烧毁荡析之民房数百余间，匪党所抢获数十万元，地方所损失尤数百余万，此诚粤中从未见之悍匪，亦蹂躏桑梓自古罕闻之惨祸也。迭经难民电呈，奉上峰严令，以及各机关、各法团之函告，均以查办见促，当即一再派员调查，借期详尽。据各回报称，均云该匪率党焚劫，罪恶滔天。清为审慎计，复于月前饬保旅带队赴查，虑未周详，乃更躬亲履勘，计清到处，居民之切齿痛恨，老幼之含哀陈说，俱属朱池等之罪状，尚未为奇，而列名盖章之禀，达数千纸，遍地饥寒之人，在数万余，人非木石，听之未有不发指眦裂，见之未有不肠断心伤。清为地方计，为人民计，为公理计，为人道计，踌躇至再，惟有将该朱池撤差拿获管押，听候审办，一面下令严缉吴匪等归案，并将其部队缴械驱遣，乃朱池等就捕之日，吴三镜等竟闻风远飏，除悬赏购缉，派队跟剿外，更于本部组织军法会审，据该朱池等所供，均直认焚劫不讳。此种枭獍恶匪，实为人类所不容，情罪既真，供证尤确，法更难恕，爰于一月六号，将该朱池、刘安中、陈伯谦三名，提出验明，就地枪决，以除民害。①

从这则胡师长的公告可以看出，滇军方面不再强调九江军团冲突双方的责任，而更似对盗匪首领朱联的声讨书，历数朱联为匪祸民的罪恶。滇军此举，一方面以表明其师出有名，另一方面借以"宣示"其遵从九江民众意愿的立场，强调剿匪的"责任"，也透露出不愿因朱联事件而"放弃"九江的态度。据报纸消息，滇军因此也曾获得民众好感，"墟上商民及各约人，均人心大快，燃炮庆祝，炮竹之声，不绝于耳，咸颂胡师长执法严明，为民除害"。②

二 商团卷入与冲突扩大

滇军与孙中山的革命政府有着密切关系，但是，滇军进驻九江后，社

① 《胡思清宣布朱池罪状》，《广州民国日报》1924年1月11日，第6版。
② 《土匪朱联吴三镜伏法》，《广州民国日报》1923年12月25日，第7版。

会矛盾随之出现新的变化。朱联盗匪余党因为滇军的捕杀行动，"以是多衔恨滇军，伺机报复"。① 而部分民团则转向与盗匪联合，北方民团分所成立时，不仅接纳了吴三镜的盗匪队伍，将盗匪改变成为民团，"并借其曩日声势，即推吴主持团务，以杜外匪侵入"。滇军对北方民团此种做法极为不满，"以吴三镜为漏网著匪，竟敢出头冒称团长，若不剿除，恐贻后患"，遂于 7 月 7 日拂晓，"动员前进，双方接触，互有伤亡"。② 表面上看，滇军与当地民团再起冲突，仍源于盗匪问题，但是，由于商团的卷入，冲突局面进一步复杂化。

前文已经提到，当滇军出兵捕杀朱联之际，"墟上朱党，如参谋兼商团长之周家瑞，及与朱联合伙包赌收规各商店，均为恐慌，纷纷逃匿"。③ 可见，九江盗匪与商团之间原本就存在着密切的关系。滇军与吴三镜冲突发生后，商团亦借剿匪之事，将矛头公开指向滇军。其时香港传出的消息称：

> 南海九江墟匪吴三镜，乘商团与滇军不和，集土匪千人攻滇军，由阳（七日）战至佳（九日），滇军有不支势。闻墟之东方已被匪占，惟匪意在抢掠，现该墟绅商请附近商团，先为九江清匪，再请滇军撤防。④

商团高调卷入滇军与民团的冲突，还有深层的原因。滇军因为给养问题，就地筹款，在九江征收鱼苗、丝茧杂税，军民已生龃龉。⑤ 九江商会曾上书孙中山，要求阻止滇军抽收九江出口土丝捐。⑥ 滇军"自以为有为地方除患之功，而商民反不见谅，反对其抽捐，大失所望"，而商民"则以滇军自驻扎该镇以来，每日收入各地赌饷，不下五六百金，如此尚不知

---

① 《粤省九江军团冲突详情》，《申报》1924 年 8 月 7 日，第 10 版。
② 《许烈坛调查九江风潮之呈报》，《香港华字日报》1924 年 8 月 5 日，第 3 张第 12 页。
③ 《滇军计擒著匪之详情》，《广州民国日报》1923 年 12 月 31 日，第 7 版。
④ 《国内专电·香港电》，《申报》1924 年 7 月 12 日，第 7 版。
⑤ 《许烈坛调查九江风潮之呈报》，《香港华字日报》1924 年 8 月 5 日，第 3 张第 12 页。
⑥ 《九江商会请免抽丝捐》，《广州民国日报》1924 年 7 月 1 日，第 6 版。

足，得寸进尺，将来无厌之求，不知底止，如是对于滇军抽捐一举，誓死力争，如滇军强硬征抽，则商民方面，以武力正当防卫"。滇军因为捐税问题与商民产生的矛盾迅速激化。

但滇军与商团之间的矛盾，开始并未激化为正面的武力冲突。有消息称："九江墟滇军借口商团保护不力，下令占据该墟炮楼，商团不允，严阵以待，全墟商店艳（二十九）罢市为商团后盾，滇军允不占驻炮楼，惟商店要将历来苛捐取消，否则不开市"。① 商团虽不敢公开站在民团一边，却在暗中助战。商团严词拒绝滇军借驻炮楼的要求后，商团又打着保护地方商场的旗号，从外地征调南（海）鹤（山）十四埠商团开赴九江。商团卷入，事件有进一步升级的危险，但滇军与商团方面皆不敢公然宣战。炮楼事件很快得以解决，粤省商团总部陈廉伯等覆函保荣光旅长，对滇军"自行将派队助守炮楼之议取销，并将商团枪枝发还完妥，丝税亦经撤销"，并"陆续撤防"之举，表示满意，并称"仰见贵旅长俯顺舆情，毋任钦佩，当经转知各属商团一体知照矣，特覆并颂军祺"。②

由于九江商团武力有限，"不过四百余人，知非滇军之敌，于是转而招集北方民团加入，以壮声援"。③ 民团卷入后，给予了滇军加强武力控制的借口。滇军以"剿匪"为旗号，主要攻击与之有旧怨的吴三镜之民团，军队与民团之间矛盾难以缓和。

滇军第三军总指挥胡思舜致电广州大元帅、军政部部长、滇军总司令及军长、广州商团团长、九江滇军旅长及商会商团团长等，以"剿匪"为词，态度十分强硬，称：

> 近日九江匪首吴三镜等利用商团抵抗防军，相持多日，迄未解决。窃查保旅长荣光在九江防地以内，一切处置，间有不合舆情之处，地方人士，尽可诉诸本军高级长官，则军法具在，决无偏徇，乃昧于大义，借土匪以抗军队，假使地方糜烂，谁尸其咎，拟恳帅座迅

---

① 《国内专电·香港电》，《申报》1924 年 7 月 12 日，第 7 版。
② 《九江军团风潮已解决》，《广州民国日报》1924 年 7 月 8 日，第 3 版。
③ 《粤省九江军团冲突详情》，《申报》1924 年 8 月 7 日，第 10 版。

赐令饬商团立时撤退，恢复秩序，并请派员查办，如敢再违钧令，恃强顽抗，即请下令剿办，此事关系军队威严，及地方治安，不容漠视。①

随即，粤省商团总部陈廉伯等覆电胡思舜，声称调集附近商团是为了协同当地防军剿办盗匪，也力图撇清与土匪吴三镜的关系，不过，电文中商团厚积兵力的目的昭然若揭。电称：

> 敝部南鹤十四埠商团，开赴九江，系据该处商会商团请求，以保卫商场为目的，与吴三镜并无关系，既承保旅长俯顺舆情，概照该处商团请求，完满解决，敝部同人，至深欣幸，正拟令饬该商团撤防，讵昨接该十四埠商团联防分部电称，吴三镜部队与滇军冲突。旋复据南海九江旅省公会理事长李卓峰、关楚璞，九江同安保卫局团长胡尔超等电告，土匪与滇军冲突，地方糜烂堪虞，吁请令饬该南鹤十四埠商团，暂勿撤退，就近相机协剿，以卫商场等情，当经敝部于十日令饬暂驻九江各商团，协同当地防军，相机协剿，并即通电大元帅军政部转饬该处防军剿办，以清匪类而靖地方各在案。是敝部宗旨，无非保卫商场，维持秩序，保旅长既俯顺舆情，慨允让步，是军团两方，已臻和协，全无问题。吴三镜乘机窃发，自是匪党阴谋，敝部为实行自卫保护商场起见，经令该商团协同防军进剿，尤征军团一致。来电谓土匪利用商团，殊非事实，文电具在，可咨覆按，流言挑拨，至为痛心，望勿轻信，致误大局。②

另一方面，虽然商团与滇军尚不敢公然宣战，而商团邀请北方民团加入与滇军的对抗，却给了盗匪吴三镜报仇良机，进一步激化矛盾。7月27日，吴三镜率带民团与滇军交火。在交战中，乱兵趁机抢劫，激起了更大

---

① 《胡思舜请处置九江风潮》，《广州民国日报》1924年7月12日，第6版。
② 《关于九江风潮之商团电》，《广州民国日报》1924年7月12日，第6版。

民愤，数日内，民团与滇军的冲突迅速升级，滇军调集军队逾千，双方展开了大规模的激烈战斗，九江损失巨大。《申报》报道：

至昨二十七日，双方遂以兵戎相见，而一般无辜之九江商民，遂惨受兵燹之祸矣。先是滇军以民团吴三镜连日从事备战，大有围攻滇军之势，亦为相当之戒备，故向商团借驻炮楼，惟商团不允，滇军旋以既不能借用，又因亟谋作战，乃赶调队伍开赴帖近万街与萝白塘等处炮楼之下扎，商团睹此压迫，又加紧戒严，此二十七日上午情形。讵料数句钟后，滇军步队忽遇吴三镜之民团于先锋庙等处，遽即发生冲突，接触移时，民团败退，乱兵乘机抢掠，所有先锋庙及大成坊等处，数百家之财物悉数洗劫一空，妇女且有被乱兵奸污而自尽者十余人。吴三镜民团败后，是日下午黄昏后，又猝率同侣数百人，分路向先锋庙及大成坊等处前进，向驻防滇军袭击，滇军早有所备，立刻迎战，一时战事又开始，双方激战约二小时，民团仍不敌而退，滇军以不熟地势，不敢追击。直至二十八早，滇军始分东西两路向北方吴三镜之民团进攻，东路由独立营陈部先向奇山进攻，意欲渡过小河，包抄李麟书居楼所驻之民团，惟因地势所阻，未能得手，此时已上午八点，复改道铁滘前进，此处驻守之民团为冯杰所部，其地有九曲十三湾之险塞，滇军亦屡攻不下，从西路进攻之滇军又分二支队，一由大仙庙向洪圣约之民团围攻，该地民团单薄，旋被攻入，此地有民楼三所，被兵火烧毁两所，民居被火者数间，后得北方民团到援，滇军始引退，其由朱大桥抄出大洲之滇军，亦将攻入大洲，幸有民团赶至，始将滇军逐退，此二十八日情形也。二十八晚，民团复分路向滇军袭击，彼此接战逾时，吴三镜同侣忽又分路奔退，滇军又未追击。二十九早拂晓，滇军复分十一路，向北方民团大举包围，此时双方始大行接触。因民团方面已有该地商团加入，北方民团五六百人，商团四百余人，合约千余人，而滇军亦增至千二百余人，双方枪械均极犀利，迨至分投接战时，十一路战事均极剧烈，结果双方互有伤亡，而九江商民团以桑梓之地为战场，则无论胜负，地方上均蒙绝大损失，况且滇军之对于商民团军已积巨大恶感，故每经战争之余，必纵火焚烧劫掠，尽量发挥其破坏性，以为泄恨，故二十九日激战之后，所有该圩之下西五约各处，无一不惨遭兵燹。[①]

三　孙中山指令退兵与地方自卫

商团卷入后，矛盾变得更为复杂。1924 年 7 月正值粤省商团筹划联防之际，制定了联防章程，"外间对于商团联防一事，每多揣测之词"，谣言不断出现。[②] 虽扣械事件尚未发生，革命政府与商团的矛盾也尚未尖锐化，但是，商团张势，已成为革命政府必须要面对的问题。

此时，九江商绅亦向广东全省商团军联防总部求援。南海九江旅省公会理事长李卓峰、关楚璞，南海九江同安保卫团局长胡尔超电告商团总部，请求"暂勿撤调队伍"：

> 敝镇前因驻防滇军占住炮楼，当蒙贵部南鹤十四属商团军联防分部长潘政民督率十四属商团军驰抵敝镇助防，得告解决，阖乡感戴。惟近有匪徒麇聚敝镇，冒称民团自治，希图扰乱地方，近与滇军冲突，炮火交攻，相持未决，无论何方胜负，糜烂终在阎间，况军队驻防，虽非地方之福，而土匪肆扰，尤为吾民所难堪。且该匪等野性难驯，大率今日编入甲军，明日改归乙队，以梓里为牺牲，以人民为鱼肉，军祸匪祸，交相煎迫，言念及此，可为痛心，再四筹维，苦无善策，因念兵匪交攻，终为商场之患，而捍灾御难，商团素具热诚，用敢公电吁恳，伏乞贵总部本披发缨冠之义，为救焚拯溺之谋，即予飞电南鹤十四属商团军，暂勿退防，撤调队伍，相机进剿，务以肃清匪孽，扶植民治为目的，俾获根本解决，则阖镇幸甚。

---

① 《粤省九江军团冲突详情》，《申报》1924 年 8 月 7 日，第 10 版。
② 《商团欢宴政警两界》，《广州民国日报》1924 年 7 月 2 日，第 3 版。

7 月 12 日，广东全省商团军联防总长陈廉伯、邓介石、陈恭受等将九江商绅求援之电急转大元帅孙中山、军政部部长程潜以及省长廖仲恺，向革命政府施压，并称：

> 查匪徒希图扰乱地方，妨碍商业，敝部有维持公安维护商场之责，势不能不实行自卫，除电饬南鹤十四属商团联防分部潘部长着将所部暂缓离防，就近拔队相机进剿外，特电达布转知该处防军协剿，以安商旅，实为公便。①

商团也以协剿土匪为名，强调卷入九江事件的必要性，并坚持不撤兵。

7 月 14 日，陈廉伯、邓介石、陈恭受又致电孙中山、程潜、廖仲恺以及粤军总司令许崇智、湘军总司令谭延闿、滇军总司令杨希闵、军长蒋光亮、总指挥胡思舜、师长胡思清等，要求准许商团付诸武力：

> 吴三镜此次与驻九江滇军战事，事逾多日，人民惨苦，何可胜言，迭经敝部电请钧署钧长顾念地方，严令制止，并饬双方撤防，以免商场备遭蹂躏在案。现该军等同在墟边防守，禁止人民往来，交通断绝，致令粮食百货，无从运输，当此潦水为灾，继以兵祸，今又粮运俱绝，镇内人民，何难尽成饿殍，经似此情形，万难坐视，迫得电恳钧座，恳赐维持，再严令双方部众，克期撤防，以弭大祸，倘有不顾地方，甘为民贼，恳准由敝部令饬该分部团军，以实力解决，而安商旅。②

滇军与商团的矛盾，引发了地方的担忧。旅省九江人士假座金谷围大集会议，一致通过推举建设部工商局局长李卓峰领衔，向大元帅、省

---

① 《关于九江风潮之商团电》，《广州民国日报》1924 年 7 月 16 日，第 7 版。
② 《关于九江风潮之商团电》，《广州民国日报》1924 年 7 月 16 日，第 7 版。

长吁请撤去军队，恢复民团自卫，李卓峰亲携电文往见大元帅孙中山，
电文称：

> 迭据乡人奔报，驻九江镇滇军第三军第六师第二旅旅长保荣光所
> 部军队，现与镇内商团发生误会，冲突即在目前。查该军入驻九江以
> 来，违法苛抽，扰商病民，如庇杂赌，勒收鱼茧丝捐及水陆保护费
> 等，层出不穷，以致激动公愤，现已全镇罢业。请令饬该军，克日全
> 数撤防离境，地方治安，仍由民团商团负责，以苏民困，阖镇幸
> 甚。①

据闻，孙中山"经即批准，令饬滇军退出九江，以后无论何项军队，
均不得在九江驻扎"。② 孙中山随后要求省长廖仲恺、滇军总司令杨希闵、
军长蒋光亮"秉公查办"，一面要求省长转饬商团"务须严守自卫范围，
不得稍有越轨之举，尤不得援助土匪以抗军队，致干究办"；一面要求滇
军"严约所部，不得扰害地方，将所抽一切苛捐实行停收，屏绝谣言，
勿生疑虑，则舆情既相安洽，奸人无所借口，自不致酿成变故"；同时也
要求地方官员"开导该地绅民，驻军果有骚扰，只宜诉诸军民长官，听
候解决，不宜受人煽惑，妄思利用团军、土匪，以图一逞，致酿变故，自
取损害"。③ 九江旅省公会的呼声与行动，以及大元帅府的态度，无疑对
滇军驻防九江不利。

在取消九江丝捐问题上，海关与财政委员会也给革命政府施加压力，
因九江滇军旅长保荣光"饬抽土丝捐、茧捐"之事，税务司致函粤海关
监督，"呈请取消"，粤海关经由大本营财政部，向财政委员会"提出会
议撤销一案"，7月11日，财政委员会召开第50次特别会议，议决由财
政委员会"录案呈请帅座令饬该旅长，将抽收出口丝捐、茧捐一案取
消"。7月21日，孙中山即发布第370号训令，令行滇军军长蒋光亮"迅

① 《九江军团风潮近讯》，《广州民国日报》1924年7月7日，第6版。
② 《九江军团风潮近讯》，《广州民国日报》1924年7月7日，第6版。
③ 《孙中山全集》第10卷，中华书局，1986，第434～435页。

予转饬实行，遵令撤销，以顺舆情可也"。蒋接令后即"饬胡师长体察情形妥为处理，先将所抽鱼、茧、丝捐暨水陆保护等费，概行取消，以顺舆情，并饬保旅静候解决，不得妄启衅端"。①

由于无法约束土匪吴三镜等的行为，吴三镜借机复仇使军团冲突再次失控，造成重大社会损失。当地商民四处呼援，社会各界竞相关注。据香港方面消息，九江滇军在29日分十一路向北方民团攻击后，旅居香港的九江人即于当日致电孙中山，"请令滇军移防"，并呼吁政府快速救援。②旅居省城的九江人也在30日致电孙中山，请求立即撤出滇军，"并治不法军人罪"。③

在上海的粤侨商业联合会也召集会议，致电孙中山及滇军负责人杨希闵、蒋光亮等，呼吁约束军人，调离军队，维持九江秩序。《申报》报道，靶子路粤侨商业联合会于8月3日下午2时召集特别会议，到会50余人，由会长陈君报告九江同乡黄泽卿、关仁山诸君等来函，"略称本乡迭受滇军蹂躏，恳电粤当局设法维持等情"，公议分电孙中山、杨希闵、蒋光亮等，"饬该军严守纪律，以安闾里"。④

在多方压力与请求下，孙中山政府派出南海县长李宝祥及滇军有关人员赶赴九江调解。但在退兵问题上，互不相让，九江商民要求滇军先退，而滇军指称民团实为土匪，应解散或先退，始可调停。⑤经多方努力，滇军答应退兵，却要求九江商界提供7万元的开拔费，"由县署将该属烟酒税分四期拨交"。而九江商团认为滇军与民团的交战已使商民损失惨重，"不下数百十万元"，坚决拒绝。商团本已对滇军没有好感，在滇军提出近似于"勒索"的退兵条件后，更是愤慨，公开发表宣言，表示"宁为玉碎，不为瓦全"，⑥并加入民团阵容，联合对战滇军。据称，当时"各

---

① 《孙中山全集》第10卷，第435、434页。
② 《国内专电二·香港电》，《申报》1924年7月31日，第6版。
③ 《国内专电·香港电》，《申报》1924年8月1日，第7版。
④ 《粤侨商业联合会开会纪》，《申报》1924年8月4日，第14版。
⑤ 《粤省九江军团冲突详情》，《申报》1924年8月7日，第10版。
⑥ 《粤九江战事告一段落》，《申报》1924年8月16日，第10版。

处商乡团续赴九江者约计万余人"，① 军队与地方的冲突进一步扩大：

> 盖此时商团愤滇军已极，曾召集顺德、佛山各处商团，预备与保
> 旅一战，大有宁为玉碎不为瓦全之慨。日昨并有九江商团发出快邮代
> 电之宣言，力诉驻防滇军之罪恶，及此回九江兵燹之损失，措词异常
> 愤激，已不啻予防军以哀的美敦书，驻防滇军因此亦严为戒备。延至
> 六日，滇军又复分数路向九江北方民团进攻，该地商团又复加入，彼
> 此剧战，至下午始略停止，六日晚滇军乘大雨之际，约九时许，搭备
> 浮桥，率兵约三百人渡河向猴王庙之民团第一防线扑攻，该处民团早
> 已有备，登即还枪抵御，于是双方激战至十一时，滇军挑选士卒冲锋
> 四次，民团以熟于地势均能保持阵线，滇军卒未得手而回，至是夜二
> 时许，滇军又分队由潭涌方面扑击民团之第二防线，商团纷纷加入迎
> 敌，滇军因用炮向圩内商团团部轰放，以断商团民团之联络，而商团
> 民团以协同防御，凭河死守，是夜滇军亦未得逞，结果死伤士卒数十
> 人。七日早，双方形势愈形严重，群众咸以六日复战之后，战祸不知
> 伊于胡底。②

军政部也饬派科长许烈坛前往九江地方调查，根据许的调查，8 月 6
日，军政部提出滇军换防意见，并请示孙中山：

> 查现驻九江滇军，既与地方不相融洽，似应调离，应由滇军杨总
> 司令另派部队前往填驻，其吴三镜匪党，既未投军收编，此次因民团
> 投诚，遂公然与防军对抗，实属胆玩，应通缉归案究办，其党徒现既
> 具报，业已自行解散，应饬该管营县，随时认真防范，毋俾再行聚
> 集，并拟请通令各军，不得招抚收编，以免再滋事端。③

---

① 《国内专电·香港电》，《申报》1924 年 8 月 11 日，第 7 版。
② 《粤九江战事告一段落》，《申报》1924 年 8 月 16 日，第 10 版。
③ 《军部解决九江风潮意见》，《广州民国日报》1924 年 8 月 8 日，第 3 版。

革命政府曾有派李福林军队进驻九江的打算，但遭到商团的反对，据《申报》说："九江吴三镜军已为滇军所逐代，而滇军焚掠又犯众怒，刻正在调停，拟同撤而易以李福林，九江商团则严阵却之，谓自守为已足。"①

九江人不仅致电孙中山要求严惩滇军，②而且各界强烈要求"自治"。如旅沪九江人8月3日假座粤侨商业联合会开会专门集合讨论此事，"议决电吁粤省当道迅予撤退驻军以苏民困，复电请广州商团联防总部部长陈廉伯派队入境维持治安"；9日又假座天津路一号召集紧急会议，列席者二百余人，"佥以本乡非军事重地，绝无驻军理由，议决分电港粤九江公会，嘱向粤省当局据理力争，务达乡人自治目的，以后不容任何军队驻防该地，并当场募集驻乡商团经费数千元，复举定代表十人，分向旅沪乡人处劝捐，俾得集成巨款，以资接济，不达乡人自治目的不止"。③

在这种形势下，革命政府不得不放弃派军驻防九江的打算，8月12日，孙中山在给廖仲恺的训令中指示：

> 查南海县属九江地方自治素称完善，其地亦非防守地点。前因该处西北两乡械斗，西乡为求外援，遂招致滇军保旅，前往驻扎。此次军团互战，焚杀死伤，军民哀号相告，实非本大元帅所忍闻。仰杨总司令希剋日将现驻九江军队悉行撤退，无庸派兵再往接防。并分行各军，嗣后无论何项军队，非奉本大元帅命令，不得擅往九江驻扎。并仰廖省长仲恺，立饬南海县转饬该乡，迅即整顿民团，以维治安。此次开衅，保旅系以剿捕匪首吴三镜为名，致令地方蹂躏，吴三镜应由该县长严缉归案究办。④

① 《南中战祸》，《申报》1924年8月10日，星期增刊，第1版。
② 《国内专电·香港电》，《申报》1924年8月11日，第7版。
③ 《广东南邑九江乡人关怀桑梓》，《申报》1924年8月11日，第14版。
④ 《孙中山全集》第10卷，第527页。

按孙中山的指令，防匪治安之责归由九江地方民团，缉匪交由南海县长，军队无须驻扎九江，滇军没有了驻扎下去的借口。1924 年 8 月，滇军内部争防，在广州近郊石围塘发生冲突，滇军借此机会撤离了九江。临去之前，滇军对九江商团进行了报复。据报道：

> 此次保旅受别方面影响，奉命退防，惟在九江与民团相持许久，一旦退让，实不甘心，故决于临去之夕（七日晚），两向该地商团放一马后炮，以泄积怨，故七日夜十一时九江方面又闻炮声隆隆，密如雨下，盖保旅于率队临去之际，命各队伍先向九江万福里之商团阵地枪击，商团军亦开枪接战，接触约一小时，滇军始陆续退回，集中正觉寺之该旅旅部，从事开拔。①

与之同时，革命政府在解决九江事件的特别会议上答应九江代表李卓峰，"准予九江自卫，嗣后永不驻兵"，滇军与九江民团的冲突得以解决。②

不过，九江方面也不得不付出代价，据称，滇军退出九江，移驻于广三路佛山一带后，仍需九江方面提供军饷。滇军第六师师长胡思清于 8 月 9 日由佛山致电孙中山，提出：

> 查九江属要冲，商务殷繁，我军派队驻防，原为保商卫民，商民两团，既可维持现状，际兹逆寇鸱张，扫荡不容刻缓，我军素有主义，何忍偷安，除将各将各部队调回稍事整顿，待命出发，共扫逆氛外，所有九江烟酒两税，为国家正当收入，关系本军饷糈，已径函商团及南海县李县长转饬代收，陆续解送，以济军食，诚恐远道传闻失实，特电奉达，希维亮照。③

---

① 《粤九江战事告一段落》，《申报》1924 年 8 月 16 日，第 10 版。
② 《九江滇军败退之狼狈》，《香港华字日报》1924 年 8 月 11 日，第 1 张第 3 页。
③ 《胡思清电告退出九江》，《广州民国日报》1924 年 8 月 12 日，第 3 版。

四　团匪"助逆"与福军进剿

滇军撤离后，革命政府并未在九江恢复强有力的控制。尽管商团势力因广州商团事件受到打压，而民团在当地的影响仍不小。吴三镜并没有得到追究与惩处，"镇中绅富，以其肆虐，请委以九江团长之职，冀其改善，许以自新"，[①] 吴三镜不仅仍占据民团长职务，且势力愈来愈大。不仅如此，吴三镜还招集附近土匪，收容反政府的"逆军"，厚集力量，私制枪弹，卷入了国民革命政府与陈炯明派之间的政治斗争，李福林在给国民政府的报告中称：

> 南海属九江镇民团长吴三镜（即吴少强）原属土匪，掳劫罪恶，镇人皆知，被举民团长后，野心大炽，招集附近悍匪雷公全、何柏、张歪嘴裕等数百人，编为团丁，大开烟赌，如花会、白鸽票、牛牌、杂赌，遍地皆是，每日得规二千余元，近又收容何克夫部团长万求党羽二百余人，第三师部周汉铃党羽三百余人，厚集势力，伺机发动，平时制造枪械，计查有私制枪弹厂四座。此次招纳被政府缴械之逆军，掘战壕，筑炮楼，领受香港陈炯明大宗款项，施行军事动作，响应东江，并架炮高岗上，纠截西江南路来往河道，凡此种种举动，显系与陈炯明合作，反对革命政府。自职部奉钧会命令派队查办，胆敢率众开枪，轰击我军，逆迹昭著，更无疑义，现更联合附逆奸商恶绅，制造军队作恶谣言，淆乱是非，希图保全吴匪势力，实属异常狡狯。[②]

革命政府认为九江民团明显"助逆"，调派李福林第五军前往剿办，再次引发军团冲突。经过数日激战，民团败走。

---

① 《李群报告九江剿匪战况》，《广州民国日报》1925 年 10 月 24 日，第 6 版。
② 《九江土匪肃清后之种种消息》，《广州民国日报》1925 年 10 月 26 日，第 6 版。

据第五军旅长李群报告：

（一）逆匪吴三镜、万球（即万求）、周汉铃等，自被我军击破后，率领残部三百余人窜至河清附近之新寨柏山，即将各人枪械收缴，每人给回费用二元，即将枪械收存，仅带卫队三十余人渡河，向高明方面逃走；（二）二十三日招集九江各商董会议，由商会通告各商店准二十四日照常开市，秩序回复；（三）此次战役，我军阵亡营长一员，排长五员，士兵六十余名，受伤官兵共百余名。①

战火再起，盗匪趁机洗劫，九江镇再遭浩劫。报纸报道：

项据九江逃来省者称，二十二号上午九时，福军大队数千人，攻入九江，民团及土匪退往大同、沙头一带，九江墟计有当铺三十间，其余商店二千余间，当匪退时，各店被搜抢一空，商家失踪数千人，有一当铺被拉去七十余名，其他种种惨状，不忍卒述，刻下难民十余万，流离失所，无衣无食。闻系九江关三和，乘时带领尤海、梅汝（即孖龙汝）、张裕（即歪嘴裕）等股匪，闯入九江，所以弄成如许惨剧云。

又一函云，廿二日上午九时许，吴三镜卒至不敌，退往沙头、大同一带，九江墟已为第五军攻入，惟当未攻进时，双方发生剧烈之战斗，枪林弹雨之中，九江居民，殊有失所流离之惨，加以土匪梅汝、歪嘴裕、尤海、雷公全等，又复乘机肆扰，将九江全墟洗劫，闻只当押店已劫去廿余家，最甚者为大成押，掳去七十余人，乡民平时多将贵重物品，寄押店中，以防匪患，今竟受此惨劫，损失不可以数计。至焚烧屋宇，亦属不少，诚九江空前之浩劫云。②

---

① 《九江土匪肃清后之种种消息》，《广州民国日报》1925 年 10 月 26 日，第 6 版。
② 《九江空前之惨劫》，《广州民国日报》1925 年 10 月 24 日，第 6 版。

也有事后调查指出：

> 此次被焚最惨者，为北方之大伸翘南社、李涌社、梅圳社、沙咀社等处，九江墟则万寿街、东福街、三元桥，几尽被焚，其余太平街、钱行街，亦焚去一部分，各当押店如系岸楼者，俱皆被劫，所幸获全者，只有水楼之当店而已（其货楼建于池塘之中央者，谓之水楼，否则名为岸楼），然其铺面亦多被毁，现在各难民不下十万，均逃往大同、沙头、西樵一带躲避，流离失所，状甚惨楚，约计此次九江全镇损失，总在千数百万元，实为空前之巨劫云。①

冲突造成大量难民逃往省城。逃省避难各难民，特联合数百人，于 24 日下午 3 时，以"为九江三十万难民请愿"及"焚杀掳掠不堪惨状"之标语旗帜为先导，随赴国民政府请愿。请愿难民沿路对人诉称，此次被难者至少十万人，除财物损失无数可计外，焚去铺屋成千，失踪与伤毙者过万，间有逃往邻乡者，亦被拉截，捆去数百人，下落不明，"九江人民全数倒悬，亟盼政府解救"。

击败民团后，国民革命军第五军军长李福林随即呈请政治委员会军事委员会，准予第五军撤离九江返回原驻防地：

> 现在逆匪既已肃清，地方亟宜善后，人心初定，伏莽堪虞，必须有军队暂驻镇压，劝导从速改组民团，方为一劳永逸之计，但职部现赴九江之部队，原驻防地，盗匪时虞窃发。九江剿匪任务已竣，自应返回原防，整理捕务，所遗九江防地，应派别军部队前往驻扎，举办善后，安辑商民，为此呈请钧会恳请准予职部现扎九江部队返回原防，另派别军部队前往接替，实为公便。

---

① 本段及以下几段，见《九江土匪肃清后之种种消息》，《广州民国日报》1925 年 10 月 26 日，第 6 版。

李福林请求从九江撤防，是否迫于舆论压力，不得而知。但福军的进剿却得到国民政府的认可。10 月 25 日，政治委员会军事委员会主席汪精卫复函李福林，对第五军的进剿予以高度赞扬：

> 此次我兄奉命剿匪九江，政府方因东征军费拮据，兼顾为难，对于贵部行军费及子弹运输交通诸要具，概未能供给如数。我兄以九江匪氛大炽，若不及早剿灭，将致地方糜烂，牵动根本，故不顾一切困难，毅然出师，以申挞伐。匪徒利用地势，顽强抵抗，致阵亡营排长及士兵多人，我兄仍督率将士奋勇猛攻，终得击散匪众，廓清盗薮。我兄保障地方，除暴安良，实堪钦感。所有临阵伤亡将士，请呈报候恤，有功将士，亦请呈报候奖。关于九江地方绥靖抚辑一切事宜，已有明令，兹更缮此函，对于我兄表示敬意，并希传令嘉奖诸将士为荷。

福军此次进剿，表面上看是出于孙陈政治斗争的需要，但是，在事实上，也是李福林派军队为争夺九江一带地方控制权而采取的行动。九江在珠三角具有重要的地位，又是工商业繁盛之区，周边地区的西樵、官山、民乐一带为李福林所部之防地，一直在李福林军队的控制之下。商团事变期间，当地商团、乡团并没有跟随陈廉伯，无支援商团叛乱者的行为，地方"非常安谧"。① 但是，李福林的控制也面临地方势力的挑战。1924 年11 月，福军数百人到官山朗心乡谭姓村落查缴私制枪支，遭到附近乡团围堵，引发大规模冲突。② 冲突发生后，善后委员会在第八次常务会议上通过议案，一致赞成"函请省长咨行福军李军长，保护良著商乡团，以免糜烂地方"。③ 但李福林态度强硬，"以官山匪党日行猖獗，为绥靖闾阎起见，不能不严加剿办，除已加派部队开赴官山实行剿办外，昨李复以官山附近乡落为匪党丛集之区，每每假扮乡团，四出骚扰，现在既向官山进

---

① 《官山商乡团无附逆行为》，《广州民国日报》1924 年 11 月 1 日，第 8 版。
② 《官山军团剧战情形续志》，《广州民国日报》1924 年 11 月 20 日，第 6 版。
③ 《市善后会函请保护西樵地方》，《广州民国日报》1924 年 11 月 20 日，第 7 版。

剿，则难保其他匪党不扮作乡团为匪党援助，蔓延各乡，故特于昨日致函桂军第二独立旅长陆兰培请派兵协剿，并就近拦截当地乡团，勿任前往援助，致难收拾"。① 福军九江剿匪，在某种意义上，即是福军强化在南海一带控制权的延续。

五　谁来防匪：农民协会的发声

剿办吴三镜后，李福林虽表示福军"自应返回原防，整理捕务"，但却建议国民政府"应派别军部队前往驻扎"，并"劝导从速改组民团"。

民团本是出于防匪需要而组建的，但当时南海一带民团与土匪关系十分复杂。1924 年 8 月南海县公署曾发布告示称：

> 查小塘地方，劳善益、李润生冒称正副团长，勾引土匪，虽保非受奸人煽动，亟应解散，以靖地方，合行布告，仰该处商民人等，务须立即解散，毋得附和，倘敢抗违，定即严拿究办，决不姑宽，切切布告。②

这则消息，虽不是讲九江之事，但可以看出，在当时南海一带，民团与土匪之间关系甚为密切，有时团匪难以划清界限。匪首吴三镜被委任为民团团长，其实并非冒称，也并非偶然。在这种情况下，民团已经难以承担防匪重任了。

谁来防匪？当时出现了另一种声音。在当地农会看来，不仅与土匪有密切关系的民团不可以防匪，就是号称"剿匪"的军队也不能防匪，福军进剿九江过程中，军队大肆焚烧抢掠，备受诟病，其在给广东省农民协会的报告中揭露了福军种种不法行为：

---

① 《请陆兰培协剿官山匪党》，《广州民国日报》1924 年 11 月 22 日，第 6 版。
② 《解散小塘冒团》，《广州民国日报》1924 年 8 月 29 日，第 3 版。

据同安局董称，军队既复东南方，自十七起至廿一日昼夜抢掠，而以委员长等所知，尤以东方之腾滘，南方之龙湾社等处被抢为更甚，廿一日晨，放火焚烧商民铺屋，自晨至日晡，远望火头多起，所焚铺屋，当以百计，至于抢掠，自必多，惨目伤心，令人不忍卒睹，此关于焚抢情形也。六社乡农民协会纪律裁判委员陈健卿，向安本分，热心会务，与人无怨，十九日下午一时许，在该处桑市广和昌坐谈，被第五军五人一名关球，混名豆皮球，一名关庆，混名毛庆，一名彭垣，余二名不知姓名，将陈健卿委员劫持至附近雷霆庙后便枪毙，此军队仇视农团，杀害农民情形也。地方战争受害固在良民，然前后比较，实无此次之惨。现在军队焚烧抢掠拿捕等行为，尚仍继续不已。查得候平、翘南等乡，被焚屋宇及财物，损失无算，数万农民畏祸逃散，即以职会，而众千余，亦皆渺无踪迹。哀我农民，何辜遭此。为此切赴钧会，吁将情转请政府，此次抗拒查办除剿匪外，对于无辜良民，一律加意保护，严令军队不得焚杀抢掠，妄事株连拿捕，以免借端骚扰，俾逃难良民，得早安集。

农民协会指出，发生在九江的军团冲突其实就是利益之争，此次事件的发生，实际上也是辛亥革命以来，当地争夺权利问题的延续。为了杜绝纷争，必须给予各乡农民协会职员选举权，发展农民协会，扩充其力量，这样既有助于革命，也有利于应对盗匪扰害。[1] 当地农会的请求，得到广东省农会的支持，省农会发表通电，提出五点善后意见，包括：

（一）此次陈炯明魏邦平煽动土匪，扰乱内地，麇聚九江小榄地方，为肘腋大患，政府下令痛剿，实为大局起见，但剿匪军队，每有不分良歹，多所屠戮劫掠焚杀不守纪律，拟请政府责成该军，不可残杀良民，致失政府维持地方之意，并请政府即派员查办，以明真相；（二）九江民团勾引匪类，图谋叛逆，罪状昭著，无可讳

---

① 《省农会对九江兵匪战争案通电》，《广州民国日报》1925 年 10 月 29 日，第 3 版。

言，查各属民团，多属反动分子，不为劣绅土豪把持，即归土匪地痞盘据，此辈不特不能防盗，且为引盗之媒，不特不能护乡，且为乡党之贼，近年以来，农民苦民团之扰，甚于天灾，拟请政府从此解散该地民团，不得再予改组；（三）九江以常有匪徒混迹之故，实因该地赌饷烟捐每日千百余元，军匪垂涎，时起冲突，致启乱源，拟请政府禁绝该地烟赌；（四）民团解散，不再改组，防卫之责，厥在农民，故对于该地方农民协会及自卫军之组织，政府宜竭力扶助之，扩充之，俾成为一种巩固的自卫团体，匪氛自靖，地方自安；（五）该处人民，自经此次事变，流离失所，为状甚惨，亟宜召集流亡，妥为抚恤。①

由之可见，农民协会的主要矛头针对的是九江民团，鉴于团匪勾结，要求解散民团，组建农民军自卫，虽有借机张势的动机，但也反映出新兴地方势力在防匪问题上对军队的不信任和排挤军队的意图。

新兴的农民协会毕竟力量有限，且经常遭受民团的进攻，其实也难以承担防匪重责。九江事件之后，九江的匪患仍不时成为报纸的新闻内容，例如，1925 年 12 月 14 日《广州民国日报》报道：

（九江）墟太平街和馨烟店，廿五早被匪打单放枪示威，是晚桑墟前某酒晏店，訇然一声，爆发炸弹，其左邻文明居牛奶铺轰裂一墙，未有伤人，同时三元桥坚记收买旧料店，发现一较大之炸弹，幸已燃而熄，故未成灾，闻前被炸之琼香及现时之饭店旧料铺等，均系龙山人所开云。②

1925 年 12 月 17 日《广州民国日报》又报道称：

---

① 《省农会对九江兵匪战争案通电》，《广州民国日报》1925 年 10 月 29 日，第 3 版。
② 《贼匪打单与放炸弹》，《广州民国日报》1925 年 12 月 14 日，第 7 版。

廿七夕八时左右，驻扎商团操场之第四军第二团独立营某排长，偕同兵士三人，欲往某处，讵甫行至州埠街第一区第二高等小学校门首，突有悍匪六人用手机关枪，向该排长及兵士三人，连击数枪，当堂有三人均受重伤倒地毙命，尚有一兵士亦受枪伤手足股等部，是役实死排长一人，兵士二人，其受枪伤之兵士，立即忍痛奔回营部报告，营长魏汝清，立即派出兵士数十名，驰往发生地点并各街口，严密把守，商团自卫军闻警，亦派出十数人，在各街口一带把守。未几，而同安局得闻警耗，亦派出大队民团，四围兜截，后卒在竹桥附近，拿获凶徒三名，押返同安局。查该凶徒甚为诡谲，先行燃放爆竹甚多，然后放枪向某排长及兵士轰击，意欲使军团等，系当燃放电光炮一样云。①

引发九江事件的导火线是匪患问题，参与冲突的各方都以"剿匪"为名，行争夺利益之实，而九江匪患始终未能得以解决。九江事件发生后，《广州民国日报》曾刊载一篇评论文章，指出：

> 驻军所以防匪也，然往往以长官驾驭不严，兵祸尤酷于匪祸，地方人士宁愿起而联团自卫，不愿有一兵一卒之降临，此九江风潮之所由起也。
>
> 在滇军保旅之驻防是地，原以除暴安良为职志，而九江商民之深闭固拒，则又以国民自决为前提，双方均持之有故，言之成理，故风潮汹涌，越旬日而不能解决。②

在论者看来，军队驻防是引发矛盾的根本原因之一。在军事化的背景下，针对地方利益的争夺，武力冲突实则不可避免。

---

① 《匪徒轰杀排长详情》，《广州民国日报》1925年12月17日，第7版。
② 《九江风潮平息感言》，《广州民国日报》1924年8月11日，第3版。

结　语

1925 年广州国民政府军事厅发布命令，称："年来各属防军，多系未奉命令，擅在原驻防地，清乡剿匪，流弊滋多，纠纷迭起，军事厅有见及此，日昨特令饬各属防军，嗣后非奉命令核准办理清乡者，各该防军不得擅办清乡，毋得违抗，以杜事端。"[1] 由是观之，民国初年珠三角地区的匪患是影响军地关系的一个重要因素。

清末以来，广东社会秩序混乱，盗匪问题严重，而传统保甲制度名存实亡，维护社会秩序主要依赖两种途径：其一是兴办团练，以求地方自卫；其二是调集军队下乡围捕，实施"清乡"。尽管官府"清乡"并非良策，效果不著，乃至民间流传"官之卫民不如民自卫"说法，但是军队一直是珠三角地区应对匪患的重要力量，清末民初各届政府在珠三角地区的"清乡"不断。[2] 甚至有的地方人士还请求政府派出军队进驻当地村镇，以防匪患，如 1899 年《申报》报道，距省城四五里的增步村，有民人三五百家，聚族而居，颇为繁盛，一次盗匪结党前来图劫，因村人防维严密，未能得逞，悻悻而退，临去时声称定于某日一决胜负，村人闻信惴惴于心，特意邀集绅董数人赴省，禀请安勇二十名前往村中驻扎，以资守护。[3] 清除匪患，在某种意义上是军队进入地方社会的重要理由。由于清末民初珠三角盗匪问题的复杂性，军队清匪在很多场合必然激化乡村社会矛盾，加之军队违法违纪，清乡扰民之事层出不穷。民国初年滇桂等客籍军队进入广东，相比于本地军队，其社会基础更为薄弱，以清匪为由，割据防地，是其获取社会资源（最主要的是捐税）重要策略。由于缺乏认同感，出于利益之争，军地关系极为紧张，冲突不断。在某种意义上，这

---

① 《防军不得擅办清乡》，《广州民国日报》1925 年 8 月 5 日，第 6 版。
② 参见何文平《清末广东的盗匪问题与政府的清乡》，《中山大学学报》2008 年第 1 期；邱捷《1912~1913 年广东的社会治安问题与军政府清乡》，《近代史研究》1992 年第 3 期。
③ 《羊城仙迹》，《申报》1899 年 5 月 30 日，第 2 版。

也是以孙中山为首的革命党人，依赖军阀军队而难以在广东建立稳固的革命政权的重要原因之一。

1924 年 8 月，广州商团发动城内商人罢市，抗议孙中山革命政府扣留商团所购买的军械，爆发所谓的商团事变。革命政府随即派兵平息商团叛乱。这一历史事件，在中国近代史上具有重要的意义，史学界围绕事变过程、相关方面的态度及其角色扮演，以及事变的反革命性质及其所反映的阶级性冲突展开了较为充分的论述。① 不过，如果回到商团事变前后的广东社会动态中，则可以发现，商团事变也是新生革命政权与广东地方社会冲突在城市的一个表现，是众多军团冲突中的一个影响较大的典型而已。

附识 研究生莫菲同学在资料收集方面提供了协助，特此致谢。

〔作者何文平，中山大学历史系教授〕

---

① 参见敖光旭《广东商团与商团事件：1911～1924 年》，中山大学博士学位论文，2002。

鸡脚神抑或保护者？四川乡村的征兵、共同体与冲突（1937～1945）

蓝凯文（Kevin Landdeck）

内容提要　征兵动员是国民政府在抗日战争时期的一个基本任务。本文利用重庆周边县区的基层征兵案例，考察战时乡村政权。内地征兵有赖于乡村基层组织，即战时重新施行的保甲制度。保甲长处于两难境地：国家需要足额兵员，而农民则通过向上级申诉，以官僚纪律制衡其行为。因此，保甲长表现出掠夺和保护的双重性。他们既是众多敲诈勒索、强拉壮丁故事的主角，同时也起到了保护乡邻的作用。四川乡村征兵案例的诸多类型，修正了我们以往视保甲长为无法无天的恶徒的认知，以新视角观察国民党政权的战时成就和国家政权建设。

关键词　征兵　四川　保甲　乡村社会　国家政权建设

尽管兵役征召制度建立稍迟，但蒋介石政府还是动员了近 1400 万人参加抗日战争。1937 年 7 月战争爆发后，一套军事基础架构——兵役司、征兵管区、训练处，被草草搭建起来，但在县以下仍需依靠平民组织。[①] 由于缺乏全国性的人口普查，政府重新建立了保甲制度，该制度设立于帝制时期，通过将地方社会分成十进制的单位，来配合税收和治安管理。抗战时期，保甲制度承担了严峻的征兵任务，包括认定合格兵源，执行抽签制度，入伍前的准军事训练，以及向战区输送兵员。[②]

---

① 1937 年年中，军政部下设兵役司。1939 年初该司扩充，并更名为署。1944 年末，作为军事改革的一部分，该署独立成为兵役部，直接由行政院管辖。

② 容鉴光：《抗战中之兵力动员》，许倬云、丘宏达、任孝琦主编《抗战胜利的代价：抗战胜利四十周年学术论文集》，台北，联经报社，1986，第 801～805 页。

国民政府的征兵制度，因其腐败和强抓壮丁而在海内外声名狼藉。凡是金钱或物品的运送或是交接环节，贪污几乎无处不在。壮丁被挟持、捆绑，被扒光衣服以防开小差，像被看押似的奔赴前线。然而，更为可恨的是繁荣的兵丁贸易市场：由于官员们急于补充兵额，兵丁成了可以买卖的商品。以上滥用权力的情形中，最糟糕的往往涉及那些掌握日常征兵工作的保甲长。

1938年的一个案例说明了国民政府利用保甲制征兵过程中遇到的困难。在靠近重庆的四川第三行政督察专员区（以下简称第三区），永川县和江津县之间产生龃龉。永川第一区区长潘瑶青向第三区写信控告江津县的保甲长从永川普安乡强抓壮丁。一个普安的酿酒人派了几个雇来的人去江津贩酒，当这些人返回时，江津县的一名保长带着一伙民兵将他们扣下盘问。江津的保长将这伙贩酒人带到附近一个庙里，逼他们从贩酒的收入中拿出一部分来，还没收了他们携带的酒罐。为了掩饰这起抢劫，保长强令他们从军，其中两个人伺机逃回了永川。普安乡当局试图与江津县政府沟通，未果，潘瑶青的介入也被江津县署无视。收到潘瑶青的控告后，第三区命江津县进行调查。该地官员表示已经调查过此事，但得到的结果，却是该案的另外一种说法。贩酒人无意中听到江津的那位保甲长抱怨征兵名额完不成之后，为领取报酬自愿参军。当保甲长称他们可能会因不是江津人而被拒绝入伍时，他们表示："实在想去杀日本人。不是只想钱的。若说县份不对，区署盘问我时，我说是江津人。"这些贩酒人并非被强迫，而是受雇冒充当地人入伍；他们是买来的兵丁。当地官员称永川的控告是"无中生有"，他们是想骗取江津的买丁钱。第三区的回复没有记录在案，暗示这个案件可能没有下文。[①]案件的真相湮没在两种相互矛盾的解释中。两个版本似乎都有道理，就像当时的上级机关一样，我们也不知道该相信谁。

这个模棱两可的案件，表明战争动员中国家不但无力要求其最低一级的地方代理人保甲长的绝对忠诚，而且无法了解他们的忠诚实际上已经大

① 重庆市档案馆档案，全宗0055，目卷3-273，第27a～29a、32a～35a、38b～39b页。

打折扣。正如此案反映的，尽管国民政府已经较以往更深地渗入地方社会，但地方社会对其而言很大程度上仍是琢磨不透的。政府不愿承认征兵弊政发源于基层政权在其所在社群的深度嵌入，而更愿将之归咎于保甲长对国家利益的淡漠和道德水平的低下。

当时舆论批评保甲长之流弊，抨击他们的资格不够、动机不纯，以及缺乏民族意识。[①] 这种普遍存在的批评，建立在认为部队征兵应该是提升民众政治积极性的重要工具的基础上，这种观念早在19世纪晚期就在改革派知识分子中间广泛传播，北伐以后，在国民党人的口号和主义宣传之中（即使还没有在政策中）也已成为共识。[②] 利用战时征兵完成政治任务的明显失败，令蒋介石和国民政府十分失望。因此，负责征兵的大小官僚都把滥用职权的责任归于基层工作人员，保甲长首先难辞其咎。[③] 在1938年年中，一个卫生检查员报告他所在兵站的情形：

> 各县送丁多系保甲雇买。一经验收则壮丁即向保甲长索取原先议定之价款，当面交钱或复争多论寡，致验收场上顿成交易之地……令验收后，即由中队带走，不准再与旁人接谈。此不过仅制止当场交钱而已。关于治本之法，因系保甲与壮丁关系，亦无法可治。[④]

且不论政敌的批评，国民党当局自己也断言，只有土豪劣绅才会充任保甲长，并且还重复一句老话："贤者不为，为者不贤。"甚至国民政府

---

① 国民参政会川康建设视察团：《国民参政会川康建设视察团报告书》，台北，文海出版社，1971，第19～56页。冉绵惠的研究引用了中共《新华日报》和国民党官员的诸多批评，也证实了对保甲普遍的口诛笔伐。参见冉绵惠《民国时期四川保甲制度与基层政治》，社会科学文献出版社，2010。

② 汪正晟：《以军令兴内政：征兵制与国府建国的策略与实际（1928～1945）》，台湾大学出版委员会，2007，第29～71页；Kevin Landdeck, *Under the Gun: Nationalist Military Service and Society in Wartime Sichuan, 1938 – 1945*, PhD dissertation, University of California, Berkeley, 2011, pp. 19 – 62.

③ 重庆市档案馆档案，全宗0055，目卷3－256，第33a～33b、56a～58a页；全宗0059，目卷2－50，第199页。随着外界对兵役司的质疑声越来越大，蒋介石表现得毫不偏私，他在1944年下令逮捕兵役署署长程泽润，并最终处决了他。

④ 重庆市档案馆档案，全宗0055，目卷3－256，第75a～75b页。

在对外国人的宣传中也采纳了这种说法。林语堂在其英文小说《枕戈待旦》（*The Vigil of a Nation*）一书中就模仿官方腔调说道，愚昧无知、思想闭塞的保甲长犯下的是"直接损害了自己村庄利益的暴行"。[1] 少数精明的内部人士意识到这种做法的弊端，但他们的意见已湮没在对保甲的怀疑声中。[2]

　　勤劳耕种的四川农民，与围坐在办公桌前的征兵官僚，被社会和政治的鸿沟所分隔，但他们都认为保甲是征兵问题的根源。许多人将战争年代各种惊恐不定归咎于保甲长。本文的标题取自四川西部的一个小曲，表达的是农民面对保甲长的那种无力感。

> 抓壮丁，抓壮丁，
>
> 乡亲泪涟涟……
>
> 镇上定我们的命，
>
> 保甲长就是鸡脚神；
>
> 穷人血汗都拿走，
>
> 阎王照亮黄泉路。[3]

---

[1] Lin Yutang, *The Vigil of a Nation* (New York, NY: The John Day Company, 1944), p. 196. 美国作家、记者和情报官员，透过征兵弊政来质疑国民政府摇摇欲坠的执政合法性。征兵变成了一个政治寓言，一个对美国政策制定者的警示，暗示中共是一个更好、更民主的选项，比如 Theodore Harold White and Annalee Jacoby, *Thunder Out of China* (New York, NY: Da Capo Press, 1975), 以及 John Service 发给国务院的电报，参见 John S. Service and Joseph W. Esherick, *Lost Chance in China: The World War II Despatches of John S. Service* (New York, NY: Random House, 1974). 后来的历史学家也采纳了这种观点，最为明显的是易劳逸（Lloyd Eastman）在《毁灭的种子》一书中对国民政府军队的描写，参见 Lloyd Eastman, *Seeds of Destruction: Nationalist China in War and Revolution, 1937–1949* (Stanford, CA: Stanford University Press, 1984), pp. 30–57.

[2] 《军政部兵役署成立二周年纪念特刊》，军政部兵役署，1941，第83～85页。

[3] Stephen Endicott, *Red Earth: Revolution in a Sichuan Village* (London: Tauris, 1988), pp. 25–26. 这是年长的村民回忆国共内战时期的民谣，但它生动地表达了民国时期的社会情绪。鸡脚神是一种恶鬼，人身鸡脚，受阎王指派抓人。（参见成都市地方志编纂委员会《成都市志·民俗方言志》，方志出版社，2006，第435页）论坛网友提到在重庆周边流传着这样一种说法，将亡人下葬后第二天人们会去坟上看鸡脚神昨晚是否来过，是否在泥土上留下脚印，但我至今没有可靠途径来查证这一民俗。

村民们以更没有诗意的方式，在对征兵人员的诉状和请愿书中，留下了他们对保甲印象不佳的证据。某村的村民以公民的名义，检举他们的保长用免征入伍作为诱饵敲诈钱财。① 另一起案件中，村民控诉整个保皆为"人民之蠹贼"，保长、副保长、民兵队长、甲长从壮丁候选人家中勒索粮食并索取不合法的丁费。当一个甲长拒绝合作时，保长强令这名甲长入伍。② 这样的敲诈勒索获利是颇丰的。③

地方官员无疑曾利用征兵谋求私利。但如果我们能看透将国家目标等同于地方利益的口号，四川征兵的种种个案将提供战时动员如何与地方社会互动的更丰富的图景。尽管战争与国民政府的国家政权建设吸引了学界的关注，但大批地方征兵案例还乏人研究。④ 对于四川乡村征兵的深入研究揭示了保甲长掠夺地方和保护地方的双重角色，实际上，一些保甲长的恶行背后，也隐藏着对当地社群的保护效用。征兵案例表明，这种掠夺与保护之间的联系之所以越来越紧密，至少部分是因为基层民众控诉和请愿对保甲长的施压。通过向上级和国家机关的吁求，村民阻止保甲长成为完全无所顾忌的掠夺者。村民们试图通过控诉保甲长违反程序、规定和法律的方式，来巧妙利用国家的官僚纪律。而且，村民们有时也会借助国民政府的口号和主义宣传，如爱国奉献和战时贡献来吸引高层的注意。在地方社会的压力下，保甲长会采取多种措施来保护乡里。

由于下面的案例大多匿名，概述这些案例的背景便显得尤为重要。这些个案只限于四川一省，是研究的初步尝试，但任何企图理解国民党保甲制度的尝试，都必须从这样的地方性研究做起，因为此类案例的庞大数字

---

① 重庆市档案馆档案，全宗 0055，目卷 3 - 356，第 50a ~ 50b 页。

② 重庆市档案馆档案，全宗 0055，目卷 3 - 356，第 113 ~ 118 页。

③ 重庆市档案馆档案，全宗 0055，目卷 3 - 274，第 104 ~ 105 页。1938 年一名督察报告他听说保甲"发壮丁财，以盛千累万者……而区长县长往往敷衍塞责，只要保甲送有壮丁，即不问壮丁之由来"。见重庆市档案馆档案，全宗 0055，目卷 3 - 256，第 51a ~ 52b 页。

④ 参见 Hans van de Ven, *War and Nationalism in China*, *1925 - 1945* (London: Routledge, 2003)；"The Sino - Japanese War in History," in *The Battle for China: Essays on the Military History of the Sino - Japanese War of 1937 - 1945*, edited by Mark Peattie, Edward Drea, and Hans van de Ven (Stanford: Stanford University Press, 2011).

使我们很难轻易得出概括性结论。[1]

　　四川不仅因物产丰富获得"天府之国"的美誉，而且按照1939年的人口统计全省有近5000万人口，可以为工厂生产、播种和收割庄稼、建设道路和机场以及前线打仗提供充足的人力资源。[2] 富饶的四川受自然屏障的拱卫，仅军事要冲可供出入，为其增加了战略吸引力。直至1930年代中期以前，环绕的峻岭天然将四川与中央政府隔开。然而独立于中央并不意味着内部团结，自从1910年代末开始，四川苦于当地军阀的争权夺利，他们唯一的共识就是将中央政权排除在外。1933年末共产党在绥定（四川东北部）建立了根据地，四川军阀的联军无力驱逐红军，而过度征税又导致了一场财政危机，加之红军1934年夏的突然反击，迫使当时四川的大军阀刘湘寻求中央政府的支持。[3]

　　蒋介石入川后着手通过一系列改革将四川与全国其他地区整合起来，包括重新设立地方机关。四川被分成18个行政督察专员区，每个区管辖6～12个县，其长官由蒋介石直接任命。为确保下级对中央负责，行政督察专员区为下级部门设立训练课程。这一接管地方机构的努力遭到刘湘的反对。刘湘的手下与中央政府之间针对为地方官员和地方行政人员开设的培训课程展开了一场无声的较量，双方都强调程序和政令链的重要性，这番较量直到1938年刘湘去世才告一段落。[4]

　　北伐开始不久，国民党人开始在局部试点保甲制，而在1930年代初期大规模采用保甲制度则是"围剿"江西苏区军事行动的一部分，它的主要任务是建立地方武装。各户户长被要求将家族成员登记情况在门牌上

[1] 全国性的研究参见冉绵惠、李蕙宇《民国时期保甲制度研究》，四川大学出版社，2005。冉绵惠依靠省级和县级档案，对四川地方的保甲制研究又有了大量补充，参见氏著《民国时期四川保甲制度与基层政治》。

[2] 李世平：《四川人口史》，四川大学出版社，1987，第191～192、204～206页；吕登平：《四川农村经济》，商务印书馆，1936，第78页。

[3] Robert Kapp, *Szechwan and the Chinese Republic: Provincial Militarism and Central Power, 1911-1938* (New Haven, CT: Yale University Press, 1973), pp. 87-98.

[4] 参见两个亲历者的记述：黄白殊的《四川省"县训"和"保训"的概况》，《江北文史资料》1987年第2期，第43～51页；以及米庆云的《中央军入川记》，《民国以来四川动乱史料汇辑》，香港，大东图书公司，1977，第156～157页。

写明，并保证门牌及时更新，还要负责监视邻里是否有不轨行为或是有陌生人活动。蒋认为该制度行之有效，命令将保甲制向更大范围推广，所以到了 1935 年夏天，四川的行政督察专员区衔命组织自下而上的层级系统，以十进制为单位：10 户为一甲，10 甲（100 户）为一保，10 保（10000户）为一联保，在后来又称一乡，乡之上是区。① 当 1935 年刚开始实行保甲之时，县以下每一级基层组织都受命在本级长官中推选一位担任上一级组织的负责人，但到 1938 年则变为由上一级别的负责人委任下一级别的长官。这一制度改变可能因为当下级看到其领导由同僚选擢而出时，常对其命令不屑一顾。保长的基本条件是年满 20 岁的当地居民；无不良嗜好；从未作奸犯科或行同土豪劣绅；未因重罪而被剥夺公民权利，也从未充当过共产党"进犯"四川的"帮凶"。简言之，他必须是道德高尚、声誉卓著的优秀公民。有趣的是，如同强制兵役一样，被任命为保甲长的人，不可拒绝任命。1938 年，保甲长的基本条件进一步细化：必须年满25 岁，品格高尚，出身清白，有良好的教育和职业背景。1940 年新县制实行后，保甲被视为乡自治的工具：乡长和保甲长均由各级代表机构选举产生，但其在加强自治方面的效果值得怀疑。②

截至 1936 年 12 月，四川省的 152 个县中，共有 128 个县建立了保甲组织，而持续的发展不均衡还导致了几次保甲重组。③ 1942 年，四川省共有 62904 个保及 673274 个甲，占全国保甲总数的 16%。④ 保甲不仅要担负登记符合参军资格人员和抽签抓丁的职责，还要负责基础设施建设、赈

① 区下设联保是一个制度创新，但这一制度持续时间很短，到 1940 年新县制实行之时，区被废除，联保被整合扩充成乡镇一级的基层组织。

② 这一综述来源于以下几个资料：Robert Kapp, *Szechwan and the Chinese Republic: Provincial Militarism and Central Power, 1911 – 1938*, p. 112；沈鹏：《保甲须知》，出版者及出版时间不详，第 27 ~ 31 页；米庆云：《中央军入川记》，第 151 ~ 160 页；冉绵惠：《民国时期四川保甲制度与基层政治》，第 66 ~ 92 页；Gregory Ruf, *Cadres and Kin: Making a Socialist Village in West China, 1921 – 1991* (Stanford, CA: Stanford University Press, 1998), pp. 25 – 26.

③ 相对滞后的区域均为地理环境封闭、人口稀少的偏远地区，参见冉绵惠、李蕙宇《民国时期保甲制度研究》，第 123 ~ 125 页。

④ 冉绵惠、李蕙宇：《民国时期保甲制度研究》，第 122 页。这些数字并不确定；其他估算的数据比比皆是，并且总量的统计也会受到保甲重组的影响而有增减。

灾、剿匪、税收、禁鸦片烟以及战争宣传等任务。① 保下的民兵小队在出任务时，附属警察或军队，他们的任务包括巡逻、交通、保护桥梁和通信设施、运输武器装备、建造防御工事以及组织消防等。②

保甲是四川超负荷供应士兵、粮税以及徭役的关键环节。四川战时征兵丁额为 3193807 名，这是一个难以实现的数字，但实际上它还是提供了 2578810 名兵员。如果再加上 30938 名西康兵员和一些无法统计省籍的兵员（也即 40938 名兵员），四川提供了共计 2619748 名兵员，占国民政府总计征兵数量的 18.8%。③ 这一数字已接近四川 2670 万男性人口的 1/10。④

四川和第三区在某些地方比较特殊。首先，四川乡村的社会结构是断裂的，这是军阀时期防区制的结果。沉重的税负，使土地集中到那些与军阀有裙带关系的大地主手中，而中小地主和自耕农则经济破产，这使四川很多地区呈现出大地主和贫苦佃农两极分化的局面，不过到战争中期为止，并没有证据显示大地主获得超乎寻常的利润。⑤ 这对保甲制产生怎样的影响尚不清楚，因为我们需要了解保甲长的详细社会经济地位，但可以肯定的是这已经让村民有一种不安全感，而且也给保甲长完成征兵指标造

---

① 关于战争时期保甲的功能，参见金世忠《抗战时期四川保甲长职权与性质的转变》，《台南科技大学通识教育学刊》2009 年第 8 期，第 55～67 页。
② 沈鹏：《保甲须知》，第 47～48 页。
③ 朱汇森、简笙簧、侯坤宏主编《役政史料》（上），台北，"国史馆"，1990，第 481～482 页；戴高翔：《高翔文存》，台北，川康渝文物馆，1983，第 2、31、59 页。1938 年 7 月至 1943 年秋，戴任四川省征兵管区的参谋长。还有些数据对抗战时期四川供应兵源的数量估计偏高，但这些偏高的数据包括 50 万已经在四川军阀部队效力的士兵，由于这些士兵是在战前征募的，因而未被计入此处所引的国民政府征兵机构统计的征兵总数。参见郑光路《川人大抗战》，四川人民出版社，2005，第 402～403 页。
④ 李世平、程贤敏：《近代四川人口》，成都出版社，1993，第 88～89 页。
⑤ John L. Buck and Ch'iao Ch'i-ming, *An Agricultural Survey of Szechwan Province, China*, (Chungking: Farmers Bank of China, 1943) pp. 2 - 3, 11 - 12; Richard Gunde, "Land Tax and Social Change in Sichuan, 1925 - 1935," *Modern China*, vol. 2, no. 1 (1976), pp. 43 - 45. 重庆地主占总人口的 2%，却占有 95% 的土地，占总人口 92% 的佃农耕种着 60% 的土地。綦江、江津和永川土地兼并问题尚不如此尖锐，但占有 85% 以上土地的地主也仅占总人口的 8%，甚至更少。参见吕登平《四川农村经济》，商务印书馆，1936，第 95～96、144、157、171～173、175、177～182、184～191、344 页；Robert Kapp, *Szechwan and the Chinese Republic; Provincial Militarism and Central Power, 1911 - 1938* (New Haven, CT: Yale University Press, 1973), pp. 46 - 60.

成了困难，甚至在 1937 年之前，乡村的贫困使四川东部的村民背井离乡到重庆寻找工作。这一情况到了战时更为严重，因为适合当兵的人可以到兵工厂做工以逃避兵役。① 其次，这一区域集中了国民政府的大小机关。由于这一区域强大的政治存在，所以国家汲取资源的能力，较之其他地区要大得多，这也使得有大量的案例来说明保甲的地位和困境。

下面的案例均来自第三区，这里有 10 个紧邻重庆的县：巴县、璧山、大足、合川、江北、江津、綦江、荣昌、铜梁、永川。这些县主要是农村，围绕着重庆这一城市中心，消化城市来的难民，并为城市提供物资和人力。1935 年、1936 年之交，第三区辖区共计有 16000 平方公里以及 560 万人口。② 因人口只占四川的 11%，第三区面临比其他地区更为沉重的负担。该区还要负责难以计数的军事工程，这使得区专员经常抱怨，并请求暂缓徭役。③

表 1　第三区兵役负担

年份	第三区(人)	四川(人)	第三区在四川所占比重(%)
1937～1941	190000 *	1096460	17.3 *
1942	50000 *	366625	13.6 *
1943	41403	352681	11.7
1944	47591	391112	12.2
1945	37216	283086	13.1
总计	365000 *	2489964	14.7 *

资料来源：李仕根主编《四川抗战档案研究》，西南交通大学出版社，2005，第 119～121 页。四川省有 1937～1941 年的年度统计可供参考，但第三区缺乏各县完整的统计数据。190000 是从重庆政府档案的记录中估算出来的较为合理的数字。四川省每年征兵的数据还有其他来源，本文选取的是以上资料来源。原书对第三区百分比的计算有误，已修改。

说明：＊为约数。

① Joshua Howard, *Workers at War: Labor in China's Arsenals 1937 - 1953* (Stanford, CA: Stanford University Press, 2004), pp. 89 - 93.
② 沈鹏：《四川第三行政督察专员巡视辖区各县视察报告书》，出版者不详，1936，第 15a 页（财政部分）；李世平、程贤敏基于保甲报告，估算 1937 年第三区人口数量为 561 万，见李世平、程贤敏《近代四川人口》，第 89 页。
③ 重庆市档案馆档案，全宗 0055，目卷 3 - 248，第 85 页。

尽管给民众造成很大负担，四川保甲制非正规的兵员选拔工作还是卓有成效的。在四川，标准化的征兵抽签始于1938年底，在各村公开抽签。即使有抽签的形式，舞弊却昭然若揭：只有穷人才会被抽中当兵。舞弊如此明目张胆，一些地区大多数被招入伍者纷纷逃离家乡，以致保甲长无人可征。[1] 舞弊导致民怨沸腾。小规模的抗议遍布全省，但在隆昌以及重庆周边县的大规模反抗，迫使抽签暂时中止，并修改了程序：保甲放弃公开（直接）抽签，改为秘密抽签，且不公开入选者名单，使被征召入伍者没时间逃跑。征召前夜，保甲长会悄悄包围"中签者"的家以近乎逮捕的方式将其带走。[2] 1937～1938年政府急于补充战争中的巨大损失，因此更乐于遏制个人逃避兵役，而非保甲的行为不公。

秘密抽签使征兵更易被操控，然而令人意外的是，竟没有大规模针对新程序的骚乱，可能是因为骚乱无人理睬。在某些地区抽签继续，而其他地区选拔则是非正式的。每保的征兵额由其适龄壮丁数额所决定，被征召者家中至少要留有一名适龄壮丁。[3] 比如，1939年，大足县县长要求保甲抽签以甲为单位，而非以人为单位。每甲召集户长商议，推荐征召人员，并由保或联保负责解决纠纷。綦江也使用这种方法，并表示征兵进展"顺利"。[4] 直至1941年四川都没有发生大的骚乱，这说明四川按照非正式的以地方社区为基础的程序进行征兵。秘密抽签为地方性非正式活动提供了掩护。由于每户留有一名适龄壮丁的要求难以为继，对这样的征兵方式是否能够持续的怀疑之声渐起，但保甲长还是在一段时期里维持工作的进行，而未引起骚乱。[5] 1941年中，兵役司要求回归"直接"（公开）抽签，这在成都周边的几个县引发了

---

[1] 有些材料表明，1938～1939年，只有一到两成被抽中的壮丁会等待被召入伍。见《国民参政会川康建设视察团报告书》，第55页。

[2] 万金裕：《无川不成军》，第199页。

[3] 戴高翔：《高翔文存》，第63页；周开庆：《四川与对日抗战》，第243页。

[4] 《国民参政会川康建设视察团报告书》，第55页。

[5] 及至1945年，江津还在使用向保甲分配壮丁配额的方式，尽管没有迹象表明，户长间也召开了会议。见冉绵惠《民国时期四川保甲制度与基层政治》，第150页。

骚动。① 因直接抽签而导致抗议再起，这说明保甲非正式征兵的效用远为政府所低估。②

与全省范围的数据比较，地方记录显示在某些地区，如第三区，保甲的成功超乎以往人们的认知。如清代政府一样，国民政府对保甲长的人选极为慎重。③ 一份征兵机构内部的不完整会议记录显示，大部分保甲长都是"耆绅出身"，"民众信仰颇深"。一份提议中提到保甲长"惟推动役政仍有徇私不力"，应分批接受政府训练，而且还应该任命一批受过教育尚无职业的年轻人为副保甲长。④ 目前很难找到可靠的数据来源，基层尤然，但在重庆的档案中有一份来自人和镇（地处巴县）的报告。人和镇统计了辖区内 37 名保长的资格情况，该辖区共有 3300 多户。报告称受过特别培训或是有保甲或民兵工作经验的保甲人员，并没有像当时社会所认为的那样品质卑劣。⑤ 当然，对县以下的岗位培训尚受到几个问题的限制，如资金和人才短缺，因此省内各地情况不同。然而，在某些地区培

① 1941 年 1 月底，军事委员会下令恢复公开直接的抽签方式，希望通过这样的合法程序提高征兵质量。军事委员会还命县政府、国民党支部，国民团以及乡镇民意机关监督抽签。（朱汇森、简笙簧、侯坤宏主编《役政史料》（上），第 369 ~ 387 页）这可能是受到了全国第二次兵役会议的影响，该会议为简化和规范征兵机构，在军政部下设立兵役视察室，负责调查和根除各层级的征兵弊政。（万金裕：《抗战八年四川人民在征兵服役上之贡献》，第 86 ~ 103 页；朱汇森、简笙簧、侯坤宏主编《役政史料》（上），第 474 ~483 页）这些改革使军事委员会相信，公开抽签后之前出现的弊政不会死灰复燃。
② 万金裕：《抗战八年四川人民在征兵服役上之贡献》，第 348 ~ 349 页；以及朱汇森、简笙簧、侯坤宏主编《役政史料》（上），第 474 ~ 483 页。而后征兵程序简化，由于每户都只有一名成年男性（壮丁），因此征兵只需从每甲挑出指定年龄的壮丁或向各甲均摊。到 1943 年，这种现象在一些地方已经相当普遍。见容鉴光《抗战中之兵力动员》，第 808 页。
③ 冉绵惠：《民国时期四川保甲制度与基层政治》，第 34 页。
④ 重庆市档案馆档案，全宗 0041，目卷 1 - 6，第 33a ~ 34a 页。遗憾的是，这份档案残缺不全，不仅没有注明日期，也没有标明会议召集者。人和镇第 21 保保长刘蓉肯定了保甲制行之有效的说法。1942 年，刘声称他因德高望重而被拥戴做保长，并能够"召开全体士绅、甲长、户主等保务会议"讨论防务问题。刘向镇上耆绅处集资，购买武器组织民兵。见重庆市档案馆档案，全宗 0059，目卷 2 - 34，第 4a ~ 4b 页。
⑤ 重庆市档案馆档案，全宗 0059，目卷 1 - 24，第 32 ~ 33 页。这份联保提交的档案形成时间应不晚于 1940 年，因联保组织在 1940 年已经被废除，改设为镇。（详见重庆市档案馆档案，全宗 0059，目卷 2 - 45，第 162a ~ 162b、201 ~ 204 页）然而值得一提的是，根据人和镇第 12 保的报告，在 1943 年，该保摆脱了以往负责征兵的保甲长不识字的障碍。见重庆市档案馆档案，全宗 0059，目卷 2 - 49，第 188 页。

训工作是在认真进行，而且重视实务。江津县甚至还为 1935 年底的保甲长岗位培训设计了 9 天的下乡实践。但这种情况并非普遍现象。[1] 人和镇的保甲长，年龄跨度从青年到中年，他们均受过一些教育；有近 1/4 的人接受过简单的培训，而近半数当过保甲长。通过对一些关于联保的零散材料的整理，冉绵惠对其他区域情况也得出相似的结论。[2] 这些线索尚待更多保甲这一层级的材料证实，但保甲长征兵的行为则相对更为确定。

与征兵机关和乡村居民不同，我们会避免道德评判，仅限于从第三区的案例中归纳征兵模式。本文所呈现的并不是一组动态画面（讲故事），而是一幅拼图，但它远比官员对保甲的无能和道德败坏的尖锐谴责丰富得多。首先，必须牢记的是，对国民政府而言，乡村的社会生活仍是晦暗不明的，即便在征兵案例中，也很难将我们最想了解的面相展现出来。其中一个难以理解的维度，就是在四川东部亲缘关系如何影响征兵。斯蒂芬·埃丁考特（Stephen Endicott）和格里高利·鲁夫（Gregory Ruf）在对四川西部详细的调查中，揭示了亲缘关系的重要性。[3] 自然有人怀疑川东的保甲同样会受到亲缘关系的影响，特别是涉及征兵的时候。[4] 但遗憾的是，征兵案例中很少提及亲缘关系，我们也很难还原保甲长和其他乡民或是申诉方的亲缘关系。究竟是亲缘关系对于征兵流弊影响不甚重要，还是保甲长和当地乡民在向高层的请愿和报告中隐藏了这方面内容，尚不得而知，所以我将视角集中在另一个方向。关于川东乡村生活的社会视野研究尚不

---

[1] 1936 年的逐县调查，见沈鹏《四川第三区行政督察专员巡视辖区各县视察报告书》，第 8b～20b 页。重庆的保甲训练课程注重实务，学习蒋介石的讲话只占很小一部分。见冉绵惠《民国时期四川保甲制度与基层政治》，第 45～50、142～143 页。

[2] 城市或城郊地区的保甲长文化水平最高，但即便最落后的地区选任保甲长时，也会看重受训或实务经历。见冉绵惠《民国时期四川保甲制度与基层政治》，第 91～93、107～108、254～255 页。

[3] 参见 Stephen Endicott, *Red Earth: Revolution in a Sichuan Village*; Gregory Ruf, *Cadres and Kin: Making a Socialist Village in West China, 1921–1991*.

[4] 然而，亲缘关系构建了征兵弊政这一说法，尚不能肯定。1980 年代 Endicott 的一位受访人回忆 1949 年前"自家人剥削自家人。他有钱，我们没钱，所以他不拿我们当亲人看"。（Endicott, *Red Earth: Revolution in a Sichuan Village*, p. 16）从另一个角度看，这份记忆可能受到对富人的阶级斗争和政治运动的左右。

丰富。而川西的人类学研究已经发现当地的社会视野一般不会集中在自然村，而是以市镇（market-town）为中心。[1] 1938 年和 1941 年与征兵有关的暴动也表明他们的关注点在联保（1938 年）和乡这一级别。一名当时的记者认为乡民之所以集矢于联保主任，是因为他们是外地人，受上级委任；保甲长则是当地人，因此避免做出严苛的征兵（及税收）决定，而将这一压力转移给联保一级。任何联保做出的决定都会如火上浇油，引起更大的民愤。[2] 川东的局势不甚明朗。这里不仅没有与征兵有关的大规模骚乱，而且我们也缺乏对这一地区的深度人类学研究。[3] 我们尚不清楚第三区乡民眼中的社会、经济、政治世界是怎样的。第三区与川西的地理状况截然不同，在川西，缓缓倾斜的冲积平原上河网密布，农舍、村庄珠连。[4] 相反，重庆周边地势陡峭，山高谷深，交通不便，村庄并不分散，建筑和住户紧紧聚拢在一起。这是否意味着第三区的乡民更关注村庄（自然村），不同于川西以市镇为中心，此问题尚待解决，重庆的征兵案例卷宗中并没有提供明确的答案。这些重庆档案中的征兵案例来自不同的层级，下至村庄里的甲，上至包含数个自然村的乡，没有哪一级的案例数量明显占据多数。实际上，各层级都遵从类似的运作方式，并有着相似的类型，这表明，至少从他们与国家政权以及征兵工作的互动来看，第三区民众对于乡村共同体的理解相当灵活。因此我试着用"共同体"一词来代替"村庄"。

---

① Stephen Endicott 和 Gregory Ruf 都肯定市镇的重要性，施坚雅（William Skinner）的中心地理论也是基于川西盆地总结得出的。

② 朱汇森、简笙簧、侯坤宏主编《役政史料》（上），第 464～473 页，这是一系列 1938 年末《新新新闻》社论的影印版。

③ 璧山一个村庄出版的刊物可能会改变这一情况，为我们了解川东提供重要的渠道。参见 Isabel B. Cook and Christina K. Gilmartin, and Yu Xiji, "Prosperity's Predicament: Identity, Reform and Resistance," in *Rural Wartime China*, edited by Gail Hershatter and Emily Honig (Lanham, MD: Rowman & Littlefield, 2013). 遗憾的是，我来不及将这一论文成果补充进本文当中。

④ 关于川西地理以及市镇重要性的经典论述，参见 Isabella Bird, *The Yangtze Valley and Beyond: An Account of Journeys in China, Chiefly in the Province of Sze Chuan and among the Man - Tze of the Somo Territory* (1899, Reprint, Boston: Beacon Press, 1985), pp. 260 - 262, 266.

类型一：共同体内向掠夺

保甲长利用征兵在自己的共同体内部剥削村民是显而易见的。这一点已为人们所熟知。强征服役被称为"抓壮丁"，该词组中"抓"字本身包含一个同音字"爪"。逃跑的人被形容为已经"闻风"，比喻像机警的猎物一样躲避猎人的抓捕。当时的观察者以及后来的历史学家都集中精力讨论掠夺这一面，所以仅举数例以供说明。

保甲长肆无忌惮地利用征兵胁迫村民，勒索钱财。在永川，刘季伦被以前的邻居萧林盯上了。以前经常向刘季伦借钱的萧林，当上甲长后马上翻脸不认人，对刘说："你如没有钱，恐怕还要当几天兵。"萧林利用联保民兵强行把刘季伦拉去参军。刘季伦向第三区申诉，由于他体弱多病且需要赡养年迈的母亲，按照法律他可以免除兵役。调查人员认可刘的申诉，但也发现他并未填写相关表格，因此还在征兵范围之内；幸运的是，刘季伦最终被征兵管区放回家。[①] 抓丁的震慑力尽管并不总是奏效，但对于保甲长而言，仍颇具诱惑。

强抓壮丁通常和给钱放人联系在一起。1938年中，永川县下面一个保的民兵队长被一位军事督察发现从事上述勾当。这个人用政府的一句口号为自己辩驳："有钱出钱，有力出力"。[②] 保长等人有时会增加征兵额，以便从更多家庭榨取钱财。[③] 战时通货膨胀使非法免除兵役的价格十分高昂，特别是对于农民来说更是如此，因为农民有粮可吃但钱很少。1943年7月，文树成和他的妻子搬到十万乡（位于大足县），那里的保长王焕章，索要500元的"手续费"作为文更换户籍之用。一个月后，文树成被征入伍，但被告知如能交1000元，王焕章就能给他弄到一个为期5年的延期凭证，2000元能买一个10年的凭证，而3000元能让其永久免除兵役。由于不知道王无权做到这些，文树成倾家荡产买了一个毫无价值的

---

① 重庆市档案馆档案，全宗0055，目卷3 - 273，第60a～63a页。
② 重庆市档案馆档案，全宗0055，目卷3 - 273，第18a～22b页。
③ 重庆市档案馆档案，全宗0055，目卷3 - 416，第182～184页。

永久免除兵役权。① 精明的保甲长会像在市场上一样低价买入替代品再高价卖出。这类替代品被称为"兵贩子"（他们通常会在去往前线的路上逃跑），但也有可能是受骗的当地人。②

这种舞弊的案例让人作呕，它会让我们忽视这些案件数量之多而揭示的发起申诉者的情况。我们很容易就忽略掉第三区的民众在受害时会如何利用他们的地方资源，比如，文树成的妻子是如何向军事法庭、军事委员会调查机构、四川省政府、第三区和大足县政府申诉的。

模式二：向地方政府上诉

1938 年底成都周边发生了反抗征兵的激烈骚乱，而第三区的民众还是更青睐温和的抗议。③ 然而，顺从并不意味着没有反抗。迁徙和逃跑是常见的反对征兵的手段；他们试图脱离国家的罗网，正如詹姆斯·司各特（James Scott）关于"弱者的武器"的分析，他们以鬼鬼祟祟、偷偷摸摸的方式以弱抗强。④ 更让人意外和值得注意的是，如此多的四川农民，像文树成的妻子，会反其道而行之，主动向政府申诉。后来历史学家往往受到抗战时期舆论的影响，忽略了乡村地方的主动性。⑤ 对保甲长的诉状和请愿书是乡民们拨乱反正的关键。他们并不简单地控诉保甲腐败，乡民的悲痛和义愤实际上有赖于并强化了 1930 年代以来的地方组织架构。

通过上书控诉或请愿，乡民们希望让外部权威绕过乡镇组织介入共同

---

① 重庆市档案馆档案，全宗 0055，目卷 3 - 354，第 2 ~ 4 页。
② 查可恩：《国民党反动政府的兵役与兵役署长程泽润之死》，《广东文史资料》第 5 期，广东省政协文史资料研究委员会编印，1962，第 159；重庆市档案馆档案，全宗 0055，目卷 3 - 348，第 104 ~ 107 页。
③ 川东地区连反抗都不太暴力。见重庆市档案馆档案，全宗 0055，目卷 3 - 285，第 29a ~ 29b 页；全宗 0059，目卷 2 - 50，第 34 ~ 44 页。
④ 参见 James Scott, *Weapons of the Weak: Everyday Forms of Peasant Resistance*（New Haven, CT: Yale University Press, 1985）。
⑤ 甚至像冉绵惠这样对四川保甲有精深研究的历史学家，她的观察也停留在保甲权力过大、存在弊政的层面。她将请愿和申诉书解释为农民、保甲士绅以及国家间的权力斗争，但没有深入考察农民行为中所隐藏的想法和含义。参见冉绵惠《民国时期四川保甲制度与基层政治》，第 9 页。

体。为了达到目的，乡民们会在联名请愿书上列举冗长的指控。一份来自普莲乡（位于永川县）的16个人署名的请愿书要求撤换村长，因为他为鸦片种植和赌博提供庇护，强抓商人做壮丁，贩卖村民的粮店牟利，而且还通过释放壮丁来索贿。① 这样的联名请愿试图在提出罗列模糊诉求和投诉具体案件间保持微妙的平衡。泛泛的指控让监督者无从调查，而对具体案件的调查可能会被阻挠。

个人或单个家庭提出的诉状则充斥着具体的人物、地点和事件。然而，否认和掩饰是常有的，使外来的调查者常常找不到证据或证人。1940年一位军队后勤官员在云阳（第三区下游）家中休假时，听闻了当地区长的恶劣行径。区长向区里一位儿子中签的老人勒索钱财，他还在半夜把一个富裕保长家的孩子抓走。这位军官报告了县长，但未被受理，他又直接向军政部的何应钦将军写信，军政部下令县署彻查。7个月后，县长报告称区长已经离职。警署试图核实该军官的控诉，但他们找不到证人，因此认定指控是虚构的。② 此事最后不了了之。

有些调查因官员漠不关心而搁置。人和镇镇民代表会投诉镇署与保甲长沆瀣一气，以避免征兵任务比以往更繁重。③ 村民们知道各级官僚机构都对申诉满腹狐疑，这是从高层就有的态度。④ 而对诬告的疑虑也并非毫无根据。对征兵弊政的指控，可以在与征兵毫无关联的争执中充当武器。一个大足人控告他的村长在征兵中腐败，以损其名声。县里的调查员得出结论说这项指控是村中"争夺职权诬控"，是一派对另一派的诬告。⑤ 申

① 重庆市档案馆档案，全宗0055，目卷3－338，第119～121页。这一案件结果并没有记录。其他例子见重庆市档案馆档案，全宗0055，目卷3－416，第189～191页；全宗0055，目卷3－338，第123～125页。
② 重庆市档案馆档案，全宗0108，目卷5－1，第28～32页。
③ 重庆市档案馆档案，全宗0059，目卷2－49，第91～94页。
④ 何应钦提醒地方官员，上海的情报显示很多征兵案件实际是日本方面为破坏征兵而捏造征兵弊政的指控。见重庆市档案馆档案，全宗0059，目卷2－59，第33页。
⑤ 重庆市档案馆档案，全宗0055，目卷3－354，第57～61页。这种权力斗争可能涉及家族纠纷或是袍哥冲突。在第三区的征兵案件中很难看到袍哥的身影，就像很少看到亲缘关系一样，而袍哥在四川恰恰是相当常见的。关于袍哥问题，详见冉绵惠《民国时期四川保甲制度与基层政治》，第110～127页；王大煜《四川袍哥》，《四川文史资料集粹》第6卷，四川人民出版社，1996，第391～413页。

诉牵扯到地方纠纷，就有理由让高层对其产生疑虑。

尽管如此，申诉确实会引发调查，也确实会有人因此而被解职或入狱。诬诋保甲长作奸犯科，可以被作为进攻性的武器。在板桥（位于江津县），一名村长、一名保长和一名同伙，因乱抓不合格壮丁而被县法庭判入狱5年。这些人被判刑后，在狱中写信向第三区署申冤，称这名壮丁搬到村里时没有登记，村里推测他是故意逃避兵役，因此保甲长有权抓他服役。县署的调查员认可了村长的说法。① 1941年底，另一个辖区的保甲长申诉说诬告不仅伤人，还打击其工作积极性：如果工作让他们蒙受不公正的惩处，试问还有谁肯担此重任？②

当然，大多数诉状的目的都是寻求保护和公正。1941年7月，十万乡的一个农民控告村长王英。和很多诉状一样，他列举了多项控告罪名，希望起码其中能有一项会成立：王用村里学校的职位换取钱财；敲诈村民；赌博；偷盗军事物资；资助盗匪；经营烟馆；参与强抓壮丁；参与"异党活动"。尽管指控里有同情中共的委婉说法，县里的行动仍十分缓慢，直到次年2月才报告说，除征兵一条以外，其他所有指控都没有事实依据。强抓壮丁之事既有证人，又有证据。县署和第三区署决定免除王英的职务。③

一些村民在对保甲长的诉状中，借助了爱国主义和自我牺牲的话语。这类话语一旦被有效利用起来，会提醒国民政府的政权合法性受到了保甲不法行为的威胁——要求政权以调查和惩治不法者的方式重新确立合法性。在江北县，一位年长的寡妇上书控告联保长。她申诉道，她42岁的儿子不应参军，但联保长让其下属把他儿子抓去服役。这位寡妇想去看儿子，但村里的干部都是联保长的亲戚，所以对她的要求置之不理。她抱怨其子"与俘虏无异"。在此诉状中，国民政府，至少它的基层政权，被描述为四川乡村和寡妇所在乡村共同体的侵略者。这位不识字的寡妇没办法养活自己，只能找人帮忙阅读县征兵宣传队张贴的兵役法和相关规定。在证实了他儿子不符合参军条件以及抽签程序违规之后，她请了位状师帮她

---

① 重庆市档案馆档案，全宗0055，目卷3－356，第6～19页。
② 重庆市档案馆档案，全宗0061，目卷15－4419A/B，第98a～98c、129页。
③ 重庆市档案馆档案，全宗0055，目卷3－416，第1～14页。

鸡脚神抑或保护者？四川乡村的征兵、共同体与冲突（1937～1945）

申冤：

> 该殷咸宜［联保长］身为一场表率，又系智识阶级分子，明知
> 故犯，胆敢违反兵役抽签要政。初次抽签，尚有张区员监视。如此不
> 法，其它行为已可概见。假使不予依法究办，嗟我弱小民族，不待前
> 方抗敌牺牲，惟恐于本乡未动身之前，先已不了。①

如此惨痛直白的申诉让我们感受到保甲长的巧取豪夺，但同时它也呼
唤上级政府的注意，以此积极地尝试以整肃官僚纪律为理由对付保甲长。
寡妇的申诉中对于爱国话语的使用也值得注意。她利用了抗敌牺牲这样的
国家话语，来抗议基层政权代理人的弊政。大多数请愿书和诉状仅满足于
相对狭隘的法律正义和程序公正，展现出了受征兵宣传熏陶而对征兵不公
的义愤填膺，强调征兵机关是公平公正征兵的障碍。② 然而，除去宣传言
论不谈，农民的请愿和申诉，是建立在保甲的行政级别可能并且确实给他
们带来压力的基础上。鉴于如此众多的四川村民试图利用官僚制度规范保
甲的方式提出控告和请愿，这说明我们应把行政机构和地方共同体的反应
都当作限制保甲行为的重要因素。

欧博文（Kevin O'Brien）和李连江分析的后毛泽东时代中国的"依法
抗争"与战争时期的征兵案例有类似之处。欧和李定义了一种1990年代
超越匿名的日常抵抗的乡村抗争模式。与规避官方不同，"依法抗争"积
极寻求高层介入以对抗地方不法官僚。通过走"官方渠道"，以及将其言
辞与中央原则相贴合，受害者避免与地方官僚的直接对抗，而向上级请愿

---

① 重庆市档案馆档案，全宗0055，目卷3-273，第42a～43b页。
② 这位寡妇的爱国口号让人想到Joshua Howard的重庆工人研究。城市棉纺织厂的男女职工
　 在不断提升政治积极性的过程中，都强调爱国牺牲，为抗战做贡献。参见Joshua
　 Howard, *Workers at War*: *Labor in China's Arsenals 1937 - 1953*, pp. 58, 130, 171 - 172;
　 以及他的另一篇论文 "The Politicization of Women Workers at War: Labour in Chongqing's
　 Cotton Mills during the Anti - Japanese War," *Modern Asian Studies*, vol. 47, no. 6 (2013),
　 pp. 1888 - 1940. Kevin Landdeck 研究了征兵工作中的劳工运动所展现出的丰富意涵，参
　 见前引 *Under the Gun*: *Nationalist Military Service and Society in Wartime Sichuan*, *1938 -
　 1945*, pp. 233 - 241.

以求纠正地方的问题。就像第三区的乡民一样，合法的抗议者会诉诸中央权威，让地方官僚不得不服从于外部审查：审查程序是否违规、是否触犯了中央的原则。①

模式三：共同体向外掠夺

乡民向外部权威的申诉给保甲长很大压力，他们不得不通过多种途径将注意力集中在外乡人身上。第一个目标就是工作或生活在该共同体的外乡人。战前的四川，人们在附近乡村工作和生活的现象十分普遍。这些人易受侵害，因为他们孤立无援且不受政府保护，如果他们或他们的家人向自己家乡请愿，其家乡的地方官员无权直接纠正弊政，而向强拉壮丁地区的上级请愿，则会发现他们不会主动帮助外乡人。② 抓路过村庄的行人是另一种向外掠夺的方式。在战时的四川，跨越辖区是危险的行为。最危险的莫过于需要旅行的职业，有些人，比如四川的运盐人，经常有被抓走后被迫花钱赎身的遭遇。③ 四川省政府应运输部门之请，对强抓商旅的行为给予严厉制裁，但这种突击式的行为收效甚微。④

一些胆大妄为的保甲长为了完成征兵额，会跨区突击抓丁。一个大足县的村长跑到荣昌去抓人。受害人被绑住双手双脚，发现自己因列名盗匪而被罚当兵。⑤ 抓外地人常会引起相邻地区的公开对抗。⑥ 早在1938年，政府就知道地区间的矛盾，常与征兵争执有关。⑦ 永川县就有这样一个典型的案例，尽管该事件很快被政府平息下去。九龙乡（位于永川县）的

① Kevin O'Brien and Lianjiang Li, *Rightful Resistance in Rural China* (New York, NY：Cambridge University Press, 2006). 当然，后毛泽东时代农村抗议和战时征兵有很大差别，尤其是依法抗争的组织环境以及其策略不断升级的趋向。
② 重庆市档案馆档案，全宗0059，目卷2-49，第78页。
③ 重庆市档案馆档案，全宗0055，目卷3-416，第182~184页；全宗0055，目卷3-273，第65a~66b页。
④ 重庆市档案馆档案，全宗0055，目卷3-255，第60a~60b页；全宗0059，目卷1-24，第111a~111b页。
⑤ 重庆市档案馆档案，全宗0055，目卷3-416，第16~17页。
⑥ 重庆市档案馆档案，全宗0055，目卷3-273，第47a~48a、51a~52b、54a~55b页。
⑦ 重庆市档案馆档案，全宗0055，目卷2-53，第39a~39b页。

几个村民去重庆工作或是做生意，途经璧山县的丹凤乡。丹凤乡的保甲长为了凑够兵额，封锁道路，抓了九龙乡的 20 个人。九龙乡为了报复，抓了丹凤乡的 13 个人。双方都准备好要动手，但九龙乡署向永川县县长做了汇报，永川县县长又与璧山县县长通了电话。两县决定共同派人到征兵管区寻求解决方案。征兵管区很快派人听取双方的意见，并要求当事双方保持克制。统计各方被抓人数后，双方同意并进行了交换。每个村庄都开会向村民报告了解决办法。① 迅捷的行动和难得的和解态度避免了一场激烈的争斗。但并非所有冲突都会得到公平的解决，经常是挑事的一方拒绝所有的指控，而受害方则不得不强忍下去。② 共同体向外掠夺始终是战争时期的大问题，上级对此束手无策，因为国家认定保甲长仅是个人作恶，而忽视了它的深层原因。

模式四：共同体自我保护

上节谈到掠夺时，只是从一个视角谈了从另一个地区强抓商旅做壮丁，没有提到突袭附近的村庄是对自己村庄的保护：每抓一个外乡人就可以少征一个本村人当兵。许慧文（Vivienne Shue）谈到共和国时期的地方干部时指出："地方专制和地方保护是一体两面的。"③ 从国家利益的角度，共同体向外掠夺与在共同体内部施暴，同样令人憎恶。政府官员由于只看到强抓外乡人，而看不到潜在保护的侧面，所以认定征兵弊政是与乡民个人利益截然相反的。只要政策制定者意识不到这牵扯到个人与共同体双方的意愿，结构性的弊政就很难根除。一些恶名昭彰的保甲弊政实际上是出于保护本地的目的。

---

① 重庆市档案馆档案，全宗 0055，目卷 3 - 273，第 67～99 页。

② 重庆市档案馆档案，全宗 0055，目卷 3 - 256，第 27 页。

③ Vivienne Shue, *The Reach of the State*: *Sketches of the Chinese Body Politic* (Stanford, CA: Stanford University Press, 1988), p. 113. 这一观察也受到了裴宜理（Elizabeth Perry）淮北研究的启发，裴认为土匪劫掠和保护本乡之间可以相互转换。参见 Elizabeth J. Perry, *Rebels and Revolutionaries in North China*, *1845 - 1945* (Stanford, CA: Stanford University Press, 1980), pp. 48 - 95.

保甲长也以其他方式保护共同体。他们支持或发起了一系列缩减征兵额的请求，请求逐级传递，从村到县，从省征兵管区最后到兵役司。① 这种请愿包含了个人利益：减少征兵额会减轻工作量。但如果我们像当时舆论一样，将征兵视作保甲敲诈勒索的首要机会，那么请愿就不大能说得通了。相反，这些请愿说明保甲长真诚地希望减轻征兵对本乡本土造成的冲击。受保甲长和乡绅之托，各县轮流呼吁减少征兵额。② 1939年初，大足县县长向第三区抱怨每保出固定人数的政策不公平，因为大足是按规定设保，而有些县"一保户数，多至三百、四百不等"。他提出，其他县应该重新摊派，因为他们利用扩充每保户数，来保护自己的民众。③ 6个星期之后，他又旧事重提。因为征兵额陡然增至每月每保两人，引发了联保的抗议：下层保长汇报说缺乏合格壮丁，从而引发从日益减少的保甲队伍里抽取壮丁的恶性循环。作为下面各保的代表，县长请求上级谅解丁额的亏空，并减免各级丁额，但并未获允。④

保甲长、士绅和地方组织有时也会直接向第三区请愿。有一批保甲长与士绅一起向第三区请愿，称人口锐减已从内部摧毁了保甲组织，因此需要强化保甲，裁并保甲以减轻其征兵负担。这类请求偶有获准。⑤ 部分请愿直白陈事，提醒政府要从两难中取其一。永川县的居民提出该县因保甲不愿强拉壮丁，导致1942年度征兵差额过大（仅1/3的壮丁合格）。如果缺额不获谅解，保甲只能强拉壮丁，而致秋收受损，破坏抗战。⑥ 居民们指出繁重兵役会损害农村对战争的双重贡献（粮食和人力），而当地政府也支持他们的请求。

---

① 仅举一例，参见重庆市档案馆档案，全宗0055，目卷3-285，第32a~33a页。
② 重庆市档案馆档案，全宗0055，目卷3-285，第36~39页。由于要完成征兵额，所以征兵管区几乎很少同意缩减。见重庆市档案馆档案，全宗0055，目卷3-248，第70a~70b页。
③ 重庆市档案馆档案，全宗0055，目卷3-285，第22~24页。1941年，另一位大足县县长向第三区申诉了同样的内容。见重庆市档案馆档案，全宗0055，目卷3-248，第17b~19b页。
④ 第三区的决定不得而知。但第三区很可能不会同意，因为这样就会增加其他县的征兵额。见重庆市档案馆档案，全宗0055，目卷3-285，第26~28页。
⑤ 重庆市档案馆档案，全宗0055，目卷3-414，第8a~9b页。
⑥ 重庆市档案馆档案，全宗0055，目卷3-248，第67~69页。

保甲长有时也直接支持辖下居民，以他们的名义写与征兵相关的请愿书。比如，1939年初，一位保甲长帮助一位父亲，他的儿子已从重庆搬到了人和镇。这位父亲没有按规定填写儿子户籍转移表，他不是有意隐藏他的儿子，而是因为他认为他的儿子在城防部队中所服的兵役表明他已"尽市民之天职"。保甲长也可能是在维护他的朋友，但如果是这样的话，就没有必要为这位父亲向镇上官员辩白，只要不让他的儿子参与征兵抽签即可。① 保甲长还经常帮农民们填写证明，证明这些人因疾病或其他原因可免兵役。② 在这样的案例中，保甲长站在当地人一边，但县署则不然。③ 保甲长会为那些家中男性被其他地方抓去当兵的家庭请愿。保甲长无权染指其他辖区，但可以在道义上反对，以求外部力量对其他共同体进行监督。（保甲通常互不合作。保甲间经常出现拖延、托辞甚至直接拒绝的现象，即便他们相互紧邻，也是如此④）例如，一位铜梁的联保长为一个当地人出头，要求第三区调查一位巴县的保甲长非法强抓铜梁人做壮丁。⑤ 保甲长甚至还写请愿书为外乡人辩护，不过那些受益的外乡人通常是请得起雇工的有钱人。⑥

简言之，保甲起到了保护乡村共同体的作用。征兵弊政的表象遮蔽了保甲的保护功能，而且保甲可以帮助乡里向上级请愿。他们无法忽视上级的命令——征兵额无论如何必须完成——但保甲长还是扎根于本乡本土，并且至少在一些细节方面尝试起到缓和冲突和代表乡里的作用。

结　论

征兵案例为我们展示了一个斑驳杂乱的图景，揭示了保甲长徘徊在国

① 如果他已被上级盯上，是在为自己辩白，那么看来保甲长确实是在上级的严密监控之下。见重庆市档案馆，全宗0059，目卷2-59，第29页。
② 重庆市档案馆档案，全宗0059，目卷2-80，第51页。
③ 重庆市档案馆档案，全宗0061，目卷15-4436A/B，第42～43页。
④ 重庆市档案馆档案，全宗0059，目卷2-49，第169～174页。
⑤ 重庆市档案馆档案，全宗0055，目卷3-273，第57a～58b页。其他案例见重庆市档案馆档案，全宗0059，目卷2-49，第27、35～37、39页。
⑥ 重庆市档案馆档案，全宗0059，目卷2-50，第61页；全宗0059，目卷2-80，第49页。

家需求和共同体需求之间的困难处境。保甲长的行为并非由于道德沦丧或缺乏民族意识，而是受到一些不为察觉的因素所影响，其中包括官僚层级体制，本乡本土的压力，以及对乡亲的责任感。那么，这幅第三区乡村保甲的全新图景，告诉我们哪些有关战时国民政府国家政权建构在内地的状况呢？

首先，战时基层政权与1930年代以来的政权建设紧密相连，中央政府从那时起开始着手安插和训练一套新的基层行政人员。国民政府的保甲系统，尽管保留了帝制时期的名称和组织层级，却打破了传统乡村的治理模式。施坚雅的著名文章《中国农民和封闭的共同体》勾勒了帝国晚期村庄与外部政治及社会环境互动的各种样态。在和平年代，村庄向其他共同体以及国家（朝廷）开放；但在灾荒年代，村庄趋向封闭：外乡人被逐出村庄，地方武装组织起来了，逃税和逃避服役时有发生。[1] 施坚雅的研究或许会让我们猜想这些内地村庄在战争期间也对国民政府"封闭"了。但是尽管失序的武装力量猖獗（如盗匪、不着军服的部队等），重庆周边的村庄并非全然封闭。现代国家用强有力的行政力量使村庄开放，即便不能使其完全开放。尽管村民们百般不情愿，他们仍被带入现代，国家方可以各种方式从村里获得人力资源。有趣的是，在四川解放后的一年里，保甲一直是征收粮食、收集情报以及执行中共交予的各项法规和命令的有效工具，直到土改和社会革命开始之后，才真正重塑了乡村共同体。[2]

其次，战时四川保甲与杜赞奇（Prasenjit Duara）所研究的战前华北地区的乡村经纪人不同。杜赞奇认为民国受营利型经纪人的绑架。随着权力的文化网络（乡村领导的道德合法性）被现代化建设贪得无厌的资金需求所销蚀，国家能找到的代理人往往都是当地的无名小卒。这些贪婪的经纪人充实了国家的金库，但作为代价，国家默许他们在农民那里巧取豪夺。结果就是"内卷化"：税收增加，但税收系统的效率下降——经纪人

---

[1]　William Skinner, "Chinese Peasants and the Closed Community: An Open and Shut Case," *Comparative Studies in Society and History*, vol. 13, no. 1 (1971), p. 278.

[2]　冉绵惠：《民国时期四川保甲制度与基层政治》，第62~63页。

中饱私囊的钱所占比例越来越高。[1]

杜赞奇的描述尽管很有影响，但并不符合第三区征兵案例的复杂情境。征兵有赖于保甲这一基层机构，从这一角度来看保甲长与杜赞奇的税收经纪人相似，但保甲长除去其对乡民的敲诈勒索和滥用职权外，并不能为所欲为。共同体对保甲长的压力以请愿和诉讼的形式表现出来，为保甲长的不可靠性增加了一个不同的维度。与杜赞奇描绘的赢利型经济人不同，四川的保甲长既深深嵌入所在的乡村，同时也服从于外部行政压力，因此导致易遭乡亲们的报复。与征兵相关的案例和冲突，只是地方权力斗争的一部分，它揭示了保甲长是乡村社会的一部分，而不是全然与政府一心，并非是所谓赢利型经纪人，或政府的代理人。由于他们与乡村社会息息相关，所以导致其征兵过程中掠夺和保护两个层面密不可分。保甲长至少时常在细微之处，会表现出对乡村社会的保护功能。从某个意义上说，国民党战时保甲是共产党地方干部的前身。甚至到了毛泽东时代的集体化时期，乡村社会单元化的结构还保持着弹性：地方干部扮演双重角色，有时是政府代理人，而有时则是村庄的"保护者"。[2]

简言之，保甲长有其两面性：掠夺和保护。敲诈勒索和强抓壮丁，与强抓外乡人、为当地人起草请愿和建议书以及帮乡亲申冤，实为一体两面。从国家的角度，这些保护策略与掠夺的实践一样可疑，更证明了保甲长缺乏爱国心。尽管两个侧面都令政府难堪，并受严令禁止，但蒋介石的政府面对严峻的军需任务，不得不信任这些人。在内陆乡村，没有其他的组织或机构可以负责登记备案和抓丁。保甲为战争提供兵员，满足了国家的需要，但由于他们也深深嵌入乡村社会——至少部分受到地方报复和行政纪律的约束——他们不能为所欲为。他们的忠心并不专属于国家，因而国家也时刻对其保持严重的怀疑。

如同国民政府的官僚一样，四川农民对具有两面性的保甲既不得不依赖信任，但又畏惧怀疑。他们知道很可能受到保甲长的不法侵害，其报复

---

[1] Prasenjit Duara, *Culture, Power, and the State: Rural North China, 1900-1942.*

[2] Vivienne Shue, *The Reach of the State*, pp. 108-111.

的主要形式就是层层上报，而这通常耗时久或成效差。他们雪片般的诉状就是这种持久对抗的铁证。但当他们所告的官员层级较高，或所告的并非本地官员时，就需要本乡本土保甲长的帮助，在这样的时刻，他们对保甲长报以一定程度上的信任。甚至当他们向保甲长非法赎人顶替其亲人服兵役时，至少其中不少人会为花钱买替身而感觉松了口气，因为他们自己的父亲、丈夫或孩子就不用上前线了。

〔作者蓝凯文，莎拉劳伦斯学院助理教授〕

（马思宇　译）

军　事

国防音乐：抗战时期的
军事音乐创作

何稼书 （Joshua H. Howard）

内容提要　本文考察了抗战时期中国共产党军队里群众歌曲的流行，强调抗日救亡歌咏运动在城市的起源，及其在把歌声带到前线的过程中起到的关键作用。聂耳等人开创的新的进行曲风格传播甚广，得益于在歌词中加强意识形态内容的创作手法，也得益于抗日救亡歌咏运动。1930 年代中期，这一运动在刘良模的领导下与左翼文艺运动合流，后者致力于推广大众艺术，并创造一种"国防音乐"。全面抗战爆发后，国民党和共产党都为歌咏运动提供组织上的支持，资助战区服务团和流动演剧队，为音乐家在后方宣传其艺术作品提供了渠道。到了 30 年代末，由于国共统一战线出现裂痕，参与抗日救亡歌咏运动的主要音乐家纷纷投奔共产党的根据地。他们为新四军和八路军创作的歌曲，与共产党本身的宣传机构相得益彰，使其作品传遍了共产党军队的上上下下。

关键词　群众歌曲　抗日救亡歌咏运动　新四军　聂耳　统一战线　冼星海

　　同志们，敌人疯狂的侵略使我们失去自己的家园，失去了一切，我们能够忍受吗？我们一样都是有感情、有理性的伟大中华民族的儿女。为了整个民族的生存，为了我们自己，我们应该全体动员起来，把音乐变成武器，去武装千万个同胞，动员千万个同胞，为驱逐日本强盗而英勇抗战。[①]

---

　　① 　贺绿汀：《抗战中的音乐家》，《战歌》第 2 卷第 2 期，1939 年，第 20 页。

1936 年初，随着日本侵华范围的扩大，国民党军队在华北地区节节退让。周扬和其他一些左翼文艺运动的成员主动解散中国左翼作家联盟（"左联"），响应中共中央和共产国际的号召，成立文学艺术界的统一战线，以缓和阶级斗争，支持国防文学和国防戏剧的发展。① 以作曲家吕骥和周巍峙为代表的左翼音乐家纷纷响应，他们在《生活知识》有关国防音乐的特刊上发表文章，提出了"国防音乐"的口号。他们从功用角度定义国防音乐，认为国防音乐是一种能够号召全国音乐工作者团结起来共同挽救民族危亡的音乐。吕骥一改其一贯尖刻的笔锋，以调和的立场强调了国防音乐"和一般音乐紧密地联系起来构成一个完整的系统……国防音乐和一般音乐不同的只是它负有和一般音乐不同的使命，它要在争取民族独立和解放的这一斗争中完成它唤醒民众、组织民众的神圣任务……而国防音乐要完成它伟大的任务也必须获得一般音乐的合作和辅助"。②

与此同时，吕骥也坚定地认为，动员全国人民抗敌最有效的音乐形式就是歌咏，"无疑地，国防音乐要广播到每个农村和每个城市中去。不论是老、少、女，不论是文盲，或是识字的，都要在国防音乐的影响之下，只有通过音乐把全国人民组织起来，成功一条线，才能保证抗敌的胜利，和民族的独立和解放"。③ 由于资源匮乏，声乐比器乐更为简单易行。再者，由于歌曲以语言和文字为基础，其精神和思想信息更易直接传达。音乐，尤其是歌曲所传达的情感力量，不仅能够加深听众的记忆，而且能增强歌词的说服力和感染力。正如作曲家冼星海所说："救亡歌咏是后方重要工作之一，和文字宣传、演戏宣传一样重要，一样能唤起民众抗敌的情绪。救亡歌曲的效果或许比文字和戏剧更重要也未可知，因为

---

① 左翼作家联盟解散部分归因于鲁迅对"国防文学"口号的抨击，认为"国防文学"口号强调民族矛盾而忽略阶级矛盾。相关分析请见 Tsi - An Hsia, *The Gate of Darkness: Studies on the Leftist Literary Movement in China* (Seattle: University of Washington Press, 1968). 1935 年 8 月召开的共产国际第七次代表大会号召殖民地国家建立反法西斯人民统一战线，就中国而言，就是建立"抗日民族统一战线"。详见 Jane Degras ed., *The Communist International 1919 - 1943 Documents Volume III* (London: Oxford University Press, 1965), p. 348.

② 霍士奇（吕骥）:《论国防音乐》,《生活知识》第 1 卷第 12 期, 1936 年, 第 615 页。

③ 霍士奇（吕骥）:《论国防音乐》,《生活知识》第 1 卷第 12 期, 1936 年, 第 614 页。

这种歌声能使我们全部的官能被感动，而且可以强烈地激发每个听众最高的情感。"① 1930 年代中期，各党派的音乐家都一致认同，歌曲既能传情亦可达意，而且通过歌曲能够团结抗日建设国家。曾在上海国立音乐学院（后更名为上海国立音乐专科学校）执教、受过西方音乐教育的"学院派"代表人物黄自，就曾将音乐与民族主义的传播联系在一起："一个国家自有一个国家的特性，这种特性反映到音乐上来，可以表示这国家内在的精神……要团结民族精神，唤醒民族意识，尤非借重音乐的力量不可。因为我们要团结整个民族，促其奋发向上，卓然自立，以教育、政治、文学、哲理各项着手，总觉得普及不易，感人难深。如能利用乐歌来教，自然可以情智兼包，雅俗共赏，口唱心念，永不遗忘。一个国家定要把它的政治理想同民族特性显示在国歌里面，就是这种用意。"② 最后，歌咏的倡导者认为，歌咏的参与性能够帮助提升民族精神和道德水平，并增强民族意识和国家认同感，而这正是国防音乐倡导者所致力追求的。正如王云阶在 1940 年出版的一本名为《国防音乐》的儿童宣传册中指出："大家在同样的节奏下，以同样的音调，高唱着同样的歌曲，各人心头都起着共鸣，歌咏很自然的把他们团结起来了！"③

吕骥和周扬都意识到，方言的多样性、受教育程度低、文盲众多这些社会现实，会破坏思想的统一性，因而，国防音乐需要一种大众化的音乐形式。他们拒绝以黎锦晖为代表的享乐主义的流行音乐，斥之为能使人麻木的"靡靡之音"，也拒绝西方式的音乐会音乐，因为此类音乐"绝对不是目前的中国大众所能了解的"。周扬强调，国防音乐应该采用简化的旋律、口语化的歌词，选取与人民群众生活息息相关的现实主义题材。"只有大众能明了歌词的意义，才能形成大众一致救亡的意义。"周扬还倡

---

① 《救亡歌咏在洛阳》，该书编辑委员会编《冼星海全集》第 1 卷，广东高等教育出版社，1989，第 22 页。

② 王续添：《音乐与政治：音乐中的民族主义——以抗战歌曲为中心的考察》，《中国现代史》2009 年第 2 期，第 134 页。

③ 王云阶：《国防音乐》，时代书局，1940，第 97 页。

导，作曲家应该舍弃“曲高和寡”的作曲追求，避免为了展示其作曲造诣而谱出晦涩艰僻的旋律，而是“要努力和大众接近，了解大众的语言、习惯和接受的程度，积极地制出大众所需要的歌曲来！”① 通俗化的音乐为无产阶级艺术家拉近知识分子和人民大众距离提供了渠道和媒介。通过为“人民”创作有关“人民”的音乐，在歌声中指引“人民”，这些身居城市的音乐家坚信，他们能够最终超越自己的阶级背景。理论上，国防音乐将会淡化阶级分化，而这正是阻碍共同艺术形式产生的主要障碍，无论这种艺术形式是文学、戏剧还是音乐。②

　　尽管标榜的是国防音乐，但是这些歌曲并非全部是军乐。虽然吕骥建议歌曲的创作题材应该与军事有关，例如歌曲应当“暴露敌人在侵略战争中的残酷和罪恶”。③ 音乐家们将抗日战争看作一场全面战争，在这场战争中，无论战斗人员还是非战斗人员都应全面动员。他们强调英勇斗争的人民群众，在广义上应该包括士兵、妇女、儿童、工人、商人、学生，与各阶级联盟的抗日民族统一战线相一致。考虑到共产党的文化政策应与苏联的人民阵线政策相一致，《生活知识》有关国防音乐的特刊中就发表了苏联作曲家 V. Fehre 的文章《苏联的国防音乐》，文中将国防音乐定义为“专为军队或关于军队的军事音乐”。文章还介绍了列夫·克尼佩尔（Lev Kniper）的军队题材的交响乐，卡巴烈夫斯基（Dmitri Kabalevsky）为多夫任科（Davzhenko）1935 年拍摄的电影“Aerograd”所创作的电影插曲，也介绍了军歌创作家达慧丹柯（Davidenko）和亚力山大洛夫（Alexandrov）。文章最后总结说，在苏联军队中有过亲身体验的作曲家与国防音乐之间建立的亲密关系将预示着国防音乐美好的未来。④ 这种战斗

① 〔周〕巍峙：《国防音乐必须大众化》，《生活知识》第 1 卷第 12 期，1936 年，第 618 页。
② 有关抗日战争如何给作家提供社会参与机会的问题，请参见 Charles A. Laughlin, "The Battlefield of Cultural Production: Chinese Literary Mobilization during the War Years," *Journal of Modern Chinese Literature*, vol. 2, no. 1 (1998), pp. 91 – 92.
③ 霍士奇：《论国防音乐》，《生活知识》第 1 卷第 12 期，1936 年，第 616 页。
④ V. Fehre：《苏联的国防音乐》，般木译，《生活知识》第 1 卷第 12 期，1936 年，第 620 页。

号令深入许多中国作曲家和音乐家的内心，他们从城市出发，纷纷走进战区，深入前线。

在吕骥倡导国防音乐的几个月后，他就很快表现出了失望和沮丧。九一八事变后，最早参与创作抗日救亡歌曲的优秀曲作家，如黄自和黎锦晖也逐渐归于沉寂。[①]吕骥承认"中国音乐运动"虽取得了令人振奋的成就，但是，他同时也指出，许多歌曲的歌词"常不免概念化，公式化，不能根植于生活中"。其他的一些歌曲，例如任光的《迷途的羔羊》又过于情绪化，不合时宜，因为新音乐应该"培养唱者和听众之奋斗的情绪"。[②]两年后，吕骥虽然认为抗日救亡歌咏运动在全国范围内如潮水般蔓延开来，但是他却感叹道，这种运动缺少核心组织，而且对音乐家中间一直存在的宗派主义表示担忧："为了争取全民族的解放，为了争取最后的胜利，国共两党早已建立了统一战线，团结了起来，我们音乐界究竟有什么不可消除私见？我们应当以争取抗战胜利，争取民族解放为前提，捐除过去任何个人间的私嫌，亲密地团结起来，担负起新的大时代所给予我们的任务。"[③]或许，音乐家中的这种差别正反映了统一战线内部的分歧和摩擦，到 1930 年代末，"国防音乐"此类口号和标语已经很少使用，进而被"救亡歌曲""抗日歌曲""爱国歌曲"和"新型音乐"所取代。

无论使用何种口号标语，国防音乐的倡导者所设定的目标最终得以实现。毫不夸张地说，抗战时期创作出数以千计的歌曲，而这却被批评家所诟病，他们认为应该更关注歌曲的质量而非数量，也就是说，太多的歌曲只能说是政治口号和标语。[④]尽管如此，这些歌曲以各行各业的人民群众为创作素材，实现了歌曲"大众化"的目标，并且创造出一种为歌者和

① 吕骥：《音乐的国防动员》，原载于《国防总动员特期》第 4 卷第 9 期，1936 年，收录于《吕骥文选》第 1 卷，人民音乐出版社，1988，第 17 页。

② 吕骥：《伟大而贫弱的歌声：一九三六年的音乐运动的结算》，原载于《光明》第 2 卷第 2 期，1936 年，收录于《吕骥文选》第 1 卷，第 27 页。

③ 吕骥：《抗战后的音乐运动》，原文载于纪念聂耳黄自特刊，1938 年 7 月出版于延安，收录于《吕骥文选》第 1 卷，第 37 页。

④ 阚培桐提供了迄今为止最全面的歌曲集，包括 1800 名词曲作者的 3621 首歌曲，因为许多歌曲在战争中遗失，所以这仍是其中一部分。见阚培桐编《救亡之声：中国战争歌曲汇编》，香港，星克尔出版有限公司，2005。

听众接受的"大众歌曲"的音乐形式。在战时首都重庆进行创作的音乐家贺绿汀，就曾用简单的语言描写了爱国歌咏运动所创造的能量："爱国歌咏运动……好似荒山野火，顷刻之间成为燎原之势。许多从来不会唱歌的人，这时也唱起来了，每一次群众大会或游行示威运动中，到处响彻了抗战各省。"① 这些歌曲走出城市青年知识分子的领地，深入农村，动员人民在国民党统治区，在共产党领导的解放区以及在华北和华中的敌人后方进行抗日斗争。高度政治化的歌词和齐唱的方式，鼓舞民族精神，增强民族认同感。②

歌曲在军队，尤其是中共军队和游击队的日常生活中扮演着重要角色。1941年，中共的剧作家李伯钊（杨尚昆的妻子）在延安写道："敌后的歌咏运动，是一种广泛大众性的、有组织的、大规模的运动……参加歌咏活动的首先有广大的士兵，唱歌是他们生活中的必修课程。"③ 美国海军陆战队军官埃文斯·卡尔逊（Evans Carlson），在1937～1938年间，与中共军队徒步3000余里，他曾提及军歌当时在中国的流行程度。例如，他在山西临汾的农村戏台子听到贺绿汀创作的《游击队歌》：

> 戏台上，一个穿着军装的年轻人正在带领人们唱一首最新的爱国歌曲：
>
> 没有吃，没有穿，自有那敌人送上前。
>
> 没有枪，没有炮，敌人给我们造。
>
> 我们生长在这里，每一寸土地都是我们自己的；
>
> 无论谁要抢占去，我们就和他拼到底。

---

① 《新中国音乐启蒙时期歌咏运动》（1939年2月28日），《贺绿汀全集》第4卷，第54页。

② 有关抗日歌曲是中共政治文化组成部分的分析，请参见 Chang - Tai Hung, "The Politics of Songs: Myths and Symbols in the Chinese Communist War Music, 1937 – 1949," *Modern Asian Studies*, vol. 30, no. 4（Oct. 1996），pp. 901 – 929.

③ 陈志昂：《抗战音乐史》，黄河出版社，2005，第118页。

各个声部贯穿歌曲始终，歌词铿锵有力，人们的歌声中充满信心活力且富有感染力。之后，我在中国的游历中，一遍遍地听到这首歌被传唱，诸如《游击队歌》这样的歌曲就像狂风中的烈火一样迅速传遍了大江南北，但它们总是让我联想起八路军总部的那些真诚而坚定的男男女女。①

新西兰出生的英国记者詹姆斯·贝特兰（James Bertram），曾在1938年遍访华北战场前沿地区，歌曲传唱的范围和频率使他感到震撼：

一般情况下，部队行进中，士兵们会唱歌，而且他们有各种歌单和保留曲目。这支部队总是自己创作歌曲，有些歌曲是根据红军所经之处的民风和曲风而创作，它们不仅具有艺术上的趣味，还具有历史意义。还有一些歌曲是"抗日救亡"进行曲，这些歌曲在上海和西安等地听过。但是，有些时候也能听到西方人比较熟悉的旋律，在高山峡谷间听到沙哑嗓音用各种方言唱出《国际歌》、《马赛进行曲》以及苏联电影主题曲，是怎样一种奇特的体验。②

抗日战争时期，这些歌曲是如何普及流行的？在军队生活中又是怎样逐渐取得主导地位的？本文关注抗日救亡歌咏运动的城市起源，以及积极分子、音乐家和各类音乐组织在战争前线歌曲传播中所扮演的重要角色。军歌，尤其是左翼音乐家聂耳所首倡的进行曲能够广为传唱，部分归因于其激发群众民族主义情感的歌词，另外，还得益于一场社会运动——抗日救亡歌咏运动的推动。1930年代，基督教青年会的改革家

① Evans Fordyce Carlson, *Twin Stars of China: A Behind-the-Scenes Story of China's Valiant Struggle for Existence by a U. S. Marine Who Lived & Moved with the People* (Beijing: Foreign Languages Press, 2003, 1940), p. 67.

② James M. Bertram, *Unconquered: Journal of a Year's Adventures among the Fighting Peasants of North China* (New York: John Day, 1939), p. 139.

刘良模所领导的民众歌咏运动与无产阶级文艺运动交会在一起，知识分子努力在无产阶级文艺运动中创造一种革命的大众艺术。战争爆发后，国共两党都为歌咏运动提供组织支持。战地服务团和流动演剧队，作为音乐家和戏剧家在内地宣传的重要渠道，起初得到了国民政府的支持。30 年代末，随着抗日民族统一战线开始出现裂痕，一大批参与抗日救亡歌咏运动的曲作家和音乐家转移至共产党的根据地。他们为新四军和八路军创作歌曲，在中共宣传部门的推动下，这些歌曲很快在官兵中传唱。

贺绿汀和冼星海都是接受过正规西方学院派音乐教育的音乐家。冼星海曾就读于巴黎音乐学院，除此之外，绝大多数抗日救亡歌咏运动的音乐家和积极分子，比如聂耳、刘良模、麦新、孟波、郑律成、张曙和何士德等人，都是自学音乐，或仅接受过作曲和编曲的零散培训。歌曲创作的大规模快速发展引发了批评者对歌咏运动的批判和抨击，其中最激烈的批评来自抗日救亡歌咏运动的内部。黄自的学生贺绿汀主张，业余音乐工作者应更多地接受编曲和和声培训，他坦率地指出，救亡歌曲在乐曲结构和对民谣的简单重复方面存在缺陷："有一部分的曲子与其说是音乐，不如说是一些配上了阿拉伯数字的革命诗歌或口号。"[1] 但是，如果从政治角度评判这些歌曲，我们不得不承认，它们的确激励动员了人民群众。大众民族主义以一种"歌唱祖国"的方式从学生聚集的城市传到了战争前线和游击队战斗的腹地。笔者希望通过对传唱甚广的进行曲做音乐分析，表明人们对这些歌曲的广泛接受，也是因为编曲手法强化了含有强烈意识形态思想的歌词。但是，矛盾之处在于，这些缺少专业训练的救亡歌曲创作者或许已经自然而然地产生解放效应（liberating effect），战时的音乐家通过改编民间音乐，将情歌与战歌相融合，因而没有被与欧洲音乐传统相较而产生的自卑感所束缚。这些在 1930 年代末创作的歌曲为新中国音乐的发展做出了突出贡献。

---

[1] 贺绿汀：《中国音乐界的现状及我们对于音乐艺术所应有的认识》，原载于《明星》1936 年第 5～6 期，收录于《贺绿汀全集》第 4 卷，第 41 页。

民国初期的军歌

清末十年间，军歌和学堂乐歌从日本传入中国，咏唱这种歌曲被看作培育公民，从而实现国家富强的途径。组建新军并指挥新军唱军歌是军乐深入中国并不断发展的推动力。1909 年，李映庚在袁世凯授意之下编纂的四卷本《军乐稿》，便是其中的代表作。冯玉祥是民国初年和 1920 年代推动军歌发展的代表人物，他认为军歌能够培养官兵纪律性和爱国热情，他的这一信念连同其基督教信仰，促使他创编了近百首歌曲并改编了无数曲目。冯玉祥是对中国的民乐、学堂乐歌、日本军歌以及基督教圣歌加以改编并填词。为了凸显旧社会士兵低下的社会地位，冯玉祥创作的歌曲被统称为"丘八歌"（士兵的歌）。"丘八"合在一起即"兵"字，而"丘八"是旧社会对"兵痞"的贬称。直到 1940 年代，他所创作的歌曲仍被广为传唱，其中包括《大师练兵》，这首歌后来被红军改编成《三大纪律，八项注意》。①

1930 年代初，军歌向更为大众化的"革命歌曲"转变，这与江西苏维埃的发展及其文艺政策紧密相关。早在 1929 年，毛泽东在古田会议决议中就指出，中国的红军是一个执行革命的政治任务的武装集团，因此红军宣传工作便是其中一个重要任务。革命的文艺应该成为革命宣传工作的武器，艺术应与政治紧密相连，应该为人民服务。为此，毛泽东要求军队中的政治部门负责收集和改编能够反映人民群众情感的歌曲。② 红军的各级政治部门都建立列宁俱乐部（由共青团员管理的业余文艺组织），1933年创办的高尔基戏剧学校成为中共培养艺术干部的第一所学校。政治对艺术过分干预改变了歌曲的面貌，正如汪毓和所说："这些歌曲已不像过去

---

① 汪毓和：《中国近现代音乐史》第 3 版，人民音乐出版社，2009，第 36、40～41 页。
② "Draft Resolution of the Ninth Congress of the Chinese Communist Party in the Fourth Red Army," in Stuart R. Schram ed., *Mao's Road to Power: Revolutionary Writings 1912–1949, Vol. III From the Jinggangshan to the Establishment of the Jiangxi Soviets July 1927–December 1930* (Armonk, NY: M. E. Sharpe, 1995), pp. 214, 219.

的民歌那样，仅仅是对苦难生活的痛诉，以及对恋爱自由、对未来幸福生活的向往；而更多的是反映革命根据地人民获得了自由幸福的新生活……反映了人民对革命，对领袖，对红军的热爱和歌颂……以及反映当时根据地军民的革命斗争生活。"① 革命歌曲，比如最流行的《红军纪律歌》，常常含有很强的说教内容。除了苏联歌曲保留了其歌词的完整性外，其他革命歌曲创作与冯玉祥改编歌曲的方法一样，都是在众所熟知的民乐旋律和城市小调上填词，形成了所谓的"革命歌曲"。② 除填词外，音乐旋律也经过微调，以增强革命乐观主义精神。江西苏维埃时期的绝大多数歌曲并非原创。创作新曲或重新填词以动员中国军队及各阶层共同抗日，是全国抗日救亡歌咏运动的产物。

抗日救亡歌咏运动，简称救亡歌咏运动，分为三个阶段，九一八事变开始为第一个阶段，1935年的"一二·九"运动开始为第二个阶段，1937年抗日战争全面爆发之后，救亡歌咏运动进入第三个阶段，其规模和影响力均达到高潮。第一阶段曲风多样，既有受过西方音乐教育的曲作家黄自创作的"艺术歌曲"，也有黎锦晖创作的柔和而甜美的通俗流行歌曲；到1930年代中期，聂耳将战斗风格与大众化、通俗化的歌唱形式相结合而创作的大众歌曲逐渐取得优势地位。聂耳是救亡歌咏运动的倡导者和杰出代表，虽然他在1935年意外早逝，但仍有必要对这位音乐家及其音乐进行介绍。

聂耳和群众音乐的兴起

1912年，聂耳出生于昆明的一个中医家庭，幼年的经历使他决心"为大众呐喊"而努力创作新音乐。聂耳五岁时，父亲去世，留下他的母亲彭寂宽（傣族）独自抚养聂耳及其五个兄弟姐妹。聂耳和家人所经历

---

① 汪毓和：《中国近现代音乐史》第2版，人民音乐出版社、华乐出版社，2002，第162～163页。有关列宁俱乐部及其群众歌咏活动等宣传活动，参见 Edgar Snow, *Red Star over China*（New York：Grove Press，1968，1938），pp. 280–282.
② 有关"革命歌曲"的概述，请参见曾遂今《论革命音乐》，《黄钟》（武汉音乐学院学报）2003年第1期，第69页。

的艰难困苦使他对在旧社会遭受压迫和践踏的劳苦大众深怀感情，这也成为他歌曲创作的题材。对于戏剧的热衷促使年轻的聂耳开始关注艺术在社会变革中的潜在作用。早在十几岁时，聂耳就把艺术看作批判旧制度和资本主义压迫之利器。在求学时的两篇论文中，聂耳就倡导改革旧剧，他认为旧剧充满"奸淫之情"。聂耳对旧剧的看法也影响到他对"俗乐"以及上海歌舞界的批评，认为上海歌舞是淫秽色情的。但是，聂耳认为"新剧"是"社会教育之利器"，"若积极提倡之，其收效实较学校教育为大也"。① 从这段有可能写于1924～1925年的文字，我们可以看出聂耳很早就已经开始思考艺术在宣传教育中的价值。

受到一位欧洲人的影响（此人曾在辛亥革命后担任蔡锷的翻译，之后在昆明的基督教青年会教授英语），聂耳开始潜心研究西方文化，学习西方古典音乐，甚至研究北欧神话，为此他还为自己取了一个西式笔名"George Njal"，向13世纪古代冰岛史诗 Njal's Saga 中的英雄人物致敬。对西方文化的着迷与对政治和社会现状的抵触彼此交织碰撞，在一篇题为《我的人生观》的自传短文中，聂耳表达了对五四时期许多理想的推崇和支持——科学与民主、妇女解放、反对传统、打破旧习："恶劣的社会快要和我们有为的青年交战了……还有种种的恶俗和许多不能适应新社会的旧礼教，仍然存在二十世纪科学时代的社会里。这些都是我们应当打倒的。换言之，就是打倒恶社会建设新社会。"②

聂耳早年的文章显示出从伦理角度批评资本主义和个人主义的立场，这一主题贯穿聂耳一生。1925年随着全国反帝爱国运动席卷沿海地区，聂耳写道："吾人欲免除罢工之患，非打破资本阶级不可"。③ 在学校，聂耳利用他的艺术才能为上海的工人筹款，并加入幸福社，将理想付诸现实。他写道："并非是为个人谋幸福，以为自己能除去衣食住的忧虑，就

① 《戏剧为社会教育之利器》《谈戏剧》，该书编辑委员会编《聂耳全集》第2卷，文化艺术出版社，1985，第5、9页。
② 《我的人生观》，《聂耳全集》第2卷，第20页。
③ 《近日国内罢工风潮述评》，《聂耳全集》第2卷，第7页。关于五卅运动，参见 Steve Smith, *Like Cattle and Horses: Nationalism and Labor in China, 1895 - 1927* (Durham & London, Duke University Press, 2002).

是幸福；或是吃酒，弄麻雀，就是我的幸福了；也非是为幸福社的社员为谋幸福。反之，即为中国谋幸福，为世界谋幸福。"① 1928 年，聂耳加入共产主义青年团，大概就在此时，他写了《资本主义与社会问题》，文中他以马克思主义视角考察社会，概括了资本主义的发展及阶级斗争。②

在经历了一段短暂的军旅生涯后，聂耳参加了爱国学生运动，由于一位被捕的青年团员叛变，迫使他不得不流亡。聂耳跟随一位商人前往上海，在云丰申庄当店员，期待有朝一日能在上海暨南大学或上海国立音乐专科学校试奏。然而经济困窘阻碍了计划的实现，他不得不一边努力工作，一边继续学习英语、日语和小提琴。③

云丰申庄破产后的一周，聂耳因偶然机会踏入了上海的音乐界。1931年 3 月底《申报》刊登了一则歌舞班招收练习生的广告，聂耳成功地通过考试，进入联华影业公司旗下的黎锦晖明月歌舞剧社。黎锦晖是一位音乐指挥家和作曲家，他创作了广为流行的中国化爵士乐，其音乐后来被贬为"黄色音乐"（yellow music）。④ 一年后，因为聂耳对黎锦晖的批评，二人的合作关系破裂。也许是因为聂耳对黎锦晖进行的尖锐抨击，音乐史学家汪毓和描写聂耳在歌舞剧社经历时也含糊其词："歌舞班的生活促使他认真提高自己的音乐业务技能（小提琴、作曲理论等），同时也丰富了他的生活经验，开阔了他的艺术视野；但是，歌舞班的生活也促使他一度醉心于个人成就的幻想，增加了他不少的思想矛盾与斗争。"⑤ 这一表述低估了聂耳和黎锦晖之间的密切联系。五四运动之后，黎锦晖成为国语运动的倡导者，其目的是为消解各地方言的影响，使国语成为推动中国民族主义发展的凝聚力量。黎锦晖还担任了中华书局国语文学部主任一职，他用简单生动的语言创作的儿童国语歌曲广为传唱。黎锦晖歌曲深刻影响了聂耳的歌曲创作，聂耳曾师从黎锦晖学习注音字母和国语，为其后来用标

---

① 《我的年假生活》，《聂耳全集》第 2 卷，第 12 页。
② 《资本主义与社会问题》，《聂耳全集》第 2 卷，第 23 页。
③ 《致张庚侯的信》（1930 年 9 月 10 日），《聂耳全集》第 2 卷，第 124 页。
④ 有关黎锦晖职业生涯及其影响，参见 Andrew E. Jones, *Yellow Music: Media Culture and Colonial Modernity in The Chinese Jazz Age* (Durham: Duke University Press, 2001).
⑤ 汪毓和：《中国近现代音乐史》第 2 版，第 149 页。

准国语创作奠定了基础。

九一八事变的爆发成为聂耳转向激进政治的转折点，并促使他重新思考艺术的角色，以及世界性的音乐文化与中国革命特殊需要之间的关系。正如聂耳在 1932 年 2 月 7 日的日记当中讲道："怎样去作革命的音乐？整天地在想，终没有想到一个具体的计划。所谓 classic，不是有闲阶级的玩意儿吗？一天花几个钟头苦练基本练习，几年，几十年后成为一个 violinist 又怎么？你演奏一曲贝多芬的 Sonata（奏鸣曲）能够兴奋起，可以鼓动起劳苦群众的情绪吗？不对，此路不通！早些醒悟吧！"[①]

虽然他的生命在 1935 年日本藤泽海滨游泳时不幸戛然而止，但在他生命的最后几年里，受到民族主义和阶级思想的影响，积极倡导大众歌曲的创作。聂耳成为左翼文艺界的积极分子，他发表了几篇有关音乐作为宣传民族主义工具及作用的文章，并创作了几首极为有影响力的群众歌曲，还为上海新兴的中国电影业创作了许多电影音乐。

聂耳与任光的交往成为提升聂耳和其他左翼音乐家歌曲影响力的关键因素。他们运用当时的尖端科技——留声机和有声电影来增强这些歌曲在城市青年知识分子中的影响力，而他们正是抗日救亡歌咏运动的基础。任光在法国里昂学习音乐和钢琴校音技术，之后在越南河内的一家法国钢琴厂任技师，1928 年回国，担任上海百代唱片公司音乐部主任。任光与戏剧家田汉交往，并参加左翼音乐组织（如苏联之友社音乐小组和中国新兴音乐研究会）的活动，这些都促使聂耳加入百代唱片公司并逐渐站稳脚跟。1933 年起，聂耳开始担任音乐部副主任，并利用这个平台传播左翼音乐。在抗战全面爆发前，百代录制了近 50 首左翼歌曲，其中包括聂耳的《大路歌》《开路先锋》《义勇军进行曲》。[②] 任光和聂耳还共同创作了第一部获得国际荣誉的影片《渔光曲》的主题曲，在抗日救亡歌咏运动中聂耳最受欢迎的歌曲包括《大路歌》《开路先锋》《毕业歌》《义勇军进行曲》，无一例外是电影音乐。

---

① 聂耳日记，1932 年 2 月 7 日，《聂耳全集》第 2 卷，第 365 页。
② 戴鹏海：《从石匠的儿子到民族号手——作曲家任光》，向延生编《中国近现代音乐家传》第 1 卷，春风文艺出版社，1994，第 424 页。

民国时期的法律、社会与军事

　　尽管技术能够帮助歌曲传播，但聂耳的群众歌曲形式，通过为示威游行和集会伴奏的方式，有效地达到宣传的目的，这正是民族救亡运动的重要组成部分。理查德·克劳斯（Richard Kraus）和伊莎贝尔·王（Isabel Wong）认为"群众歌曲"在音乐创作上并不很精致（部分因为许多曲作者是自学的艺术家），但在政治宣传方面却十分有效。这些歌曲有些没有伴奏，有些即使有伴奏，也仅为同段旋律的简单重复。聂耳的歌曲通常是齐唱，也就是说，没有任何的和声。大部分歌曲由几段组成，虽然是分段歌曲，但每一段都重复相同的曲调。在军事动员的歌曲中，2/4拍的进行曲节奏最为常见。聂耳大规模地使用单音节、重复旋律、限制音域，钟爱短音符（八分音符和十六分音符）。聂耳这些没有歌唱难度的歌曲被工人、农民、儿童和士兵等目标受众所接受，他们能够轻而易举地跟唱。聂耳创作歌曲的歌词常常是简洁的口号，因为具有说教内容的白话更易理解和传唱。这些具有明快歌词和鲜明节奏的动员歌曲，能够激励人们的战斗勇气，声援群众的游行活动。通过齐唱的形式，中国的青年人增强了民族意识。

　　聂耳所创作的最后一首歌曲，是1935年为电影《风云儿女》所创作的主题曲《义勇军进行曲》，此曲成为抗日救亡歌咏运动的代表曲以及军歌创作的典范。歌曲开始时进军号般的前奏，受《国际歌》启发，从歌曲开始"起来"到歌曲终结"前进"之间上升四度音程。铿锵有力的节奏、三连音的妙用、重音强拍以及切分音与田汉的歌词十分契合，号召歌者和听众"起来""前进"，进行抗日，既体现真情实感也有极深寓意。就歌曲的曲风和结构而言，聂耳使用了西方的音乐形式——进行曲，以主音三和弦作为主调的号角式音调，产生了冲锋号的效果，激励着无数战士冒着敌人的炮火前进！除了第八小节一个变音外，整首歌曲按照中国传统的五声音阶谱成。作为对中国语言内在音乐性娴熟运用的大师，聂耳在声韵和声调之间实现完美契合，尤其体现在关键词"人们""民族"和短语"中华民族到了"上。①

　　正如音乐理论家梁茂春所描述："《义勇军进行曲》创造了我们民族

------

① 英文稿附《义勇军进行曲》词曲，中译稿略。——译者注

音乐的新风格——雄强，嘹亮，豪迈，威武，从前的中国歌曲，没有这样慷慨激昂，铿锵有力过。"① 当时的乐评对这首歌都使用了"雄壮"一词，能够突出歌曲的战斗性和阳刚特质，"壮"如"壮士"中的"壮"字一样，暗含着勇士和壮士的战斗精神和阳刚品质。该词后来成为评价受《义勇军进行曲》影响的其他军乐歌曲的标准词语，这些歌曲包括冼星海的《救国军歌》、麦新的《大刀进行曲》、贺绿汀的《游击队歌》、郑律成的《八路军进行曲》和何士德的《新四军军歌》。

聂耳的音乐成为民族救亡音乐典范，因其音乐形式和新媒介技术的使用，除此之外的另一个原因是，他和其他左翼音乐家对"竞争对手"的贬低，包括所谓的"学院音乐"、世俗流行歌曲以及黎锦晖的"黄色"爵士乐。客观讲，如果聂耳还活着，中国"新音乐"的倡导者很难利用他的人生经历或群众歌曲，与萧友梅领导的上海国立音乐专科学校所代表的精英主义做鲜明的对比。（聂耳曾经报考过该校，并得到该校苏联教师在钢琴和作曲方面的指导。他在日本短暂停留是为前往苏联学习音乐，这表明聂耳绝不反对在音乐学院接受音乐教育）但是，在聂耳溺亡之后，他的同乡、好友、左联作家、《聂耳纪念集》的编者张天虚抨击所谓的学院派"为艺术而艺术"的天真信念，音乐学院的存续不得不依靠国民政府的支持。张天虚评论道："在为艺术而艺术的臭招牌下，贩卖着他们的艺术万应药膏，在如何讨好主人欢心的原则下，以最忠实的姿态出现在乐坛。事实上，这万应膏的力量是太薄弱的，连少爷小姐们的花柳病也医不好，充其量也只能'禁止吐痰'和小花脸似的跟着呐喊一下'新生活运动'而已。"②

作曲家贺绿汀是个参加过广州起义的革命家，曾在彭湃领导的海陆丰东江特委宣传部工作，又先后师从国际著名钢琴家鲍里斯·查哈罗夫（Boris Zakharov）与阿克萨可夫（Sergei Aksakov）学习钢琴和作曲。他对学院音乐家有自己独到的看法，他认为，中国的音乐家应为中国的音乐学

---

① 梁茂春：《世纪之歌：评聂耳的歌曲〈义勇军进行曲〉》，载氏著《20 世纪中国名曲鉴赏》，安徽文艺出版社，2006，第 77 页。

② 张天虚：《聂耳论》，载氏编《聂耳纪念集》，东京，1935，第 8 页。

科教育创建基础，抵制音乐学院是错误的。但是，音乐学院的教员不努力为抗日救亡歌咏运动创作歌曲，因此而受到批评也是合情合理的。贺绿汀批评音乐学院脱离"人民群众"，"有些［歌曲］过于艰深，不易普及，最大的缺点是歌词的内容太空虚。所以以后希望我们音乐院的作曲教授们及同学们多和进步的上海文化界接近，多作些为一般民众易唱的通俗的爱国歌曲，以尽一份国民的责任"。①

　　贺绿汀用更加犀利的语言批评以黎锦晖为代表的流行歌曲作家。聂耳逝后，黎锦晖遭受到更严厉的抨击。黎锦晖对于卖弄风情的歌者的商业化推崇，对美貌和人体的赞美，情歌中间或出现的淫荡歌词，以及他将"肉感狂乱的爵士"与中国音乐结合，都使得批评家将他的音乐贴上堕落颓废、享乐主义的标签。② 在贺绿汀看来，遭受攻击的并非音乐学院而是两种人，其中"一种是继续写淫荡歌曲的人与在无线电里播送淫荡歌曲的人，口口声声提倡大众音乐，实际上却利用他们特殊的地位尽量贩卖下流的音乐以毒害中国大众"。③ 黎锦晖"他不单是可以引诱无产阶级堕落，在这社会经济日形破产的中国，一般小资产阶级的女孩们，卖了几句书，略识几个大字就学会了黎锦晖这一套"。④ 聂耳的支持者认为，黎锦晖的音乐是小市民的精神鸦片，麻木钝化了他们的民族意识，而这正是聂耳的音乐所唤醒和激发的。正如溪居所说："至于我对他发生敬爱的缘故，便是因为他的歌曲能完全一扫《毛毛雨》、《妹妹我爱你》这一类的使民族意识渐消沉的靡靡之音。像他这类慷慨激昂雄浑悲壮的歌曲才是我们战后时代所需要着的。它能鼓励民族意识的向上，它能使唱者与听者坚决意志的增强。"⑤

---

① 贺绿汀：《中国音乐家的现状及我们对于音乐艺术所应有的认识》，原载于《明星》1936 年第 5～6 期，收录于《贺绿汀全集》第 4 卷，第 42 页。
② 陈波儿：《悼〈毕业歌〉作曲者》，《电通半月画报》1935 年第 7 期。有关黎锦晖与左派艺术家的关系，参见 Jones, *Yellow Music*, chap. 4.
③ 贺绿汀：《中国音乐家的现状及我们对于音乐艺术所应有的认识》，第 42 页。
④ 贺绿汀：《关于黎锦晖》，原载于《音乐教育》第 3 卷第 2 期，1935 年，收录于《贺绿汀全集》第 4 卷，第 21 页。
⑤ 溪居：《青年音乐家聂耳之死》，《东方日报》1935 年 7 月 25 日。

刘良模与抗日救亡歌咏运动

刘良模是聂耳音乐的忠实拥护者，抗日救亡歌咏运动的主要领导者，他认为黎锦晖的歌曲使中国在面对殖民统治时变得被动消极，而解决办法就是组织歌唱团体，以提高人民的反帝意识。正如刘良模所说：

> 假使我们中国要挣脱帝国主义者捆锁我们的铁链条，假使我们中国要自己振作，我们的民众必须要能高声地唱着慷慨激昂的、精神饱满的、振发民气的、有力量的歌儿……肉麻的《妹妹我爱你》、《桃花江》、《我的爱人就是你》，绝不能使中国有勇气挣断捆住了我们的锁链……最近出现的《大路歌》、《开路先锋》、《毕业歌》，都是雄壮的、有力量的歌儿，但是会唱的人还很少。谁去领导民众高声歌唱这些雄壮的歌儿呢？我愿意做这样的一个"开路先锋"，我愿意领导着民众歌唱这些雄壮的歌儿。我已经在上海发起了一个"民众歌咏会"，加入的青年有三百多人，所以我现在所讲的是一件事实了……如果全中国的民众都能唱这些歌儿的时候，他们的声音当然可以震动全世界，凡是会唱歌的青年们，都应该把"民众歌咏"的运动推广到全国的各省、各城、各县、各乡去。当全中国的民众都会唱这些雄壮的、有力量的歌儿的时候，那便是"新中国"的生命开始的一天。①

刘良模通过组建歌咏会将信念付诸实践，这些歌咏会成为抗日救亡歌咏运动的核心。他的动力源于深植于内心的爱国主义、基督教信仰以及社会行动主义。1909年刘良模出生于浙江镇海，在上海明强中学读书时开始信仰基督教，之后在沪江大学学习社会学。据他的一位同事说，刘良模毕

---

① 《我们要大声地唱歌来振发全国的民气》（1935年），《刘良模先生纪念文集》，中华基督教青年会全国协会，2010，第 19~20 页。

业后，担任了基督教青年会全国协会的学生部干事，以实践圣经马太福音
20：28 中的"非以役人，乃役于人"。① 一次偶然机会读到一本美国民谣集
《音乐联合人们》，尽管他不是音乐家，但参加大学教堂唱诗班的经历使他
相信，虽然中国人没有集体歌唱的传统，但是组建歌咏会是激发爱国热情
的最有效办法。② 刘良模身上的民粹主义倾向使他相信，歌曲不应只限于教
堂会众和传播基督教的学生团体，"我的计划是使音乐成为大众的所有而非
少数的专享"。在得到上海基督教青年会总干事陆干臣（K. Z. Loh）的应
允后，刘良模于 1935 年 2 月组建了民众歌咏会，成员包括店员、门房、职
员、电梯司机和学徒，有 60 多人。③ 如他所说："一般职业青年的生活太
枯燥了，所以我们要有歌咏会的组织，要使民众高唱雄壮的歌，前进的
歌，使整个民族奋发起来，使青年们也得有了正当的娱乐了。"一个星期
内，成员人数增加了 3 倍，到 1936 年年中，民众歌咏会成员超过千人，
并在香港和广州成立了分会。成员主要由知识分子、店员和白领职员组
成，他们根据性别或行业（银行、零售和通信）分为若干小组。④

　　刘良模的民众歌咏会是全国抗日救亡歌咏运动中最先成立的歌咏组
织。1935 年 6 月，吕骥执掌了聂耳曾领导的左翼戏剧家联盟音乐小组，
并以此为基础成立抗日救亡业余合唱团。成员包括左翼音乐家吕骥、张
曙、孟波和麦新，他们希望歌曲能够深入群众而使之更加大众化。业余合
唱团通过教学生和工人唱歌的方式，拓宽了受众的社会基础。在很短的时
间里，许多地方成立了自己的歌咏会。据汪毓和所言，西安事变推动了抗
日救亡歌咏运动在全国各大城市的蔓延，"到 1936 年冬'西安事变'之
后，几乎全国各大、中学校，甚至在国民党的某些政府机关、军队，以及

① 罗伟虹：《刘良模与抗日群众歌咏活动》，原载于《世纪》2005 年 10 月 15 日，收录于
《刘良模先生纪念文集》，第 93 页。

② 丁柯口述、冯远编写《天下无人不识刘》，原载于《联合时报》2009 年 8 月 28 日，收
录于《刘良模先生纪念文集》，第 100 页。

③ Frank B. Lenz, "He taught China to sing," *Christian Herald* (Chappaqua, NY), October
1942, p. 52.

④ 《民众歌咏会：将假民教馆练习会员》（1936 年 6 月 11 日），载《刘良模先生纪念文
集》，第 24 页。

国外的爱国侨胞当中，各种类型的歌咏组织像雨后春笋般广泛建立了起来"。①

民众歌咏会中的积极分子和干部一般也是其他各类组织的成员，他们利用各自的关系网来扩大歌咏运动的范围和影响。麦新的经历代表了众多左翼音乐家。麦新出生于上海一个工人家庭，他的父亲以售茶为生，之后曾在上海证券交易所供职，母亲在丝织厂工作，靠缝洗为生。1925年父亲去世后，麦新辍学成为美商美亚保险公司的练习生、职员。晚上，麦新坚持在李石之的夜校学习英语和中文，同时，积极参加抗日救亡运动。麦新很早就对《生活周刊》等文学杂志感兴趣，1935年，他加入了刘良模的上海民众歌咏会，并很快开始负责歌咏会活动的组织和表演工作。不久，麦新与吕骥相识，并被介绍加入左翼音乐团体业余合唱团。1936年春，吕骥和孙慎共同组织了歌曲作者协会、歌曲研究会，麦新经常参加协会有关作曲、音乐理论和歌曲创作的讨论，许多讨论是在作曲家冼星海的住处进行的，那时的冼星海刚刚从法国学成回到上海。冼星海在巴黎音乐学院求学时曾师从作曲家保罗·杜卡斯（Paul Dukas）和文森特·丹第（Vincent D'Indy）。与这些音乐人的接触促使麦新开始音乐创作并组织活动，例如，他曾在清心女子中学教授唱歌。②

创新的音乐教育方式，歌唱所培养的集体主义精神，都推动了抗日救亡歌咏运动的发展，而且为歌曲在军中的传唱奠定了基础。刘良模首先教新入会的会员唱他自己创作的歌曲，《救中国》就是以英文儿歌《划船歌》（Row, Row, Row Your Boat）旋律改编的一首轮唱歌。

> 救，救，救中国
> 一起向前进
> 努力呀，努力呀，努力呀，努力呀！

---

① 汪毓和：《中国近现代音乐史》第2版，第229~230页。
② 汪毓和：《中国近现代音乐家评传》第1卷，文化艺术出版社，1992，第236页；陈美琦：《一团炽热的火，一支时代的歌：作曲家麦新》，向延生编《中国近现代音乐家传》第2卷，第509~511页。

救国要奋斗

教唱达到了预期效果，正如刘良模回忆："在不到半小时的时间里，他们学会了这支歌。他们的歌声开始是细小的，但当学会以后，他们的歌声就越唱越响亮。当学会轮唱这支歌的时候，他们唱得精神焕发，斗志昂扬。他们尝到了集体唱爱国革命歌曲的甜头。"① 之后，大家又学唱了其他抗日救亡歌曲，其中许多歌曲都出自聂耳之手，例如，《大路歌》《开路先锋》和《毕业歌》。

通过教唱群众歌曲、出版歌曲集，以及在群众歌咏集会上表演，刘良模将抗日救亡歌咏运动不断向前推进。据刘良模回忆，聂耳的突然离世激起了他传教士般的热情，希望能像传教士布道那样，教更多的人传唱抗日救亡歌曲，以铭记并传承聂耳的丰功伟绩。② 刘良模推动歌咏运动的指导原则是，让参加者将他们所掌握的歌曲传播给更多的人，"学会了抗日救亡的歌要教别人。要使抗日救亡歌声一传十，十传百，百传千，千传万地传播开去"。③ 利用他与基督教青年会在全国各地的分会（如北平和天津）的接触，刘良模将歌咏运动延伸到各行各业更多的人。记者伊斯雷尔·爱泼斯坦曾目睹刘良模在天津基督教青年会体育馆教群众唱歌，据他回忆："里面，大约有四百个人站着唱歌，他们都是街上的普通人——大学生、小店员、工人、中小学生、报童，甚至还有人力车夫，这些车夫站在门口时不时地看看放在门外的人力车。他们首先学唱歌曲的一个乐句，然后是两个乐句，之后是一段……排练结束后，刘良模吸收了大约十个志愿者成为歌咏会的新成员。"④ 与此同时，刘良模还在上海的各个组织内部招募了一些好的歌手作为声乐指导。通过这种方式，刘良模吸纳了麦新、孟波，二人在抗日救亡歌曲的创作方面发挥了积极作用，并成为音乐骨干，1936 年

---

① 刘良模：《上海抗日救亡的歌咏运动》，原载于《上海文史资料选辑》第 1 辑，上海人民出版社，1978，收录于《刘良模先生纪念文集》，第 49 页。

② 刘良模：《回忆救亡歌咏运动》，《人民音乐》1957 年第 7 期，第 25 页。

③ 刘良模：《上海抗日救亡的歌咏运动》，第 50 页。

④ Israel Epstein, *History Should Not Be Forgotten*（Beijing：China Intercontinental Press，2005），p. 32.

刘良模离开上海时，麦新成了民众歌咏会的实际领导者。

作为骨干分子，麦新和孟波合编出版了《大众歌声》，成为第一部收录救亡歌曲和群众歌曲的歌曲集。在之后的几个月里，上海大众歌声社将此歌曲集重印了4次，第二年（1937年），二人又合编出版《大众歌声》第二集。① 第一集里收录了聂耳、冼星海、麦新、吕骥等几位作曲家的300多首救亡歌曲，还收录了有关推动歌咏运动、创作新歌和改编民间音乐的若干文章。在各版序言中，麦新都强调歌曲普及化、通俗化、平易化的目标，要"把救亡歌声传送到中国的每一个角落——街头、农村、工厂、学校、商店、军队里"。② 1938 出版的各集《大众歌声》为歌咏运动提供了歌曲素材，也重印了《生活日报》《立报》《读书生活》《光明》《大众生活》和《救亡日报》中已经出版的歌曲。截至1937年出版的歌集中，超过1/3为抗日救亡歌曲和爱国歌曲。③ 刘良模的《青年歌集》是最受欢迎的出版物，其口袋书在1935～1936年间共出版了7个版本，共计10000余册。聂耳最受欢迎的群众歌曲也占有极为重要的位置。概括而言，进行曲风格的群众歌曲是典型的抗日救亡歌曲，但是，从1934年开始，爱国抒情歌曲有所发展，比如，聂耳的《铁蹄下的歌女》、贺绿汀的《在嘉陵江上》和郑律成的《延安颂》。总之，1936～1939年出现的众多抗日救亡歌曲出版物，不仅稳固了其作为中国新音乐的地位，而且起到了推动社会运动的作用。

面向群众歌咏活动的歌曲集及歌曲教唱，推动了全民族统一精神的形成，用作家邹韬奋的话说，创造了一种集体精神，"除有教育民众，唤醒民众的效用外，还可以使民众深深地感到集体的伟大力量。一个人的声音是轻微无力的，千万人的集体声音便要响彻云霄，有排山倒海的气概了"。④ 1936年6月6日，上海西门公共体育场举办歌咏大会以纪念一周

---

① 汪毓和：《中国近现代音乐家评传》，第237页。
② 陈美琦：《一团炽热的火，一支时代的歌：作曲家麦新》，第510页。
③ 陈建华、陈洁编《民国音乐史年谱（1912－1949）》，上海音乐出版社，2005，第255～259、273～277、292～296页。
④ 邹韬奋：《民众歌咏会前途无量》，原载于香港《生活日报》1936年6月22日，收录于《刘良模先生纪念文集》，第31页。

民国时期的法律、社会与军事

前成立的全国各界救国联合会，大约有 1000 名民众歌咏会代表以及其他 8 个演唱团体会聚一堂。刘良模站在高凳上指挥民众齐唱聂耳的歌曲，如《大路歌》《开路先锋》《毕业歌》《新女性》《打桩歌》《打砖歌》《义勇军进行曲》以及任光的《和平歌》及其最著名的《打回老家去》。《打回老家去》以口语化的歌词和动员口号表达人们收复东北的决心，它是系列进行曲中的一首。《打回老家去》是新兴中国音乐的民族曲风代表，它还采用了代表南方曲风的五声音阶和轮唱方式，通过西方进行曲的音乐形式，将军乐元素与抒情风格融为一体。[1]

任光希望向人们传达歌词的思想力量。歌曲开始采用轮唱（呼应）的方法，四次重复"打回老家去"，这是使用不同音调进行重复的一种旋律形式，歌曲结束部分的再现部（recapitulation）再次重复"打回老家去"。歌曲的第二个乐句使用长音来对应歌词"帝国主义"，以强调对帝国主义的反抗。歌曲的第二部分（从第 29 小节开始）更加开阔，描述日本帝国主义所犯罪行的歌词凸显出来："他杀死我们同胞，他抢占我们土地"，然后，在"东北同胞快起来"这一句时，音调达到最高，歌曲也达到了高潮。[2]

在歌咏大会的第二部分，刘良模教近 3000 人齐唱《救中国》以及冼星海最受欢迎的抗日救亡歌曲《救国进行曲》。这首进行曲是国防音乐的完美典范，铿锵有力的歌词不仅强调了军事纪律，也批评了蒋介石的妥协政策："枪口对外，齐步前进！不伤老百姓，不打自己人。维护中华民族，永做自由人！""当唱《救国进行曲》的时候，慕尔堂童子军军乐队，敲着战鼓，那一种激奋的歌声，加上急促有力的击鼓，使我们想起民众军队的军容，和他们'冒着敌人炮火前进！'时的步伐，这歌曲是够雄壮的。"[3]

1936 年，刘良模前往基督教青年会在东南沿海的分会开展活动，并

---

① 汪毓和：《中国近现代音乐家评传》，第 171 页。
② 英文稿附《打回老家去》词曲，中译稿略。——译者注
③ 刘良模：《时代的呼声：民众歌咏队作开音乐大会》，原载于《立报》1936 年 6 月 8 日，收录于《刘良模先生纪念文集》，第 23 页。

利用民众歌咏会吸纳更多的参加者，尤其是学生。刘良模前往厦门、广州和香港，每个城市停留10天。他一般先去中学，利用6天的时间教唱学生们10首歌，到第七天（周日），参加者就会过百，这样就在公园举办一个歌咏会，"大家产生了要学唱抗战歌曲的兴趣，于是就通过这个地方的青年会组织起一个或更多的歌咏会来"。①

1936年夏，租界和南京政府开始控制演出、歌咏活动、歌咏组织及出版物，并威胁要逮捕歌咏活动的领导者。继而谣言四起，有传说刘良模在6月群众歌咏大会后便被拘押。国民政府官员认为这些歌曲对社会具有颠覆破坏作用。黄自创作的第一首抗日歌曲《抗敌歌》，为符合国民政府审查制度，不得不在歌名中用"敌"来替代"日本"。孟波作曲、麦新作词的《牺牲已到最后关头》更是公开批评蒋介石对日本的妥协政策，反驳了蒋介石在1935年11月国民党的第五次全国代表大会上的讲话，蒋介石在讲话中称"牺牲未到最后关头，绝不轻言牺牲"。② 1936年，国民政府下令解散民众歌咏会和业余合唱团，而上述歌曲或许促成了政府的这一决定。

尽管存在政府的高压政策，但全国抗日救亡歌咏活动的沉寂只是暂时的。抒情歌曲《松花江上》，或许只是一个虚构故事，却激起了那些南下攻打红军的东北士兵的思乡之情，据说听到西安爱国青年请愿时唱起这首歌的张学良，最后做出了软禁蒋介石的决定。③ 可以肯定，张学良的大胆行为促使抗日民族统一战线形成，而统一战线使国民政府对抗日救亡歌咏

---

① 《忆抗日救亡歌咏运动》，原载于《人民音乐》1980年第6期，收录于《刘良模先生纪念文集》，第58页。

② 李双江：《抗日烽火中的歌》，解放军文艺出版社，2006，第437页。

③ 为纪念"一二·九"运动，学生们走上街头向蒋介石请愿希望其改变妥协政策。当张学良劝说学生解散时，学生们唱起《松花江上》，据说让张学良热泪盈眶。（韩菽筠：《抗战歌曲中的两种风格研究——以百本抗战歌集为例》，中国艺术研究院硕士学位论文，2011，第31页）《松花江上》的曲作者张寒晖是西安一所中学教师、戏剧家、业余音乐家，通过使用河北定州家乡的哭墓作为素材，使歌曲更具有艺术感染力。在高潮部分，"爹娘啊！"通过哭诉哀声表达情感。在歌曲开头部分，用起伏的旋律衬托出东北的美丽富饶。歌曲的第二部分从C大调到A小调的转音，用中国传统的曲调模式表达就是宫调到羽调的变调，激发出听众的愤怒和悲痛心情，详见宋歌《松花江畔的呼唤：谈谈张寒晖的歌曲〈松花江上〉》，梁茂春《二十世纪中国名曲鉴赏》，第92页；李双江《抗日烽火中的歌》，第443页。

运动采取了更为宽容的政策。1937 年春，蒋介石批准可以教前线士兵唱歌，刘良模和吕骥便开始在绥远和山西组织歌咏会。① 一年后，武汉的军事委员会政治部主管宣传的第三厅负责协调流动戏剧团体的活动，这使他们的活动回到了国民政府的庇护下。

刘良模组织歌咏会及歌咏训练，不仅动员了普通民众，也为其在士兵中传播歌曲积累了经验。1937 年 2 月，刘良模在全国基督教青年会的帮助下组建了一个青年会军人服务队前往绥远劳军，并加入了阎锡山在绥远的军队。3 月初，阎锡山下令，请刘良模负责教唱冼星海的《救国进行曲》，10 天之内要教会 1 万多名士兵，并在检阅时表演。对教士兵歌咏毫无经验的刘良模感到惴惴不安，他担心普通士兵对他所传授的信息和要点难以领会，他认为士兵"会野蛮无理，他们会不理我，甚至于把我赶走"。但是，在军营生活后，刘良模的担心就烟消云散了，他很快与士兵交上了朋友，发现他们是求知欲很强的学生。"关于教唱歌的成效，那更是出于我意料之外。我发见教士兵唱歌，比教一般民众更容易，在一个刮大风的早晨，我教五千个士兵唱义勇军进行曲。嘴一张开，砂土就直往嘴里跑，但是他们不在乎这些，他们仍旧兴高采烈地唱，不消四十分钟，就学会了。他们学得快，因为他们是有组织的，有纪律的；同时唱歌乃是对于他们严格的上操生活一个很好的调剂，所以他们接受得更快。在一个月以后，从前我忧虑不会唱歌的士兵，却举行了一个歌咏大会，把雄壮的歌声一支一支的唱给好几千老百姓和傅作义将军听，听得大家都兴奋得很……绥远的工作乃是我生平一个最满意的工作，然而想到开始时候的过虑，真是好笑。我敢肯定地告诉你，军人非但不是可怕可恨的，并且是可敬可爱的。"②

刘良模教士兵歌咏得到了傅作义将军的支持，傅本人也认为歌曲是抗日救国的武器，唱歌是在军队中扫盲的有效方法。正如傅作义所说："老百姓不愿意听演讲，因为听不懂。老百姓又不认识字。可是如果教他们唱

---

① Lin Yutang, "Singing Patriots of China," *Asia*, vol. 41, no. 2（February 1941）, p. 71.
② 刘良模：《战时的军人服务》，新知书店，1938，第 6~8 页。

一个小歌，他们一下子便学会了，既背得出这些字，又懂得他的意思，又能唱给家人听。"① 教唱歌曲和诵读口号是傅作义政治宣传的主要组成部分，在绥远、包头、集宁、丰镇，每个地方都有两万多老百姓参加游击战。傅作义认为，歌咏不仅能宣传纪律和促进团结，还有利于消除军民之间的隔阂。正如他所说："大众歌咏与口号是训练民众与兵士的两大利器；二者中歌咏更为重要，因为在战时它能激起我们士兵和民众的团结精神，在平时它是人类的一种最高尚的娱乐。所以我们必须在我们的军队中提倡歌咏。"②

在傅作义将军的支持和鼓励下，刘良模着手教军官和士兵歌咏。傅作义还为刘良模的歌曲选集亲自挑选了 15 首歌曲，其中包括冼星海的《救国军歌》、孙慎的《救亡进行曲》、聂耳的《前进歌》和《国旗歌》以及任光的《打回老家去》。③ 因材施教、因地制宜，刘良模的教唱方法也有所不同，训练场恶劣的天气和严重的沙尘，使在同一时间教几千名士兵唱歌几乎成为不可能，因此，刘良模首先聚集一百名基层军官，教他们唱《义勇军进行曲》和其他一些抗日救亡歌曲。歌咏班一天教唱两次，每次两个小时，每个营选派 5 名军官参加歌咏班。一旦这些军官学会这些歌曲后，他们就在训练场上聚集几千名士兵学唱。刘良模站在舞台中心的高台上，学员站在舞台的四周，"我在台上唱一句，军官们在台下唱一句，战士们跟着唱一句，就这样，我们战胜了大风沙，全体战士们学会了歌唱这些雄壮的抗战歌曲"。④

在绥远停留一个月之后，刘良模前往山西，他将在山西实施阎锡山训练 1800 名学生成为群众歌咏教师的计划。从刘良模的描述中，我们可以感受到歌曲强大的感染力，"这歌声真雄壮动人，每次唱到《打回老

---

① 刘良模：《绥远的民众力量》，原载于《国民》第 1 卷第 2 期，1937 年，收录于《刘良模先生纪念文集》，第 39 页。

② 刘良模：《绥远的大众歌咏》，原载于《消息》第 10 卷第 5 期，1937 年，收录于《刘良模先生纪念文集》，第 41 页。

③ 刘良模：《歌咏运动在前线（良模自绥远寄）》（1937 年 3 月 30 日），《刘良模先生纪念文集》，第 25 页。

④ 刘良模：《上海抗日救亡的歌咏运动》，第 61 页。

家去》《五月的鲜花》的时候，很多人会哭泣起来。在太原街上，妇孺们都能随口唱出雄壮的歌曲。在一般的集会中，大家也常和着唱《救国进行曲》等。'太原牺牲救国大同盟'日前曾举行三天'歌咏游行'，好几千人，化装结队，高唱救亡歌曲，情况非常兴奋，曾收到了极大的成效"。① 离开太原后，刘良模又前往大同，教当地骑兵唱歌。学唱 4 天之后，他们可以在 2000 多名群众面前表演，据刘良模回忆："以前在中国，兵士们很少开会招待民众，所以我们的音乐大会，实在是破天荒的。"②

　　1937～1939 年间，刘良模及其基督教战地服务团为拉近军民关系，推动歌咏运动的发展起到了积极作用。戴安娜·拉里（DianaLary）在她有关抗战的历史著作中提到，大众民族主义的崛起提升了普通士兵的地位，他们成了"国家战士"。他们不再被看作"兵痞"，一改"好铁不打钉，好男不当兵"的俗语而变成了"好男要当兵，好铁要打钉"的宣传口号。③ 然而，从刘良模对战地服务团的回忆中可以看出，在战争伊始，服务团的成员，尤其是女学生，对伤兵始终保持一定距离，导致双方的不信任加深。"他们对伤兵仍然抱着'敬鬼神而远之'的态度，绝对谈不到敬爱和同情。伤兵们最讨厌的便是这种敷衍的态度。你所说的这一个民众团体，也犯了这敷衍的毛病。他们不愿长期地到伤兵中间去服务，却只选一天中的一两小时走马看花般地到伤兵医院去'慰劳'伤兵。其实那里是'慰劳'伤兵，这不过是'敷衍'伤兵而已。那些派去的男女学生，尤其是女学生，我敢说对于伤兵至少总有三分怕意。我想他们唱歌时候的态度一定是十分的。唱完以后，他们既不懂得伤兵的心理，又没有获得伤兵的友谊和信任，却马上演讲起来。伤兵们认为每次有人来'慰劳'，终是这么一套，这样的演讲他们已经听得不愿再听了，所以对于他们表示十

---

① 刘良模：《太原军民高唱救亡歌曲》（1937 年 4 月 18 日），《刘良模先生纪念文集》，第 25～26 页。
② 刘良模：《绥远的大众歌咏》，原载于《消息》第 10 卷第 5 期，1937 年，收录于《刘良模先生纪念文集》，第 43 页。
③ Diana Lary, *The Chinese People at War: Human Suffering and Social Transformation, 1937 - 1945* (Cambridge: Cambridge University Press, 2010), pp. 52 - 53.

分不欢迎了。"①

抵达长沙后，这些团员得知 5000 名伤兵在当地医院"制造骚动"，更加重了他们的担心和恐惧。因此，刘良模决定要改善军民关系。他嘱咐女战地服务人员要细心周到，但对士兵又不能"太不拘礼节"；毛泽东曾将人民群众中的军人比喻成水中的鱼，刘良模也借此来劝说士兵要与当地的人民群众建立良好关系，"老百姓是水，军人是鱼，鱼与水是分不开的，军民本来也是一家人。如果鱼离了水，就变成枯鱼；如果军队离了民众，就会处处感到不方便……"②

刘良模在医院建立一个伤兵俱乐部，以帮助伤兵为宗旨，服务人员能够全天候在此工作。每 500 个伤兵分配 5 名服务人员。俱乐部是教育伤兵的中心，歌咏、戏剧和其他视觉艺术是教育伤兵的手段，借此，伤兵们能够意识到，中国必须打败日本，决心在身体复原后重返前线，而且"要到处爱护老百姓，要随时和民众合作"。③俱乐部服务人员通过帮助士兵写家书、与他们谈论家乡、下棋、教唱歌、举办儿童歌唱表演等活动，改善了军民关系。

与此同时，儿童抗战歌曲迅速传播，这些歌曲具有娱乐（面向战士）和动员儿童抗战的双重作用。在群众歌曲创作者中，麦新是最高产的儿童歌曲作家，1936 年秋，他创作了《向前冲》《铲东铲东铲》《马儿真正好》，并为冼星海最著名的儿童歌曲《只怕不抵抗》创作歌词。④麦新是通过音乐表达儿童心理（生活和感情）的开路先锋，歌曲《铲东铲东铲》体现了他对明快节奏、有限音域和口语化语言的关注与应用。描述童兵的歌词伴着雄壮的进行曲节奏，"打打东洋兵，铲东铲东铲！拿起枪瞄瞄

---

① 刘良模：《战时的军人服务》，第 43 页。
② 刘良模：《战时的军人服务》，第 18 页。
③ 刘良模：《战时的军人服务》，第 44 页。
④ 陈美琦：《一团炽热的火，一支时代的歌：作曲家麦新》，第 511 页。有关麦新儿童歌曲创作的评论，参见《关于创造儿童歌曲》，原载于《新音乐》第 3 卷第 4 期，1941 年，收录于中国音乐家协会理论委员会和中国音乐家协会内蒙分会编《〈大刀进行曲〉及其他——麦新歌文集》，人民音乐出版社，1984，第 89~93 页。

准，我是小小义勇军，不怕死，向前进，一起牵手向前进!"①《马儿真正好》通过游戏歌曲的形式传递了爱国的讯息。歌曲刻画了一个孩童在竹马上疾驰的情景：嘿嘿! 浪浪浪! 马儿来了! 歌曲的中间部分表达了主题："我要赶到前线杀强盗，杀死强盗民族才能保!"② 这个可爱而又调皮的孩童形象在冼星海 1936 年 9 月创作的《只怕不抵抗》中也有出现。正如李双江所评论的："歌曲借助于儿童游戏——'吹起小喇叭'、'打起小铜鼓'、'手拿小刀枪'、'一刀斩汉奸'、'一枪打东洋'宣传抗战，达到了寓教于乐的目的。"③ 麦新的歌词使人联想到黎锦晖在 1920 年代创作的儿童戏剧，同样使用了拟声词和口语化的语言，但是，不同之处在于，麦新的歌词中清晰地传达了政治信息，比如："打起小铜鼓，得隆得隆冬!""一刀斩汉奸，一枪打东洋!"这种小勇士的形象在不计其数的歌曲中反复出现。

除了编创儿童歌曲外，与刘良模一样，麦新也深入军队。为了纪念上海国民救亡协会成立，麦新写了一篇名为《亿万枝枪瞄准一个敌人》的文章，号召音乐家团结起来，指导民众学唱抗日救亡歌曲，建立战时服务团在大后方进行宣传和募款工作，或者到前线进行服务和急救工作。④ 音乐家与其他文化工作者（绝大多数是左联成员）共同成立战区服务队或从上海派出战时流动演剧队，将抗日救亡歌曲和戏剧带入内地的农民和士兵中间。这些活动促成了《义勇军进行曲》等爱国歌曲在城乡各地的传唱，正如丰子恺所说："也有'起来，起来''前进，前进'的声音出之于村夫牧童之口。都会里自不必说，长沙的湖南婆婆，汉口的湖北车夫，都能唱'中华民族到了最危险的时候'……现在也可以说：有人烟处，

① 汪毓和：《中国近现代音乐史教学参考资料》第 1 卷，世界图书出版公司，2000，第 311 页。
② 有关歌曲分析，请参见梁茂春《寓教于乐的好歌——麦新和他的歌曲〈马儿真正好〉》，梁茂春：《二十世纪中国名曲鉴赏》，第 98 ~ 100 页。
③ 李双江：《抗日烽火中的歌》，第 427 页。
④ 麦新：《亿万枝枪瞄准一个敌人》，原载于《中华日报》1937 年 8 月 8 日，再版于《〈大刀进行曲〉及其他——麦新歌文集》，第 82 页。

即有抗战歌曲。"[1] 1937 年 9 月，麦新加入了国民党张发奎领导的第八集团军，此后三年，他在战地服务队工作，担任政治教导员，并前往国民党在江苏、浙江、广东、湖北和湖南的部队开展战地服务工作。1938 年麦新在浙江加入中国共产党，他坚持在国民党军队内部开展抗日宣传工作，1940 年高压的政治和军事环境迫使麦新离开湖北前线前往西安，并最终抵达延安。[2]

麦新留下的工作档案很少，据他的同事回忆，1937 年的秋天，麦新在浙江不知疲倦地开展宣传工作，"他异常忙碌，整天拿着歌本子到部队里去教唱歌"。[3] 就像他的良师刘良模一样，他希望在军队与群众之间建立信任。他强调，想成为士兵的良师，首先必须对军队和军事有基本了解，否则就会被士兵称为"老百姓"——军人们常用这个词来形容没有受过军事训练的人。与此同时，对战士的生活也要有基本的了解。[4] 在毛泽东 1942 年《在延安文艺座谈会上的讲话》发表之前，麦新就呼吁文化工作者要深入到战士、农民和工人中间，这样不仅可以改造文化工作者自己，还可以收集素材，然后经过艺术加工，以艺术的形式呈现给他们。麦新认为，群众歌曲的创作完全取决于政治环境和人民需要。他为战士创作的歌曲，例如《游击队歌》《国民革命军歌》和《跳上战斗机》，这些在行军中咏唱的歌曲反映了战士们的生活状态和军旅节奏。

另一位深入军队的作曲家是冼星海。淞沪会战爆发后，冼星海参加了戏剧家、左联成员洪深领导的上海话剧界救亡协会战时流动演剧第二队。作为该演剧队的唯一一位音乐家，在其他同事表演戏剧的时候，冼星海负

---

① 丰子恺：《谈抗战歌曲》，《战地》1938 年第 4 期，第 98 页。

② 汪毓和：《中国近现代音乐家评传》，第 238 页。麦新在国民党军队的宣传工作遵照了周恩来 1938 年 8 月 8 日在国民政府军事委员会政治部抗敌演剧队的指示，周恩来指示 10 个演出队"要打入国民党军队中去，深入前线，随军行动，向战地军民宣传党的抗日主张，占领文化宣传阵地。坚持原则立场，开展统战工作……进行坚持抗战到底，反对妥协投降的宣传"。见向延生《周恩来建立与领导的革命文艺队伍》，《乐苑史迹：向延生音乐学研究文集》，山东文艺出版社，2002，第 364 页。

③ 陈美琦：《一团炽热的火，一支时代的歌：作曲家麦新》，第 513 页。

④ 《战地音乐工作的经验与教训》，原载于《战地新歌》（1938），收录于《〈大刀进行曲〉及其他——麦新歌文集》，第 85 页。

责教歌和合唱指挥的工作。1937 年 8 月 20 日演出队出发，经江苏奔赴河南，然后继续向南抵达武汉，进行了为期两个月的演出。无论在城市还是在乡村，他们一边躲避空袭，一边为学生和战士表演节目。在南京幸运地逃过一次空袭之后，冼星海在日记中下定决心要加倍努力工作，他在日记中写道："我们每个人都感到这是在抗战的时期，每天每刻都有危险之可能，因为这样，我们才觉得生活有趣！我们的心都是很勇敢地去担负这神圣的救亡工作！"[①] 1937 年 9 月中旬，冼星海抵达洛阳，他教 1000 多名战士唱任光的《打回老家去》和他自己的歌曲《救国军歌》。《救国军歌》是一首流传甚广的歌曲，它是一首典型的使用五声音阶、切分音符和附点节奏的进行曲。铿锵的节奏伴着坚定的歌词："枪口对外，齐步前进！不伤老百姓，不打自己人！""维护中华民族，永做自由人！"[②] 刻画出救国军人充满信心行进、高声呼喊口号的形象。

随后，冼星海指挥几千名官兵、军队合唱团演唱，并指导当时很罕见的军乐团演奏。为纪念九一八事变，洛阳的驻军总部举办了一场群众歌咏会，冼星海指挥两万多名官兵齐唱《九一八》《打回老家去》《救国军歌》和《义勇军进行曲》等歌曲，使活动达到了高潮。[③] 抵达武汉后，冼星海继续开展抗日救亡歌咏运动，组织歌咏队，创作救亡歌曲；在 1938 年春天前，他一直在国民党军事委员会政治部第三厅的领导下组织群众歌咏大会，有些大会参加者甚至超过 10 万人。冼星海与官兵的接触不多，但 1938 年 2 月，流动演剧第二队在安陆县为第三十四师几千名士兵表演时，他与士兵们同唱了《游击队歌》和《当兵歌》。[④]

战时进行曲

随着战争的爆发，歌曲的军事色彩更加浓厚。歌曲的内容甚至与征

---

① 冼星海日记，1937 年 8 月 24 日，《冼星海全集》第 1 卷，第 190 页。
② 英文稿附《救国军歌》词曲，中译稿略。——译者注
③ 冼星海日记，1937 年 9 月 14～22 日，《冼星海全集》第 1 卷，第 197～199 页。
④ 冼星海日记，1938 年 2 月 2 日，《冼星海全集》第 1 卷，第 206 页。

兵、战斗、空袭、游击战和特定的战役相关。一些流行的歌曲体现了征兵和战士奔赴前线的情景，例如张曙创作的《壮丁上前线》《壮丁好》和《回到前线去》。张曙是一位左翼歌唱家，1938 年曾与冼星海一起负责国民党军事委员会政治部第三厅的音乐活动。《丈夫去当兵》是张曙的代表作，它是一首带有说唱性质的叙事歌曲，歌词来源于老舍使用说唱形式创作的一首新诗，最先发表在通俗文学刊物《抗到底》上。这首歌曲刻画了一个深明大义的妻子送丈夫前往抗日前线，并叮咛他誓死保卫国家和家族荣誉的情景。张曙的说唱音乐与他对昆曲的兴趣分不开，《丈夫去当兵》中的几个音节是参照昆曲而来的，张曙将北方的传统歌谣与南方的戏曲旋律相结合，创造了一种全新的音乐风格。[①]

战争爆发后，麦新创作了歌曲《大刀进行曲》。卢沟桥事变爆发后，守卫卢沟桥的国民党第二十九军大刀队奋起抵抗，受此鼓舞，麦新运用坚定有力的节奏、简单明快的旋律表达了中国士兵抗敌的坚强决心和爱国热忱。麦新用节拍重音来强调关键音节，如"把他消灭"，并指挥歌者喊出"冲啊！""杀！"这首歌成为国民党军队的行进曲，据说，当士兵们向敌人冲锋的时候，就会大声唱起这首歌。[②]

贺绿汀的《游击队歌》也是受抗战鼓舞而创作的。1937 年 8 月中旬，贺绿汀加入了上海文化界救亡演剧一队。在炮火连天的日子里，他离开上海，随演剧队在郑州、洛阳、西安进行抗日宣传工作，然后渡过黄河抵达晋南临汾。中共老党员贺绿汀以及其他演剧队成员发现八路军办事处恰好就在附近的村庄，适恰逢春节，他们在此停留了两周时间，这段时间里，他们听报告、讨论表演、进行创作。贺绿汀与游击队指挥员交谈游击战术，在得知他们从投降的日本兵和阎锡山的逃兵那里获得弹药后，触发了

---

① 汪毓和：《中国近现代音乐史》第 2 版，第 237 页；佐藤翔子：《"第三厅"音乐活动研究》，中央音乐学院硕士学位论文，2006，第 32 页。关于昆曲对这首歌的影响，参见周畅《中国现当代音乐家与作品》，人民音乐出版社，2003，第 50 ~ 51 页。张曙童年对昆曲和安徽地方戏曲充满兴趣，在上海艺术大学和国立音乐学院接受教育，1930 年因参加进步活动而被捕入狱，1933 年入党。张曙生平及其音乐成就详见汪晓鹏《九歌传四海，一死足千秋：作曲家张曙》，向延生编《中国近现代音乐家传》第 2 卷，第 1 ~ 11 页。

② 汪毓和：《中国近现代音乐家评传》，第 241 页。

他的灵感，以此为歌曲主题并创作歌词——"没有枪，没有炮，敌人给
我们造。"贺绿汀从上海到临汾曾有过在防空洞里听到高射机枪声音的经
历，促使他使用小军鼓有节奏的鼓点，创作出《游击队歌》欢快的前奏。
他回忆创作《游击队歌》的目的时提到："如何把这些战略战术的方针
体现在具体的群众歌曲中，那又是另一回事情。它必须通过生活形象，
赋予一定感情趣味，才能使唱和听的人有兴趣。但是游击队的生活与游
击队员的思想感情也是很复杂的，多方面的，必须有所选择与集中，才
能生动而又有积极的教育意义。因此在歌词方面强调英勇、顽强、机
智、乐观的一面，在音乐处理方面则侧重愉快，活泼的军队行进的节
奏。"①

　　《游击队歌》在中共根据地和华北地区广为传唱无疑要归功于朱德，
他对此歌极为喜爱，并鼓励贺绿汀在军队中教唱这首歌。此外，在这首歌
还体现了贺绿汀融合西方作曲技巧和中国传统音乐的能力。为了激发听众
的兴趣，使歌曲更易掌握，他利用欧洲民歌 AABA 的二部曲式的结构，
用他自己的话说就是唐诗绝句的格式特点，即在诗中运用了起承转合。具
体讲，他改变了第三乐句（第九至十二音节）的节奏，曲调上与其他三
个部分形成鲜明的对比，既避免了乐曲的单调乏味，又将乐曲推向了高
潮。贺绿汀还使用了其他的编曲技巧，例如，使用小军鼓明快的节奏和明
亮的音调，喻示着军人行军，通过强拍或高音的处理来突出核心语句，用
自己独特的方式，通过起伏的旋律、明快的节奏赋予这首歌活泼欢快的感
觉。②

　　冼星海的《在太行山上》也同样表达了游击队员的乐观精神及取得
胜利的决心。虽然冼星海是 1938 年在武汉谱曲，但是，词作者桂涛声在
山西前线的经历为冼星海呈现出太行上游击队员的英勇形象："红日照遍
了东方，自由之神在纵情歌唱！看吧，千山万壑，铜壁铁墙，抗日烽火，

---

①　贺绿汀：《〈游击队歌〉创作经过》，原载于《解放日报》1961 年 8 月 13 日，再版于
　　《贺绿汀全集》第 4 卷，第 249 页。
②　贺绿汀：《〈游击队歌〉创作经过》，原载于《解放日报》1961 年 8 月 13 日，收录于
　　《贺绿汀全集》第 4 卷，第 249 页。译者注：英文稿附《游击队歌》词曲，中译稿略。

燃烧在太行山上，气焰千万丈！母亲叫儿打东洋，妻子送郎上战场。我们在太行山上，我们在太行山上，山高林又密，兵强马又壮。敌人从哪里进攻，我们就要他在哪里灭亡！"① 从一开始，这首歌就受到了热烈欢迎，据冼星海回忆，在汉口抗战纪念宣传周歌咏大会上，此歌一经唱出，听众就大声喝彩要求再唱，"此后又传遍了全国，现在太行山上的游击队以它为队歌，老百姓，小孩子都会唱，到处听到'敌人从哪里进攻，我们就要他在哪里灭亡！'"②

这首歌的成功离不开冼星海将战斗的现实性与革命的浪漫主义相结合的作曲风格。与其他通过齐唱方式演绎的救亡歌曲不同，冼星海使用了两个声部。没有像其他群众歌曲一样使用大调音阶，而是使用自然小调音阶，使音乐具有俄罗斯风情，将进行曲形式与抒情风格有机地结合，自然而然地给歌曲增添了浪漫色彩。冼星海采用了两段体的形式，歌曲的第一部分运用了自然小调音阶，使人联想到绵延的太行山脉，但是进而变调为关系大调，第一段的第二句的 G 大调对应歌词"看吧""听吧"。这种变调与第一句相比，产生了一种坚定而明快的效果，突出强调了歌词所要表达的抗日热情以及母亲劝儿抗日的决心。转调也使歌曲的第二部分更具感染力。这一部分是使用了附点节奏和切分节奏的快速进行曲，刻画了游击队员在崇山峻岭中策马追赶日本侵略军的场景。乐曲的结尾又重新采用了之前的 e 小调，前后呼应，使乐曲成为一个整体。③

就艺术成就而言，《在太行山上》是抗日救亡歌咏运动最优秀的曲目之一。但是，如果说冼星海的个人经历具有代表性的话，到1938年的夏天，抗日救亡歌咏运动的裂隙就开始出现了，而这也正反映出抗日民族统一战线的裂痕开始出现。1940年春，冼星海在延安回忆他在武汉的经历

① 李双江：《抗日烽火中的歌》，第45页。
② 《创作杂记》，《冼星海全集》第1卷，第133页。
③ 贺锡德编《二十世纪中国文艺图文志·音乐卷》，沈阳出版社，2002，第112页。音乐学家并非完全赞同冼星海的《在太行山上》使用了变调，或者说只是与中国民族音乐相似，在 e 自然小调及其关系大音阶之间游移。见笔者2013年9月11日对中央音乐学院蒲方教授的采访记录。

时感情极为复杂。一方面，在武汉的工作本身是令人振奋的，表演、组织歌咏会、带领合唱团到学校工厂演出都使冼星海获得了极大的满足。但在武汉，他目睹各行各业普通民众的艰苦生活，开始教他们唱歌，这些经历促使他在短短的一年内共创作了70多首现实主义风格的歌曲。通过教育家陶行知的介绍，冼星海开始为上海郊区大场的农民教唱抗日救亡歌曲。这段经历让冼星海以更加批判的态度看待过去的工作，为在武汉的工作打下了基础。"他们对我的作品表示欢迎，我从他们的喜怒里，尤其劳动的呼喊、抗争里吸收新的力量到作品里来。自然，我对他们的了解还不够，我的作品也还浅薄，不深入。可是比起在巴黎的作品充实得多。在巴黎的作品……只不过是有印象派的作风和带上中国的风味罢了。而尤其觉得高兴的，是我的作品那时已找到了一条路，吸收被压迫人们的感情。对于如何用我的力量挽救祖国危亡的问题，是有把握了。我的作品已前进了一步。我的写作和实践初步地联系起来了。"虽然宣传工作取得了一定成效，但是，国民政府对第三厅文化工作者实施的控制和审查，使冼星海极为不满，"还有在歌曲方面，审查、改削、限制、禁止等更严格，作曲作词的都无法发挥能力。我渐渐感到无事可做"。他晚上忙于教唱歌，但白天却只能在办公室里无所事事，"有一个胖子，每天下午必瞌睡，呼卢呼卢，震动好几间房子，我们都笑起来。这样的生活，还有什么抗战的气味呢？"①

政府的监督审查，同行的敌意（或许是出于嫉妒）使冼星海越来越感到疏离和愤懑。1938年秋，冼星海帮助成立的一些歌咏会被迫解散。代表十几个歌咏会的全国歌咏界协会被一个官办的全国音乐界抗敌协会所替代。冼星海说，这些新歌唱团体"不欢迎我和从前那些团体的干部到他们团体里去，不唱我的歌及许多救亡歌，并把我当作排斥的目标，这显然是闹宗派意见"。仅从冼星海的描述中，我们无从得知隔阂是如何产生的，但是他提到，他为纪念聂耳而举办"中国音乐节"，一些音

---

① 冼星海：《我学习音乐的经过》（1940年3月21日），匿名原载于《中国青年》第2卷第8期，1940年，收录于《冼星海全集》第1卷，第103、104页。

乐人却要纪念 1938 年去世的学院派作曲家黄自。对彼此活动的拒绝和冷漠，又一次凸显了左翼音乐家和学院派音乐家之间的分歧和隔阂。自此之后，郑律成创作力下降，逐渐消沉，"渐渐，我无法创作，我渴望一个能给我写曲的地方，即使像上海那样也好。但回上海是不可能了。于是我想起延安，但我不知道延安是否合我的理想？在设备方面，会不会比武汉差？在没办法中，只得去试试打听打听看"。① 在收到鲁艺一位教员的邀请并保证他的艺术创作自由不被干扰之后，冼星海，在他新婚妻子钱韵玲（著名社会学家，中共党员钱亦石之女）的陪伴下，前往革命圣地延安。1930 年代末，他在延安创作了许多优秀的音乐作品，包括《黄河大合唱》《生产大合唱》，以及他的第一个交响乐《民族解放交响乐》。这些作品融合了中国民族音乐与欧洲音乐会音乐，创造了一种全新的中国音乐。②

中共军歌

在冼星海的鼓舞下，朝鲜族音乐家郑律成开始为八路军创作军歌，继承并延续了军歌的传统。郑律成出生在韩国全罗南道光州，1933 年，年仅 15 的他就进入朝鲜在华抗日团体"义烈团"开办的南京朝鲜革命干部学校学习。完成学业的第二年，郑律成积极参加抗日活动，并跟随俄籍女声乐家克里洛娃（Krilova）学习声乐。1937 年初，郑律成加入了朝鲜解放同盟。抗日战争爆发后，郑律成投身抗日宣传活动，并结识了冼星海。之后，郑律成来到延安，先入陕北公学，后转入鲁迅艺术学院。1939 年，

---

① 冼星海：《我学习音乐的经过》（1940 年 3 月 21 日），匿名原载于《中国青年》第 2 卷第 8 期，1940 年，收录于《冼星海全集》第 1 卷，第 104、105 页。

② 有关冼星海的《黄河大合唱》及其在中国民族音乐创作中的地位，参见 Sheila Melvin and Jindong Cai, *Rhapsody in Red*: *How Western Classical Music Became Chinese*（New York: Algora, 2004）and Helan Yang, "The Making of a National Music Icon: Xian Xinghai and his Yellow River Cantata," in Annie Randall ed., *Music, Power, and Politics*（New York: Routledge, 2005）, pp. 87 – 111.

郑律成同时在鲁艺和抗日军政大学担任音乐指导。① 据郑律成回忆，延安
当时成了一个"歌咏之城"，"那时候大家唱歌情绪十分饱满……每逢听
大报告，广场上聚集了五六千人到一万人，大伙提前半小时到一小时来学
唱歌，这个队唱，那个队唱，唱得很热闹……延安地方不大，依山傍水，
上万人一唱，简直是地动山摇。上课之前唱，吃饭之前唱，整队走路也
唱，学生唱，干部唱，老百姓也唱……延安不但是革命圣地，也成了真正
的歌咏之城。"②

1939 年秋，受冼星海《黄河大合唱》启发，郑律成与左联成员、诗
人公木计划合作创作体现八路军英勇精神的大合唱。《八路军大合唱》由
六首曲目组成，其中的《八路军军歌》流传最广，这首歌几经易名，解
放战争中改名为《中国人民解放军进行曲》，1988 年，这首歌被定为《中
国人民解放军军歌》。

一位音乐历史家评价道，《八路军军歌》和《新四军军歌》标志着军
歌已经进入"成熟阶段"，《八路军军歌》在融合战斗性和民族性方面取
得了突出成就，民族性也正是作曲家冼星海和吕骥所追求的民歌旋律和结
构的基础。这首歌的"民族性"体现在对民歌的"头、身、尾"三段体
结构的运用上，每句都与民歌结构类似，即同头变尾。③ 郑律成善于创作
生动的音乐形象，谱写斗志昂扬的军歌。开始的两小节引子"向前、向
前、向前!"用高音 C 做同音反复，模拟冲锋号，并采用了贯穿全曲的节
奏（一个符点八分音符、一个十六音符及两个八分音符）。郑律成将"向
前"重复三次，以增强歌词力度，"八路军那么大的一支队伍，开向前方
和日本鬼子作战……得拿出点气魄，就加上了'向前，向前，向

① 贺锡德编《二十世纪中国文艺图文志·音乐卷》，第 109 页；陈志昂：《抗战音乐史》，
第 141 页。郑律成 1945 年返回朝鲜，并在音乐界担任领导职务。1950 年又重返中国并
定居北京，最终加入中国国籍。郑律成先后在中央歌舞团、中央乐团从事音乐创作。他
创作了 300 多首脍炙人口的歌曲，其中包括《延安颂》《八路军军歌》《朝鲜人民军进
行曲》以及给毛泽东诗词谱曲的《娄山关》。
② 转引自陈志昂《抗战音乐史》，第 119 页。
③ 梁茂春：《军歌壮军威——郑律成的歌曲〈中国人民解放军军歌〉赏析》，载氏著《二
十世纪中国名曲鉴赏》，第 137 页。

前'……一下子抓住主体，气魄就出来了"。① 随后，"无从畏惧，决不屈服，坚决抵抗"这三句，旋律上采用了连续上行自由模进的手法，将歌曲推向了第一次高潮。歌词中两个"同志们"都用六度跳进，它既有号角式的音调特色，又具有一往无前的英雄气概，把歌曲推向第二次高潮。歌曲以歌词"我们的队伍向太阳，向华北的原野，向塞外的山岗"结尾，显示出八路军收复河山势不可挡的气势。②

到 1939 年，新四军和八路军都有了自己的军歌，这使官兵们充满了自豪感。《新四军军歌》由何士德创作。1910 年，何士德出生在广东阳江县的一个基督教家庭（他的父亲是当地的教师，并向一位美国传教士学习英语），从小就受到音乐熏陶。1920 年代末，他考入新华艺术专科学校，学习和声、作曲、编曲以及昆曲。他还师从黄自学习音乐理论和作曲，同时向俄籍教授苏石林学习声乐。他十分热衷于参加上海音专周淑安教授指挥的合唱队。他所接受的专业训练帮助他加入了著名意大利指挥家梅帕器（Mario Paci）指挥的上海万国合唱团，这个合唱团由上海工部局交响乐团伴奏，合唱团中仅有 4 位中国团员，何士德就是其中之一。

专业的音乐训练往往使音乐家与政治隔绝，但是对受过专业音乐训练的何士德而言，他参加的抗日救亡歌咏运动，却使他能与业余音乐家并肩作战。1934 年，他写了混声四部合唱《青年们起来》，他希望运用音乐武器去唤醒民众。1935 年，他在救亡歌咏运动中结识了麦新，后者介绍他到上海杨树浦沪东工人子弟学校教唱歌，并培养歌咏运动干部。通过指挥洪钟乐社在广州、香港和南京等地的演出，何士德声名远播。在南京，他曾在中山陵前指挥合唱，并被南京中央电影公司拍成了新闻片在全国放映。战争爆发后，他与左翼音乐家一起在 1937 年 8 月 8 日上海国民救亡歌咏协会成立大会上，指挥 50 多个歌咏队合唱。几周后，何士德同孟波等人组织了抗敌后援会上海歌咏界国内宣传团，到内地宣传。1938 年初，何士德一行抵达南昌，并加入了新四军。何士德主要协助新四军战地服务

---

① 转引自陈志昂《抗战音乐史》，第 146 页。
② 英文稿附《八路军军歌》词曲，中译稿略。——译者注

团的音乐工作，同时，为国民党江西省省长熊式辉支持组建的江西省青年服务团工作。尽管何士德与时任江西省保安处少将副处长的蒋经国交往甚密，但是，何的活动（诸如进入原属中央苏区的赣南）都不得不使人怀疑他是"由国民党出钱，办共产党的事"。1939 年 2 月，面对着工作上的处处限制，他接受命令前往新四军位于皖南泾县云岭的中共中央东南局驻地，并帮助成立了新四军政治部文化队。①

1939 年 3 月，何士德抵达皖南后偶然产生了为新四军创作军歌的想法。据何士德回忆，他与周恩来同时抵达皖南，几天后，新四军政治部主任袁国平组织召开欢迎会，欢迎周恩来莅临指导工作，他在欢迎会上提议唱一支歌，就站在桌子上，"放声唱了《歌八百壮士》。同志们发现了陈毅同志在场，掌声马上爆发起来，欢迎他唱《马赛曲》。他笑着站起来，用法文唱了《马赛曲》。报告会结束后，陈毅同志很有感触地表示，新四军应该创作一支《军歌》，让全军唱起来，以统一思想认识，统一前进步伐"。② 歌词几经修改，何士德接受了陈毅创作的名为《铁军》的自由诗为歌词。与其他进行曲类似，陈毅的歌词不仅显示出军队的英勇善战和赫赫战绩，也体现出民族解放的主题：

> 光荣北伐武昌城下，血染着我们的姓名；
> 孤军奋斗罗霄山上，继承了先烈的殊勋。
> 扬子江头淮河之滨，任我们纵横地驰骋；
> 深入敌后百战百胜，汹涌着杀敌的呼声。

考虑到大部分新四军指战员来自南方农村，何士德就选用南方民歌音乐素材谱出第一稿，虽然同事们觉得曲调流畅舒展，但都感觉"不够雄壮，战斗的劲头不足。[他们]认为新四军现在是同凶恶的日寇作战，在

---

① 林晖：《〈新四军军歌〉震霄汉——作曲家何士德》，向延生编《中国近现代音乐家传》第 2 卷，第 123 ~ 125 页。

② 何士德：《〈新四军军歌〉创作前后》，中国人民解放军文艺史料编辑部编《中国人民解放军文艺史料选编（抗日战争时期）》第 4 册，解放军出版社，1988，第 80 页。

民族存亡关头进行你死我活的斗争，我们的《军歌》应是沉着，雄壮，有力，斗志高昂"。① 为达到此效果，何士德采取了多个音乐技巧。第一部分使用大三和弦构成的号角曲调调动歌曲的士气。"千百次抗争，要英勇冲锋"时使用强拍，突出庄严肃穆和军队的英雄主义精神。"千""抗""要""冲"四个字对应的强拍传达了歌曲的思想讯息。作者在第三、第四部分加快了节奏，用弱音拍起头，升华情绪，最后通过模进的音乐形式使乐曲达到高潮，"我们是铁的新四军"。②

　　虽然具备了军歌的艺术特点，但歌曲的流行离不开中共有组织的宣传。在纪念中共成立的文艺活动中，首先给陈毅和其他新四军领导演唱了这首军歌；然后，政治部命令何士德和文化队成员教唱其他文艺干部，让这首歌在军中广泛传唱。几周后，新四军中的所有士兵都学会了这首军歌。两个组织为歌曲的流行起了重要作用，一个是新四军军部战地服务团，共有200人组成，按照性别和年龄分成若干小队。服务团参与群众工作（例如大力宣传减租减息运动），开展文艺表演，战争期间培训了400多名文艺骨干。第二个组织是成立于1939年4～5月间、何士德领导的新四军教导总队文化队，它是培养军队戏剧和音乐骨干的摇篮。其前身是组建于1937年秋、隶属新四军教导总队的戏剧培训班。文化队的主要工作是，向文化工作者和应征入伍的青年提供补充培训。文化队分为两个排，每个排由70个人组成，他们又被分为4个班，一个是男兵班，另外三个是女兵班。学员在政治、军事和艺术专长方面接受严格的训练。何士德担任音乐科目的主任教员，音乐科包括音乐理论、声乐、指挥和编曲。作为必修科目的声乐实践很快就成为兵营早操后的常规活动。两个月后，文化队面临着来自国民党要求其解散的压力，国民党认为军队不是文化部门。为遵守命令，新四军不得不在保留文化队组织结构的前提下，将其纳入军部战地服务团二队。③ 1940年1月鲁迅艺术学院华中分院在江苏盐城成立

---

① 何士德：《〈新四军军歌〉创作前后》，《中国人民解放军文艺史料选编（抗日战争时期）》第4册，第81页。
② 周畅：《中国现当代音乐家与作品》，第116～117页。
③ 李双江编《中国人民解放军音乐史》，解放军文艺出版社，2004，第110、112页。

后，文化队发展文艺骨干的工作从未间断。1940年末，何士德还成为该院音乐系主任。

在这些组织的帮助下，唱歌成为中共根据地战士们日常生活的一部分。新四军政治部作家吴强注意到，文艺干部在创造一个"歌咏世界"的过程中起了关键作用。"每个队伍每天早晚都要唱歌，每个连队和每个伙食单位都有一个俱乐部，并专设一个文化教员。俱乐部是干部、战士进行各种政治、文化活动的组织和场所，文化教员的任务之一是教干部、战士们唱歌。每次举行大型集会，会场上的歌声总是此起彼伏，这部分拉那部分'来一个！'那部分又拉另一部分'再来一个！'这样的互相拉唱，使整个会场浸沉在欢乐的歌唱的海洋里。"①

抗日救亡歌咏运动的结局

1939年夏，刘良模被逐出歌咏运动，他成为中共在组织和训练文艺干部取得成功后，招致国民党迫害的受害者。国民党当局怀疑文化活动被操纵并向有利于中共的方向发展，所以，开始压制刘良模基督教青年会战地服务团的工作。国民党对刘良模的限制标志着全国范围的歌咏运动的终结，也切断了国民党军队和歌咏运动之间的联系。

1938年11月13日，国民党军队以"焦土抗战"为名焚烧长沙城，刘良模冒险保卫基督教青年会活动场所，并帮助1万名伤兵撤退。之后，刘良模和他的服务队成员决定迁至浙江，并分成三组在浙西、金华（东南前线一带）和皖南的中共根据地开展工作。刘良模利用他和在新四军中任职的薛暮桥的关系，安置了几位服务队成员。② 刘良模同情并赞成社会主义，推荐其服务队成员（尤其是20岁出头的青年学生）阅读艾思奇的《大众哲学》和毛泽东的《反对自由主义》，但是，他仍旧努力不依附

---

① 吴强：《新四军文艺活动回忆》，《中国人民解放军文艺史料选编（抗日战争时期）》第4册，第30页。
② 丁柯口述、冯远编写《天下无人不知刘》，第106页。

于任何政党以保持组织的独立性。① 教新四军唱歌的丁柯，在刘良模的授意下，仍旧继续接受每月 6 元的工资，远远高于新四军 50 分的工资，借此来体现该组织的独立性。

1939 年初，刘良模在浙江金华建立起 30 人组成的服务团体。据一位成员回忆，每两周他们就在国民党政府和军队附近表演唱歌。刘良模与他的军人服务部成员每天早晨练习抗日救亡歌曲，并以歌曲为媒介开展一系列基层工作，包括走访工厂、学校和军队。1939 年 2 月底，周恩来视察金华，与刘良模会面，这次会面更加深了国民党的猜疑。（实际上，周恩来希望刘良模利用其在金华的组织作为新四军和上海之间的联络站）1939 年 6 月，国民党宪兵包围并搜查了金华军人服务部的住所。刘良模接受了其友人赵文龙（时任浙江省国民抗敌自卫团第一支队支队长）的邀请，前往距杭州 50 公里的富阳开展工作。新四军的袁国平通过丁柯也向刘良模发出邀请，请他加入中共的军队，并帮助新四军文化队开展工作。但是，刘良模因介绍服务部成员加入新四军时未进行审核而受到指责。如果刘良模的团队要加入新四军，其成员就不得不与军人服务部断绝关系，并以个人名义加入新四军。刘良模选择了拒绝，因为他的基督教信仰高于对任何政党的忠心。更糟糕的是，国民党开始限制服务团在第三战区（包括金华）的活动，并下令逮捕刘良模。刘良模在抵达宁波后被软禁，在美国基督教青年会的干预下，才被释放。几个月后，刘良模前往美国，继续在海外华人中推动抗日救亡歌咏运动，并得到了黑人歌唱家保罗·罗伯逊（Paul Robeson）的支持，感召更多的人支持中国人民的抗日斗争。② 直到 1949 年，他才返回中国。

国民党对刘良模的迫害从侧面反映出，其为何没能像中共一样在自己的军队上下成功地开展一场歌咏运动。在 1935～1939 年抗日救亡歌咏运

---

① 张碧瑜：《爱国战士的楷模》（1994 年 10 月），《刘良模先生纪念文集》，第 91 页。
② 沈馥：《我所了解的刘良模领导的军人服务部》，《刘良模先生纪念文集》，第 418 页。丁柯口述、冯远编写《天下无人不知刘》，第 108－109 页。刘良模在美国的活动，参见 Joshua H. Howard, "The Making of a National Icon: Commemorating NieEr, 1935－1949," *Twentieth－Century China*, vol. 37, no. 1（2012）, pp. 25－27.

动开展期间，国民党曾与刘良模的战士服务团或战区演出队有过接触，对爱国歌曲表现出极大热情，并成为歌咏运动的积极参与者。但是到1941年，演出队和服务团纷纷解散，歌声便逐渐消散。[①] 国民党军队内部缺乏一种用文艺来推动政治宣传和教育的机制。尽管歌曲都是爱国救亡内容，但是国民党担心这些歌曲可能包含反动或批判内容，而且歌咏运动要有群众的广泛参与，这些都阻碍了歌咏运动在国民党军队里的推进。再者，国民党军队里也缺少音乐干部。1938年国民党成立的戏剧教育队在广东、江西、山西、湖北、河南、浙江、湖南和广西等战区开展宣传工作，这的确为国民党引来了不少音乐人才，例如麦新，但是因为中共在每个戏剧团和演出队都成立了党支部和党小组，所以绝大多数音乐家是中共党员。[②] 解放战争时期，国民党军队使用左翼音乐家创作的歌曲作为其军歌。让八路军战士感到十分诧异的是，他们听到国民党军队在向陕甘宁边区进军时唱的竟然是《八路军军歌》。[③] 就我所知，国民党军队没有一首自己创作的进行曲或军歌，即使有，其传唱范围也远不及中共军队。

---

① 1937年8月，在地下党和左联成员于上海组织的十几个救亡演剧队中，有几个在一年后划归国民党政治部第三厅。第三厅共有10个抗敌演剧队、4个抗敌宣传队和1个儿童剧团。皖南事变爆发之前，面对复杂的政治形势，大部分演剧队已经解散。例如，1940年东北军第五十七军发生兵变，抗敌演剧第六队被怀疑与中共勾结发动兵变，因而全体成员被捕。在周恩来的斡旋之下，其成员得以释放，并继续在山东的中共根据地进行抗日救国斗争。抗敌演剧第十队因为与游击队员的交往甚密，而遭遇到第一战区政治部的干涉。1939年夏，在转移到第二战区后，阎锡山对中共的进攻，最终迫使演剧队在1940年1月转移至延安。在领导被捕、几位成员被处决后，抗敌宣传二队被迫离开了东南战区。抗敌宣传三队全队被软禁后，被迫离开华中战区。皖南事变发生后，剩余的演剧队和宣传队被改组成6个抗敌演剧宣传队，即剧宣二队、四队、五队、六队、七队和九队。这些有武装斗争经历的演剧宣传队与军队联系甚密。剧宣二队扎根山西，收集了500多首民歌，为发动群众改编了其中许多歌曲。1944年，阎锡山对中共的进攻导致13位队员被捕。在6个抗敌演剧宣传队中，剧宣五队与国民党军队联系最为密切，1944年，他们随远征军前往缅甸抗日前线为中美军队演出和服务。参见向延生《周恩来建立与领导的革命文艺队伍》，《乐苑史迹：向延生音乐学研究文集》，第372、376~377、389页。
② 参见向延生《周恩来建立与领导的革命文艺队伍》，《乐苑史迹：向延生音乐学研究文集》，第364~365页。
③ 例如，孙立人就十分欣赏《八路军军歌》，将其作为新一军的军歌。国民党远征军第二〇〇师师长戴安澜以《义勇军进行曲》作为军歌。见笔者于2013年6月3日采访向延生先生。

战争爆发后，许多著名的音乐家都在陪都重庆的大后方避难，其中不乏乐器演奏家，例如小提琴家、作曲家马思聪，他认为，军队缺少乐器和军乐团，使音乐家的创作不能用于军队，是一个操作性问题。然而，在哲学层面上思考时，马思聪则处于两难之中，不确定艺术家的社会角色及定位是应该为集体利益服务而创作群众歌曲，还是将艺术视为个体表达的方式而继续创作室内乐。马思聪曾解释他较少创作爱国歌曲的原因："多年来我的工作都用在研究并创作室内乐上面，创作室内乐与创作抗战歌有很大的差异。室内乐宜于表现个人的感觉和情感。我着重技巧与结构，我的至上目的在乎完成一种新颖完善的艺术作品，具备着新的技巧，新的和声，新的气氛。抗战歌既然是作给民众唱的，民众就是作曲者的对象。"①将创作抗日救亡歌曲等同于为大众利益服务，意味着创作其他音乐形式或艺术歌曲（抒情曲）的作曲家是精英主义者。冼星海因此批判过国民党统治时期的一些音乐家："……目前缺乏工农、妇孺、伤兵的歌曲的原因，就在一般作曲者不肯到民间去。他们仍有保存着过去所谓音乐家的庄严，离开民众的纯艺术主义者，表示他们的尊贵和高尚。要克服这一点，作曲者非要充实他们的生活不可。"冼星海鼓励同行们舍弃艺术学院培养的风格和"纯艺术主义"："在抗战期间，不容许我们有自我的为艺术而艺术的作品，作曲者应该多量产生抗战的歌曲，增强抗战的情绪。关于音乐水准和技巧问题，可以从民众生活做出发点，避免高深、生硬的一般难学难唱的歌曲。打破陈旧的古典的形式主义，而另以新的民族音乐代之。"②

冼星海谴责那些具有更多职业素养和专业知识的音乐家是精英主义者，他的判断似乎过于简单。著名的作曲家萧友梅和黄自在国立音乐学院都身居要职，尽管他们是九一八事变后最早参与抗日歌曲创作的作曲家，但在左翼音乐家看来，他们与精英主义者并无区别。贺绿汀大半生都在推动音乐领域的"又红又专"。但是，那些倡导民族主义精神，深入群众，

---

① 马思聪：《我怎样作抗战歌》，原载《大地画报》1939年6月12日，收录于《马思聪全集》第7卷，中央音乐学院出版社，2007，第8页。
② 冼星海：《抗战歌曲集第二集序》，生活书店，1938，第31~32页。

努力打破阶级差别的左翼作曲家，其中大部分仅接受过非正规的音乐训练，与专业音乐学院教育仍有一段距离。新四军和八路军都通过吸收词作家和音乐家加入中共的方式来发展国防音乐。但遗憾的是，在把音乐输送至前线的过程中，许多年轻的著名左翼音乐家牺牲在战火中。年仅29岁的张曙在桂林的空袭中去世。任光在皖南事变中不幸牺牲，年仅41岁。冼星海在离开延安前往苏联为纪录片《延安和八路军》进行后期制作和配乐时，由于过度劳累，身体状况已极为不佳，1945年肺结核终于夺取了他年仅40岁的生命。两年后，麦新在内蒙古热河开展宣传工作时遭匪徒袭击壮烈牺牲，年仅33岁。人虽已逝，但永远不会被人们所忘记，他们的战时音乐继续被同行和官兵们传唱着。

〔作者何稼书，密西西比大学历史系与克饶福特国际学院副教授〕

（贾亚娟　译）

培育抗战儿童：中国性别与童军运动的楷模（1919～1937）

田　梅（Margaret Mih Tillman）

内容提要　20 世纪二三十年代，中国开始开展童军运动。童军运动最初是英国人为培养年轻人拥有男子气概，以长成未来的殖民军人而发展起来的。起初，中国的家长和教师更主张将童军运动视为户外娱乐和锻炼的一种形式，但在 1927 年后，蒋介石和国民党却将童军运动与军事训练相联系。中国童子军总会不但培养男童的男子气概，也通过树立爱国女青少年楷模引导女童军开展活动。国民党鼓励女童军的女性特质，并将女童的爱国主义热忱引向战地护理工作。第二次世界大战期间，在日益军事化的儿童教育中，女童军成为爱国主义的重要象征。国民党极力颂扬在四行仓库保卫战中为"八百壮士"献旗的女童军英雄杨惠敏，认为她是国民党事业的代言人，但也不能完全掌控她在公众心目中的形象。

关键词　女童军　童军运动　性别角色　中国　第二次世界大战

1920 年的《儿童世界》杂志封面上，一个中国男孩正向行进中步伐整齐的女童军致敬（见图 1）。圆圆的脸庞、摇摆的动作，杂志封面上宛如玩偶一般的孩子们身处田园般的景色之中。孩子们身着童军制服，男孩手持童子军最具代表性的物品——童军棍。该形象显示了在 1920 年代紧张的政治环境中，儿童培养的"军事化"等问题。孩童的嬉戏是应该回归梦幻花园，还是应该直面日益逼近的战争前线？男孩女孩是应该在一个共同的青年文化中致意敬礼，还是应该依照性别分开行军？本文分析了中国童子军总会（Chinese Boy Scout Association）在抗日战争全面爆发之前如何通过树立英雄榜样和创设仪式等方式使儿童直面战争现实。

图1　《儿童世界》封面（第18卷第20期，1926年）

中国童子军总会致力于推动儿童的军事化，而军事化使中国少年儿童中的性别差异表现得更为分化。年龄为性别分析提供了有用的分类工具，[①] 作为儿童时期的活动，童军运动或许能够提供一种新视角，以观察20世纪二十三十年代不断变换的性别表演性（gender performativity）。在

---

① Rachel Leow, "Age as a Category of Gender Analysis: Servant Girls, Modern Girls, and Gender in Southeast Asia," *The Journal of Asian Studies*, vol. 71, no. 4 (2012), pp. 975 – 990.

西方和日本帝国主义对中国男人的阳刚气质极尽蔑视和侮辱之时，中国女性却能够接受和适应范围更广的性别身份表达。① 具有"中性特征"的中国女兵形象与"女性特质明显"（sexualized）的摩登女郎（Modern Girl）形象也影响着成长于 1920 年代的更年轻一代女性，她们在 1937 年抗日战争全面爆发后，成为女童军中的一员。② 国民党力图通过中国童子军总会对女童军施加影响，将英勇参加四行仓库保卫战的女童军英雄杨惠敏颂扬为中华民族抗日战争的代言人。通过研究中国童子军总会，尤其是儿童教育军事化（包括战前的露营游行到战时的战地服务），我们对抗日战争时期积极为全国抗日活动寻求支持的民族主义动员，有了进一步了解。

性别、帝国主义与童军运动引入中国

童军运动引发的问题是，专为殖民统治设计的军事训练如何适用于青年，并移植到其他国家。童军运动最初是为国防事业而在年轻人中开展的体育运动。③ 中国早期的童军倡导者默认了其创始人罗伯特·贝登

---

① Liang Luo, "Modern Girl, Modern Men, and the Politics of Androgyny," *Michigan Quarterly Review*, XLVII (2008), 2, Available at http://hdl.handle.net/2027/spo.act2080.0047.223.

② 有关中国现代女性研究，请参见 Tani Barlow, "Buying In: Advertising and the Sexy Modern Girl Icon in Shanghai," in *The Modern Girl Around the World: Consumption, Modernity, and Globalization*, edited by Eve Weinbaum, Priti Ramamurthy, Lynn M. Thomas, Uta G. Poiger, Madeleine Yue Dong, and Tani E. Barlow (Durham, NC: Duke University Press, 2008), pp. 288 – 316; Madeleine Yue Dong, "Who is Afraid of the Chinese Modern Girl?" in *The Modern Girl Around the World: Consumption, Modernity, and Globalization*, edited by Eve Weinbaum, Priti Ramamurthy, Lynn M. Thomas, Uta G. Poiger, Madeleine Yue Dong, and Tani E. Barlow (Durham, NC: Duke University Press, 2008), pp. 194 – 220. 有关中性特征及女兵，请参见 Antonia Finnane, "What Should Chinese Women Wear?" in *Dress, Sex, and Text in Chinese Culture*, edited by Antonia Finnane and Anne McLaren (Clayton, Vic.: Monash Asia Institute, 1999), pp. 3 – 36; Christina Kelly Gilmartin, *Engendering the Chinese Revolution: Radical Women, Communist Politics, and Mass Movements in the 1920s* (Berkeley: University of California Press, 1995).

③ Susan Brownell, *Training the Body for China: Sports in the Moral Order of the People's Republic* (Chicago, IL: University of Chicago Press, 1995), p.18; David IMacleod, *Building Character in the American Boy: The Boy Scouts, YMCA and Their Forerunners, 1870 – 1920* (Madison: University of Wisconsin Press, 1983).

堡爵士（Sir Robert Baden – Powell）发起童军运动以应对布尔战争的历史，承认其带有殖民色彩的缘起。[①] 但是，1920 年代的童军倡导者则认为，作为一种预备训练（preparatory training），参加童军不应被视为服兵役，[②] 而且，童军与士兵的年龄差异足以让中国人相信童军与从军迥然相异。

童军运动尽管与帝国主义存在联系，但也能用来提高殖民地或原住民地区的国防自卫。在 "健硕基督教运动"（Muscular Christianity）中，基督教青年会（YMCA）创建了童军组织，通过严酷粗犷的户外活动使男童健硕阳刚。[③] 1912 年，基督教徒创建了中国第一支童军，截至 1915 年，大部分中国的教会大学和教会中小学成立了童军组织。[④] 到

[①] 裴吉尔特（Harold Begbie）：《童子军创始者贝登堡传》，程育德译，世界书局，1935，第 184 页；刘澄清：《中国童子军教育》，商务印书馆，1938，第 11 页。

[②] 《征求修改童子军名词之意见》，《申报》1922 年 1 月 4 日，第 15 版。

[③] 为解决基督教新教的 "女性化" 倾向，以及西方城市青年的无所事事，基督教徒创建了基督教青年会（YMCA），以推动 "健硕基督教" 运动。（Clifford Putney, *Muscular Christianity: Manhood and Sports in Protestant America, 1880 – 1920*, Cambridge, MA: Harvard University Press, 2003, p. 6）"健硕基督教" 与基督教传教士批评中国人是缺少体育活动和身体锻炼的 "东亚病夫" 的言论不谋而合。（Andrew Morris, *Marrow of the Nation: A History of Sport and Physical Culture in Republican China*, Berkeley: University of California Press, 2004）基督教传教士将新一代中国男青年的活力归因于户外露营和童军运动，并把童军运动定义为户外运动以吸引中国人。参见 C. G. Sparham, "The Outlook," in *The China Mission Yearbook, 1919*, edited by E. C. Lobenstine and the China Continuation Committee (Shanghai: KwangHsüeh Publishing House, 1920), p. 52; J. C. Clark, "The Boys' Work of the Shanghai Young Men's Christian Association," in *China Mission Year Book*, edited by E. C. Lobenstine (Shanghai: Christian Literature Society for China, 1917), p. 502.

[④] 在中国，基督教青年会在童子军的创建中起到了重要作用，尤其是那些原本属于本地外国童子军的基督教青年会。（Robert Culp, *Articulating Citizenship: Civic Education and Student Politics in Southeastern China, 1912 – 1940*, Cambridge, MA: Harvard University Press, 2007, pp. 178 – 179; Jeffrey Wasserstrom, *Student Protests in Twentieth – Century China: The View from Shanghai*, Stanford, CA: Stanford University Press, 1991, p. 34;《又一个童子军队成立》，《申报》1916 年 12 月 1 日，第 11 版;《上海童子军之形成》，《申报》1916 年 11 月 2 日，第 11 版）中国的基督教徒将中国童子军的起源追溯到 1912 年严家麟（Yen Chia-lin）与基督教青年会在武昌共同创建的第一支中国童子军。（范小六编《新编童子军初级课程》，二二五童子军书报用品社，1935，第 57 页）文华学堂（后改为文华大学，Boone University）的校长康

1922 年，基督教传教士将童军运动作为领导力训练的一种形式在男女童中推广。[1] 讽刺的是，正是因为帝国主义蔑视中国人缺乏阳刚之气，中国的改革者才决心引进西方式的体育训练，以提高中国在全球竞争中的地位。[2]

中国童军的早期发展离不开那些归国后汇集在通商口岸的留学生。例如，美国华侨在纽约成立的第一支童军的队长回到中国后，首先服务于广东童军。[3] 著名的教育心理学家陈鹤琴（1892～1982）在哥伦比亚师范学院求学期间就曾是纽约华人童军的领袖之一。他在 1919 年回国后，很可能也将童军运动引入中国。美国人称颂美华童军组织是爱国的美国人追求种族平等的一次胜利，[4] 但是陈鹤琴却将种族隔离的社团作为将华侨与中国文化联系的途径和方式。[5] 而且，陈鹤琴的童军成员曾称赞他是与祖国联系的桥梁。[6] 因此，童军运动促使产生了政治学家陈素贞（Chan Sucheng）所说的"美国华侨的跨国主义"（Chinese -

普（G. S. Kemp）也是武昌童子军的领袖。（Foster G. S. Kemp, "The Boy Scouts of China," in *The China Mission Yearbook*, *1919*, edited by E. C. Lobenstine and the China Continuation Committee, Shanghai: KwangHsüeh Publishing House, 1920, p. 196）在 1915 年远东运动会举办期间，中国童子军召开了第一次全国会议，会后，主要教会大学都成立了童子军团。因此，童军运动与学校的体育教育同时兴起和发展。为了应对中国人的压力，传教士允许童子军团向"各个阶层和不同宗教"开放。参见 Foster G. S. Kemp, "The Boy Scouts of China," pp. 197, 199 – 200.

① Wayne Flynt, *Taking Christianity to China: Alabama Missionaries in the Middle Kingdom*, *1850 – 1950* (Tuscaloosa: University of Alabama Press, 1997), p. 176; F. Rawlinson and Helen Thoburn eds., *The Chinese church as revealed in the National Christian Conference held in Shanghai*, *Tuesday*, *May 2 to Thursday*, *May 11*, *1922* (Shanghai: Oriental Press), p. 561.

② Andrew Morris, *Marrow of the Nation: A History of Sport and Physical Culture in Republican China* (Berkeley: University of California Press, 2004), p. 12.

③ Foster G. S. Kemp, "The Boy Scouts of China," p. 196; Warner M. Van Norden, *Who's Who of the Chinese in New York* (New York: Warner M. Van Norden, 1918), p. 95.

④ Warner M. Van Norden, *Who's Who of the Chinese in New York*, p. 95.

⑤ 陈鹤琴：《我的半生》，台北，龙文出版社，1993 年影印 1942 年版，第 33 页。

⑥ 曾经的童军洪煨莲成为燕京大学的教授，另一位童军李兆昌，成为夏威夷大学汉语言教授。参见陈鹤琴《我的半生》。

American transnationalism）。[1]

像陈鹤琴一样，女留学生张绍南归国后，带来了在英国留学期间所掌握的女童军的知识和信息。1919年，张绍南回国后，发表了一系列有关女童军的文章。除了在上海仓圣明智女子学校创建女童军，她还在上海成立了女童军教育研究会来研究与身体锻炼相关的生物学，并推广女童军活动。[2] 因为存在是否得到国际组织认可的问题，早期有关童军成员的统计数据和资料极为罕见（而且，对中国的"第一支"童军存有争议）。[3] 1930年代末，政府开始对童军实施注册管理，截至1946年，成员统计数量达到315776名（其中有3100多名女童军）[4]

童军运动开始时是在各地各自进行，因此在1927年之前，也即童军历史中的"试验阶段"，各地童军享有很大的自主权。[5] 各地女童军组织可以选择是否加入中国童子军总会。[6] 加入总会的女童子军组织可以参加男童军的会议和活动。然而，女童军对男童军组织的附属关系一直或多或少地存在争议。[7] 根据1933年颁布实施的《中国童子军总章》第八款规定，女童军遵守与男童军不同的规章制度。[8] 将女童完全排除在男童子军之外，会被批评为歧视女性的柔弱[9]——这种说法在常用女性来比喻中华

---

[1] Sucheng Chan ed., *Chinese American Transnationalism: The Flow of People, Resources, and Ideas between China and America during the Exclusion Era* (Philadelphia, PA: Temple University Press, 2006), pp. ix – x.

[2] 刘澄清：《女童子军教育法》，商务印书馆，1935，第3页；陈广湘：《世界女童军史略》，《体育周报》1932年第15期，第24页。

[3] 陈广湘：《世界女童军史略》，《体育周报》1932年第14期，第22页；"Marines help to establish Girl Scout camp in China," *New York Times*, October 14, 1934.

[4] 关于登记在册的童子军数量，请参考中国童子军总会所公布的数据。例如，《三十六年度五月份核准女童军服务员一览表》，《一九四六年各国童子军统计》，《中国童子军总会公报》第2卷第5期，1947年，第15页。有关登记表，请参阅《令省私立各完全小初级中学准函送中国童子军》，《湖北省政府公报》1935年第127期，第8～12页。

[5] 沈雷渔：《童子军教育概论》，正中书局，（1939年初版）1947，第1页。

[6] 刘澄清：《女童子军教育法》，第4页。

[7] 《江苏童子军联合会董事会纪》，《申报》1923年10月30日，第14版。

[8] 台北"国史馆"藏档案：001-000000-6217A-011A；蔡鸿源：《民国法规集成》第59卷，黄山书社，1999，第292页。

[9] 《女童军是女子军事训练先声》，《玲珑》第3卷第43期，1933年，第2377页。

民族时，尤其不受欢迎。① 然而，即使在女童军运动内部，童军领袖也认为女童军应该学会操持家务，学习如何成为一位贤妻良母，应该按照性别特点对男女童军区别对待。②

以上对童军的简要介绍表明，中国女童军的创建所依赖的资源，如传教士群体等，在取向上截然有别于具有中性特质的"女兵"。根据比较文学学者刘禾的研究，女兵"必须以自我毁灭的方式摒弃自己的女性身份，从而成为中国人，并为民族而战"。③ 尽管在模范女兵和通商口岸富裕家庭的女孩之间存在巨大差距，但是女战士的榜样的确有助于普及这样的观点，即女孩同样可以进行身体锻炼、体育运动，甚至是军事训练。④ 由于反帝运动的一大目标也是解放妇女，性别问题使中国男童军充满阳刚之气的"保家卫国"使命，变得更为复杂了。

征服自然：适龄的露营活动和男女童军的区别对待

童军最初是为了培育中国"洋大学"里青年男性的阳刚之气而创立的组织，但随着时间的推移，童军在年龄和性别上都有所扩展，8 岁以上的男童和 11 岁以上的女童都可加入童军。⑤ 按照年龄对童军进行划分是

---

① Rey Chow, *Woman and Chinese Modernity: The Politics of Reading Between West and East* (Minnesota: University of Minnesota Press, 1991), p. 170.

② 延平：《女童军所负的责任》，《振华季刊》第 1 卷第 3 期，1934 年，第 101 页。

③ Lydia Liu, *Translingual Practice: Literature, National Culture, and Translated Modernity: China, 1900 - 1937* (Stanford, CA: Stanford University Press, 1995), p. 208.

④ 《两女童子军团将举行野战》，《申报》1923 年 11 月 13 日，第 18 版；Yunxiang Gao, *Sporting Gender: Women Athletes and Celebrity - Making During China's National Crisis, 1931 - 45* (Vancouver: University of British Columbia Press, 2013); Joan Judge, "Talent, Virtue, and the Nation: Chinese Nationalisms and Female Subjectivities in the Early Twentieth Century," *The American Historical Review*, vol. 106, no. 2 (2001), p. 788.

⑤ 《明星公司之新片与四个摄影家》，《申报》1922 年 12 月 28 日，第 19 版。童军运动借鉴了"以儿童为中心"开展教育的国际潮流，按照年龄为童子军提供不同的活动内容。8～12 岁的男孩子参加幼童军；12～18 岁参加童子军；18 岁以上参加青年童子军。（台北"国史馆"藏档案：001 - 000000 - 6217A - 011A - 13A）对于女孩而言，11 岁之前为幼童军；11～16 岁为童子军；16 岁以上为青年童子军。（沈雷渔：《童子军教育概论》，第 5 页）除此之外，"海童子军"年龄为 14 岁以上。这些规定与当时教育趋向十分吻合。

大势所趋，不仅是为了培育孩童之需要，也是保护他们免于应对与年龄不符的各种要求。[①] 依照教育部有关小学生教育的目标，教育家沈雷渔解释说，童子军运动有助于实现提高儿童心理健康水平的目标。[②] 通过强调适龄的学习活动，教育家也对家长们对军事训练的担心做出了回应。

童军的倡导者认为，汉语翻译"童子军"过度强调军事色彩而显得有些命名不当。[③] 家长们之所以对童军运动产生误解是因为名称中含有"军"字。[④] 针对家长们对童军招募是否具有征兵性质的顾虑，童军倡导者坚称，童军运动只是训练儿童开展诸如露营之类的户外活动。但是，这种思维方式忽略了露营带有帝国主义色彩的一面，如女童军要模仿哥伦布发现新大陆一样呼喊，[⑤] 而且在军阀混战的政治动乱中露营也有危险。[⑥]

童军领袖曹庸方是露营的倡议者之一[⑦]。曹庸方曾代表中国童军参加在瑞典举办的童军大露营活动，[⑧] 他编写的童军指导手册参考了罗伯特·贝登堡的《童军警探》(*Scouting for Boys*)。[⑨] 曹庸方强调童军活动应与广阔的户外活动紧密相连。他认为童军的训练活动能够提高儿童的特殊技能，进而提高他们的身体和心理素质。[⑩] 曹庸方的观点与小学公民课本上的宣传内容不谋而合，课本号召男孩子去户外广阔天地探索（见图 2）。

---

① LinminBai, *Shaping the Ideal Child: Children and Their Primers in Late Imperial China* (Hong Kong: Chinese University of Hong Kong, 2005), pp. 150 – 175.
② 沈雷渔:《童子军教育概论》，第 65 页。
③ 《征求修改童子军名词之意见》，《申报》1922 年 1 月 4 日，第 15 版。
④ 沈雷渔:《童子军教育概论》，第 6 页。
⑤ 柯诚芝:《杨惠敏献旗之真相》，《涛声》第 1 卷第 6 期，1937 年，第 53 页。
⑥ "Boy Scout Hikes In China Are Popular But Dangerous," *New York Times*, September 26, 1926.
⑦ 《苏省童子军会操给奖纪》，《申报》1924 年 5 月 20 日，第 10 版。
⑧ 《赴丹童子军六人已选出》《两团体欢迎回国童子军代表纪》，《申报》1924 年 5 月 21 日，第 14 版；10 月 21 日，第 11 版。
⑨ 曹庸方、章骏编《童子军营地布置术》，大同书局，1928，第 3 页。
⑩ 曹庸方、章骏编《童子军营地布置术》，第 1、5 页。

图2　公民课本封2，号召读者参加童子军，去户外广阔天地探索

资料来源：董文：《新小学教科书：公民课本》，中华书局，（1923）1924。

　　如果将露营理解为亲近自然的活动，那么女童军的加入则使得这种单纯的户外活动的道德性质复杂化。因为女童军要与男童军一同参加会操和野营旅行，中国童军需十分谨慎，竭力避免任何有关男女童军同居的传言。例如，《申报》曾多次报道，来自上海爱国女校的女童军在苏州参加童军会操时，与男童军分开就寝。[①] 画报通常也刊登一些积极图片，内容

①　《申报》1922年10月9日，第10版；1923年1月24日，第17版，1923年5月19、20日，第10版。

是面色红润的女孩们在一起露营的场景。① 《申报》曾报道童子军活动的目标是为了迎合儿童天性，② 这强化了一种观念，即露营活动是天真而纯洁的。通过这种语言表述，中国童子军总会或许能够说服家长们，允许女孩离家露营。

男女有别限定了女孩露营的自由，对于女性生理周期的顾虑也同样影响女童军活动。当时，中国的女性运动专家需提供科学依据来证明女性可以在生理期进行体育锻炼。③ 童军倡导者（如刘澄清）向家长们保证，处在生理期的女童军在露营时能够受到特别照顾，而且对女童军的卫生环境会格外关照。④ 因此，尽管童军运动承诺性别平等，但中国童子军总会的官员杨克敬（1896~1974）还是允许存在某种程度的性别隔离（gender segregation）。⑤ 他们这样做或许是为了回应当时对女童军的批评，认为直接翻译罗伯特·贝登堡的《女童军手册》应用于中国是不适合中国女童的，因为作者本人既不是女性也不是中国人。⑥ 因此，童军倡导者在促进某种形式的性别平等时，也根据生理特性，保留一定程度的性别隔离。

即使男女童军根据性别进行分组，但是大部分情况下，男女童军都能学习到相同的露营技能。例如在学习结绳和点火的技能时，⑦ 女童军手册

---

① 《女童军：上海女童军之服式》《女童军：广州女童军之服式》《女童军：烹饪》《女童军：野营》《女童军：旅行》，《中国大观图画年鉴》，出版信息不详，1930，第240页；伍千里：《广州男女童军野外驻营生活》，《良友》第43期，1930年，第27页；伍千里：《广州童子露营：女童军洗濯炊具》，《大众画报》1934年第4期，第17页；黄剑豪：《广州童子军露营阵地中之执信女童军》，《新人周刊》第1卷第28期，1935年，第22页；《营帐内休息之广州女童军》，《图画时报》第651期，1935年，第1042页；《女童军冯孝德行掷瓶礼》，《星期六》第665期，1936年，第22页；《女童军造饭》《女童军之营帐》，《星期六》第645期，1936年，第22页。
② 《申报》1922年10月9日，第10版。
③ Yunxiang Gao, *Sporting Gender：Women Athletes and Celebrity - Making During China's National Crisis，1931 -45*，p. 33.
④ 刘澄清：《女童子军教育法》，第6页；沈雷渔：《童子军教育概论》，第65页。
⑤ 刘澄清：《女童子军教育法》，第1、7页。
⑥ 潘世伟：《童军书报介绍及批评：（二）女童军教练法》，《强普利刊》第6卷第10期，1931年第91页；贝登堡（Robert Baden - Powell）：《英国女童军（Girl Guides）训练概要》，《中国童子军半月刊》第3~4期，1932年，第38~43页。
⑦ 范小六编《新编女童子军初级课程》，二二五童子军书报用品社，1935，第72页。

几乎一字未改地使用了男童军手册，向女童们展示如何在"干中学"。[①]
而在男童子军训练中加入野炊和育儿的内容，[②] 也使男童子军潜移默化地
模糊了家庭技能原有的性别特点。[③] 而且，男女童军都必须了解一项公民
义务，以学习如何引导其他公民。在图 3 和图 4 中，我们可以看到女童军
手册往往把童军指导善行的插图画成女童形象。

图 3　男童军手册插图，一名男童军正在给一位老妇人让座

资料来源：范小六编《新编童子军初级课程》，第 104 页。

---

① 沈雷渔：《童子军教育概论》，第 71、73 页；Boy Scouts of America, *Boy Scouts Handbook*
(1911), Gutenberg eBook, p. 255.

② 沈雷渔：《童子军教育概论》，第 80 页。

③ Robert Culp, *Articulating Citizenship：Civic Education and Student Politics in Southeastern
China, 1912 - 1940*, p. 188.

有日常禮貌的童子軍

图 4　为女童军专门修订的手册插图，一名女童军正在给一位老妇人让座

资料来源：范小六编《新编女童子军初级课程》，第 102 页。

　　男女童军手册之间最生动的区别在于插图的性别化。那些需要帮助的人无疑是女性，美国的童军手册也是如此。[1] 当受助的妇女穿着像是中式服装，手册就不会更换插图，或许也是因为童军制服足以区分出是男童军还是女童军。[2] 男童军手册有时候直接从国外的手册中拷贝插图。[3] 而当画师重新为女童军画插图时，他们就有机会重新将人物勾勒成中国人。在艺术家重画插图时，他们有机会让图中的孩子显得更像中国人。

---

[1]　Boy Scouts of America, *Boy Scouts Handbook* (1911), Gutenberg eBook.

[2]　范小六编《新编女童子军初级课程》，第 87 页。

[3]　曹庸方、章骏编《童子军营地布艺术》，第 97 页；Boy Scouts of America, *Boy Scouts Handbook* (1911), Gutenberg eBook.

维护公共秩序：仪式展演和爱国表现

历史学家高云翔认为，20 世纪二三十年代，女运动员及体育教师帮助推动了一种新的审美观产生，即"健美"，而非瘦弱和苍白的"病美"。[1]为了迎合这种潮流，1932 年，《体育周报》等刊物发表了一系列有关女童军的文章。这种潮流鼓励女性，尤其是新式体育学校的女生，在出版物、电影等公共媒体展示她们的力与美。[2] 1922 年，明星影片公司拍摄了一部有关女童军的新闻短片，记述了来自爱国女校和东亚体育专科学校的女童军舞蹈、习武、跳远和升旗的场景。[3] 女童军的照片出现在女性画报上，并不断地被转载和传播，不仅起到了向大众推广体育锻炼的作用，而且毫无疑问，对年轻爱运动的女孩自己也产生了视觉上的吸引力。[4]

制服往往比较中性，甚至更趋男性化，但是这些照片却展现了女童军

---

[1] Yunxiang Gao, *Sporting Gender: Women Athletes and Celebrity - Making During China's National Crisis, 1931 - 45*, pp. 63 - 65.

[2] 《苏省童子军教练员大会纪》《爱国女学校体育成绩》《省校第三区联合运动会纪（附图片）》《省校第三区联合运动会成绩（附图片）》，《申报》1922 年 8 月 15 日，第 15 版；1923 年 5 月 1、3、4 日，第 13 版。黄竞修：《中国女体专女童军：（二）席地进膳》，《图画时报》第 587 期，1929 年，第 3 页。

[3] 《明星公司之新片与四个摄影家》，《申报》1922 年 12 月 28 日，第 19 版。有关更多明星影片公司的情况，请参见 Xuelei Huang, "Commercializing Ideologies: Intellectuals and Cultural Production at the *Mingming* (Star) Motion Picture Company, 1922 - 1938," PhD dissertation, Ruprecht - Karls - Universität Heidelberg, 2009.

[4] 例如，《玲珑》杂志 1933 年（第 3 卷第 43 期）刊登的《获女童军笔划单旗比赛第一之第八十八团江阴中学女童子军》《女童军军刀使用比赛第一戈瑞芬系常熟女子艺术中学第七七四团员》《女童军观察比赛个人第一沙钱女士系扬州女中第六十团团员》《女童军缝补比赛情形》《女童军六十团吃饭之情形》《女童军笔划双旗比赛情形》《女童军规律比赛情形》《女童军救护比赛系第六十团扬州中学女童军获冠军二图均为比赛情形》《女童军之生活情形：洗菜》；《上海中学女童军排球队》，《图画时报》第 575 期，1928 年，第 4 页；《女童军：女童军笔剑双校比赛情形》，《摄影画报》第 9 卷第 46 期，1933 年，第 16 页。张英进注意到《良友》杂志 20 世纪二三十年代在美化及商业化女性身体方面起到了一定作用，尤其是他有关女运动员照片的分析，认为这反映了女性健美的新标准。参见 Yingjin Zhang, "Artwork, Commodity, Event: Representations of the Female Body in Modern Chinese Pictorials," in *Visual Culture in Shanghai, 1850s - 1930s*, edited by Jason C. Kuo (Washington, DC: New Academia Publishing, 2007), pp. 123, 145 - 149.

制服——从马裤到裙装的多样性。① 着裙装女童军的照片与着裤装的女战士照片并排，则更引人注目。② 部分原因是因为暴露肌肤被认为是具有挑逗性，运动服被认为是有伤大雅。③ 为了还击那些反对和质疑女童军的声音，女童军手册插图往往将腿部变暗，暗示其还穿着裤袜。在中国童子军总会大会上，童军领导者讨论了女童军制服的标准问题。④ 女童军可以不拘于国家规范，在着装和装扮上体现自己的鉴别力和眼光。插图展现的典型女童军往往有着卷曲的齐耳短发，虽具有颠覆性，却反映了普遍存在的"摩登女郎"形象，甚至往往有时候被认为是妓女的特征。⑤ 因此，女童军通过挑战社会保守规则的装扮方式，来突出其女性特质。

升旗仪式和列队行进等公共仪式是童军文化中不可或缺的内容，礼仪有助于促进童军的公民责任意识以及民族自豪感。军事训练能够展现男性的勇猛，体育学校通过运动竞技来摆脱"东亚病夫"的形象。⑥ 而仪式增强了童军领袖和童军团员们的自豪感，⑦ 甚至有可能赢得民众的尊敬。全国童军会议为童军手册、制服和徽章制定标准，⑧ 由此而形成了一个全国性童军共同

---

① 林泽民：《梧州中学女童军其服装与男军人》，《玲珑》第 5 卷第 7 期，1935 年，第 1 页；舒少南：《湖北省第一次童军大检阅：三位女童军团长》，《良友》第 77 期，1933 年，第 6 页；《党女童军》，《党童子军司令部月刊》1929 年第 4 期，第 4 页。

② 《战地服务之女童军》，《商报画刊》第 5 卷第 8 期，1932 年，第 2 页。

③ Yunxiang Gao, *Sporting Gender：Women Athletes and Celebrity - Making During China's National Crisis, 1931 - 45*, p. 43.

④ 《申报》1922 年 10 月 10 日，第 10 版；1923 年 1 月 9 日，第 10 版。

⑤ Madeleine Yue Dong, "Who is Afraid of the Chinese Modern Girl?" in *The Modern Girl Around the World：Consumption, Modernity, and Globalization*, edited by Eve Weinbaum, Priti Ramamurthy, Lynn M. Thomas, Uta G. Poiger, Madeleine Yue Dong, and Tani E. Barlow (Durham, NC：Duke University Press, 2008), pp. 194 - 220；YunxiangGao, *Sporting Gender：Women Athletes and Celebrity - Making During China's National Crisis, 1931 - 45*, p. 75.

⑥ Bret Hinsch, *Masculinities in Chinese History* (Lanham, MD：Rowman and Littlefield Publishers, 2013), p. 139；Qin Shao, *Cultural Modernity：The Nantong Model, 1890 - 1930* (Stanford, CA：Stanford University Press, 2004), p.164. 《上海童子军联合会议纪》《上海童子军赴宁会操出发》，《申报》1923 年 3 月 23 日，第 15 版；1924 年 5 月 14 日，第 14 版。

⑦ 刘澄清：《女童子军教育法》，第 20 页。

⑧ 《申报》1922 年 10 月 9 日，第 10 版；1923 年 1 月 29 日，第 14 版。沈雷渔：《童子军教育概论》，第 56 页。

体。中国童军参加世界童军会议则表明中国成为国际童军团体中的一员。①

　　游行活动通过展现中国青年人的气势和活力以激励全体中国人。② 男女童军共同参加升旗仪式，振奋人们的爱国主义热情。③ 政府选择诸如运动场馆等公共场所举办运动比赛或为童军颁奖。④ 尽管男女参加不同赛事，但男女童军共同参与维持赛事秩序。⑤ 女童军尤其在为女性举办的公共庆典中或为女性组织站岗执勤。⑥ 1924 年，苏州举办了一场庆祝中国女童军成立 5 周年的游行活动，组织者有意借此赢得观众的支持和赞许。⑦ 公共活动和仪式也被融入童子军训练中。⑧

---

① 曹庸方、章骏编《童子军营地布艺术》，第 2 页。
② 《全国童子军大检阅：女童军列队绕行场上》，《良友》第 47 期，1930 年，第 6 页；《全程女童军绕场一周》，《摄影画报》第 9 卷第 41 期，1933 年，第 29 页。
③ 《全国童子军大检阅：女童军列队绕行场上》《全国童子军大检阅：女童之旗手》，《良友》第 47 期，1930 年，第 6 页；《北平全市童子军大检阅：女童军之一队》，《摄影画报》第 10 卷 8 期，1934 年。
④ 台北"国史馆"藏档案：001 - 094072 - 0001。《女体育校童子军昨行宣誓礼》《童子军消息：西单各国之团体比赛，爱国童子军宴请团员》《爱国东亚联合运动会纪》，《申报》1922 年 11 月 28 日，第 17 版；1923 年 6 月 11 日，第 15 版；1923 年 11 月 11 日，第 18 版。
⑤ 有关童军维持秩序的图片，请见《维持秩序的女童军》，《图画时报》第 651 期，1930 年，第 1 页；《维持会场秩序之两江女童军队长》，《学校生活》1930 年第 7 期，第 27 页；《维持秩序之两江女童军》，《健康家庭》1937 年第 2 期，第 12 页。大部分赛事是按性别划分的，例如，女生举行舞蹈比赛（《申报》1922 年 6 月 20 日，第 11 版），对女孩参加水上竞技项目的报道较多。（《童子军游艺会将演戏剧》《湖南全省运动会》《赴丹童子军六人已选出》，《申报》1923 年 12 月 13 日，第 18 版；1924 年 5 月 10 日，第 10 版；1924 年 5 月 21 日，第 14 版）因为游泳对肌肉拉伸的效果，因此被认为是女性或中产阶级的专门项目（Yunxiang Gao, *Sporting Gender: Women Athletes and Celebrity - Making During China's National Crisis*, 1931 - 45, pp. 171, 168, 200）下肢的竞技项目，由于显而易见的原因，也按性别区分，而非混合进行。（《上海童子军联合会消息：通过童子军运动规则》，《申报》1923 年 4 月 1 日，第 14 版）《良友》杂志上的一篇陈传霖撰稿的《江苏全省童子军检阅：列队听候检阅之年幼男女童军》，展现了年幼的男女童军共同列队等候检阅，但是读书和交谈却在不同的宿营帐篷里进行。见《良友》第 60 期，1931 年，第 34 页。
⑥ 《抗日救国运动昨闻》《国际妇女节妇女界举行联欢大会三月八日下午在湖社》，《申报》1931 年 10 月 1 日，第 13 版；1934 年 3 月 7 日，第 14 版。
⑦ 刘澄清：《女童子军教育法》。
⑧ 儿童教科书描绘了手举国旗和党旗的男女童军，在他们的带领下，童军们进行游行活动。在普林斯顿大学寇岑儿童图书馆所收藏的一本 1930 年代的儿童教科书中，学生学习给爷爷奶奶写信，旁边是行进中的童军照片。（《儿童新尺读》，世界书局，第 38 页）写信人实际上描写的是他父亲离开时的场景，但是插图却显示出他作为爱国青年的坚定立场，他已准备好去接替前线的父亲。这本教科书利用青年人的爱国热情以激励年长者。

民国时期的法律、社会与军事

　　通过在大型公共活动中"维护公共秩序",① 男女童军在唤起全国人民的爱国热情中起到了重要作用。中国历史专家华志建（Jeffrey Wasserstrom）曾经指出，童军也曾暗中组织游行作为五四运动的掩护，或者在抗议游行中维持秩序和安全。② 因此，维护公共秩序的职责有助于将童军置于爱国运动的最前沿。图 5 展现出女童军在南京孙中山奉安仪式上担任卫士的情形。③ 出现在公开场合的童军有助于宣传中国童军的爱国形象。

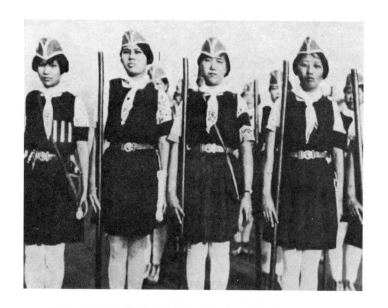

图 5　女童军在孙中山奉安仪式中庄严站立维护公共秩序

　　资料来源：《维持秩序之女童军》，《奉安大典写真》1929 年第 7 期，第 45 页。

　　童军不仅参与维护公共秩序和参加升旗仪式，他们还参与了淞沪会战，为抗战提供战地服务而赢得爱国荣誉。1932 年，男女童军在日本轰

---

①　《各省商会联合会昨日开幕：蒋总司令出席致训》，《申报》1927 年 12 月 18 日，第 13 版。

②　Jeffrey Wasserstrom, *Student Protests in Twentieth - Century China：The View from Shanghai*, pp. 82 – 83.

③　石信嘉：《由沪来京参加奉安之女童军》，《图画京报》奉安特刊，第 2 页。

炸上海之后参与救助伤员，并因此赢得了爱国和英勇的美誉。[1] 1932 年后，中国开始庆祝儿童节，以此表达对中国的未来充满希望。在日本发动侵华战争后，许多中学生要求学校开展军事训练。[2] 政府为应对不断高涨的爱国热情，加强了对地方童军运动的管理和控制，公开训练童军为战时服务。

国民党对童军运动的控制

南京国民政府时期，中央政府逐渐将童军管理规范化、制度化，将其作为军事教育和战备的一项重要内容。根据 1919 年条例，中国童军受政府管制。[3] 1926 年 3 月，国民党中央训练部号召部队也参加中国童军总会。在北伐确立蒋介石绝对领袖地位之后，1928 年的全国教育会议进一步强化了中央政府的相关规定。[4] 正如历史学家高哲一（Robert Culp）指出，1927 年是一个转折之年，自此学生、国家以及学校管理者对军事教育的兴趣与日俱增。1934 年，教育部规定，国民党中央训练部管辖下的童军运动应成为所有初级中学的一项必选内容。[5]

中央训练部的目的是想通过强制实行童军运动来扩充其后备军事力量，但是这一要求只能局限于那些有机会上学的孩童。贫民学校也提供童军教育，而且童军领导者也在当地报纸为吸收和招募童军广为宣传。[6] 然

---

① 阿唐：《女童子军》，《女朋友》第 1 卷第 20 期，1932 年，第 27 页；《在后方服务的女童军》，《抗争：外交评论》第 1 卷第 4 期，1932 年，无页码；Andrew Jones, *Developmental Fairy Tales*：*Evolutionary Thinking and Modern Chinese Culture*（Cambridge, MA：Harvard University Press, 2011），p. 232.

② Robert Culp, *Articulating Citizenship*：*Civic Education and Student Politics in Southeastern China*，*1912 - 1940*, p. 199.

③ 蔡鸿源：《民国法规集成》第 59 卷，第 291 页。

④ 刘庆余：《国民中学综合活动领域童军教育专长教师》，台湾师范大学硕士学位论文，2010。

⑤ Robert Culp, *Articulating Citizenship*：*Civic Education and Student Politics in Southeastern China*，*1912 - 1940*, pp. 198 - 199, 183.

⑥ 《贫民教育大游行志（附图片）参加团体九十余起》《各省教育界杂讯》，《申报》1924 年 4 月 13 日，第 14 版；5 月 21 日，第 10 版。刘澄清：《女童子军教育法》，第 15 页。

而，经济状况却制约了童军数量。女童军必须每月支付会费来承担露营的共同支出。① 尽管随身小折刀和童军手册相对比较便宜，但女童军制服却要12元。② 当时上海光华大学教育心理学教授廖世承（1892～1970）说，露营活动能让中国的青年人目睹乡村的贫穷，能够"了解人民疾苦"。③

正如历史学者段瑞聪指出，蒋介石将童子军作为军事准备和动员的基础。蒋介石在1932年6月17日的日记中写道："今日之国防应以教育与经济为基础，而教育之基础则在小学，小学尤以组织童子军为中心，故应速办童子军教导队，而施行以爱国服从、严守纪律、尊重秩序为方针之教育也。"④ 蒋介石将中国的童子军看作青年团甚至是军队的预备组织，这与童子军在美国仅仅作为课余活动的地位截然不同，蒋介石将中国的童军运动看成政治教育和军事训练的奠基石。

尽管蒋介石视童军为军队后备，但地方学校的管理者仍将童军运动看作一种体育教育形式。1934年，上海东亚体专童子军教练员依照体育教育的标准来解释童军的要求。传教士创办的崇德女子学校将童军活动作为每周必修体育课程的一部分。⑤ 像崇德女子学校这类非官办学校需要满足各种办学要求才能取得向学生颁发证书的资格。从上述事例中，我们可以看到一个明显差异，即蒋介石重视军事化训练而学校却侧重体育教育。学生当然也形成了自己有关童军运动以及公民权的看法。⑥ 而一些学校校刊则报道了"童子军生活化"的内容，认为童军代表着一种新型的文化。⑦

蒋介石有关童军的理念和设想为国民党在童军手册和杂志上进行宣传教化提供了依据。在需要英雄的时代，童子军将孙中山视为国民党的国

---

① 刘澄清：《女童子军教育法》，第44页。

② 《童子军用品之发售》，《申报》1924年3月20日，第21版。

③ 曹庸方、章骏编《童子军旅行术》，第1页。

④ 段瑞聪：《蒋介石与抗战初期总动员体制之构建》，中国社会科学院近代史研究所和伯克利加州大学共同举办的"民国的军事与军事化"学术会议论文，2013年，第3页。

⑤ 上海市档案馆藏档案：Q235－1－034－41－043－668。

⑥ Robert Culp, *Articulating Citizenship: Civic Education and Student Politics in Southeastern China, 1912 - 1940*, p. 2.

⑦ 《校闻：本校女童军之编制》，《安庆女中校刊》1935年第6期，第37页。

父。① 在爱国主义和民族主义教育方面，如有关升旗仪式和国民党党歌，男女童军手册的内容都基本相似。② 男女童军都致力于"复兴中华民族"，通过国民革命挽救民族危亡。

为了与蒋介石同第三帝国的亲密关系保持一致，中国童子军总会从1930 年代末开始将德国视为童军运动典范。廖世承曾在童军手册的序言中回忆，他在美国求学时，其德国老师曾教他要能体会童子军旅行至深山峡谷，吟唱到日落西山的境界。南京神学院宗教教育教授蒋翼振（1900－1983）写道："童子军的旅行术，是现代童子军的福音，它振拔了现代的德意志出于水深火热之中"。③ 1943 年，蒋翼振在《纽约时报》撰文称，中国的女童军正在"开展真正的'童军运动'，努力找出日军的野营地"。④ 童军运动使孩子们强健体魄的同时，增强了纪律观念。⑤

尤其是在新生活运动期间，童军教育也强化了诸如诚信和孝道等传统价值，这也是政府对童军教育所设定的明确目标。⑥ 童军们在向中学生介绍并帮助其学习现代技术的同时，也在他们中间宣传公民意识和社会责任。⑦ 支持童军教育的教育家，例如陈鹤琴和廖世承，将认知与实践相融合，帮助蒋介石巩固了身为童军领袖的角色，以及他在"复兴"中华的语境中自我规训的倡导者地位。⑧ 此处的教育动机与蒋介石对儒家"知行合一"哲学思想的理解也是相辅相成的。

童军手册还宣扬对蒋介石作为中国童子军总会全国首脑的忠心。童军

---

① 沈雷渔：《童子军教育概论》，第 23 页；范小六编《新编童子军初级课程》，第 19～24 页；范小六编《新编童子军中级课程》，二二五童子军书报用品社，1935，第 9～12 页。

② 范小六编《新编童子军初级课程》，第 30、49 页；范小六编《新编女童子军初级课程》，第 63、68 页。

③ 曹庸方、章骏编《童子军旅行术》，第 1、2 页。

④ "Senior Girl Scouts Discuss War Role," *New York Times*, November 7, 1943.

⑤ 楚生：《中国女童军》，《妇女新生活月刊》1936 年第 2 期，第 12 页。

⑥ 沈雷渔：《童子军教育概论》，第 45 页；台北"国史馆"藏档案：001－00000－6217A－10A。

⑦ Robert Culp, *Articulating Citizenship: Civic Education and Student Politics in Southeastern China, 1912-1940*, p. 178.

⑧ 范小六编《新编童子军初级课程》，第 10～11 页；沈雷渔：《童子军教育概论》，第 9 页。

手册由黄埔系的出版社——正中书局，以及中国童子军司令部出版印刷。蒋介石亲自在童军集会上讲话，为童军撰文，与童军代表见面。① 女童军庆祝蒋的生日，② 男童军向蒋致敬。因此，蒋介石在黄埔军校年轻军官中成功地培养了支持群体的同时，也增强了青年人对其军事领导能力的崇敬。

宋美龄，像她的丈夫一样，经常视察女童军。女童军是宋美龄战时孤儿院等慈善事业不可或缺的一部分。③ 在儿童节，宋美龄为童军颁发了象征荣誉和奖励的红缎带。为配合新生活运动，政府组织庆祝第 29 个国际妇女节，女童参加了庆祝游行活动。宣传照片中宋美龄正在为女童军佩戴勋章并帮她整理军帽。④ 蒋介石夫妇通过童子军活动培养了孩童的对其个人的忠心。

性别与童军的榜样

尽管男女童军在国民革命中的作用都受到强调，但是对女童军而言，革命的意义却有所不同，因为性别平等对女童军的身份和使命而言是更核心的内容。虽然众多的童军手册并没有性别差异，但专门针对女童军的手册却花了更大功夫地将其融入世界和历史的情境之中。男童军手册更少涉及具有浪漫主义色彩的战争英雄形象。⑤ 或许战争英雄的文学形象已深入年轻男子内心。⑥ 与男童军相比，女童军更需要努力使其组织在社会中获得正当性，这就意味着，它要呈现特定的历史和社会背景，从而使女童超越性别规范去为国效力。

《新编女童子军初级课程》将现代女童军与过去和世界范围的女性英

---

① 万渊：《蒋主席与童子军》，《申报》1930 年 4 月 26 日，第 17 版。
② 凤麟：《蒋委员长寿辰女童军食面祝寿》，《浙江青年》第 3 卷第 2 期，1936 年，第 1 页。
③ A. J. Billingham, "Rearing China's Orphans," *New York Times*, August 2, 1936.
④ 台北"国史馆"藏档案：001 - 051616 - 0023、001 - 094972 - 0001、002 - 050112 - 002。
⑤ 范小六编《新编童子军初级课程》，第 67 页。可与美国童军中的"现代武士（modern knight）"进行比较，请参见 Boy Scouts of America, *Boy Scouts Handbook* (1911), Gutenberg eBook, p. 237.
⑥ Wen-hsinYeh, "Urban warfare and underground resistance: Heroism in the Chinese secret service during the War of Resistance," in *Wartime Shanghai*, edited by Wen-hsinYeh (London: Routledge, 1998), pp. 120 - 121.

雄事迹相联系。正如高哲一指出，对女性英雄形象的选择表明了国民党的指向性，例如，通过宣扬南丁格尔（Florence Nightingale），鼓励女童军投入护理工作。① 为适应 20 世纪初以来的新潮流，《新编女童子军初级课程》将中国历史上著名的女英雄花木兰与莎卡嘉薇亚（Sacagawea）、劳拉·赛科特（Laura Secord）、格雷斯·达林（Grace Darling）等国外女英雄相提并论。② 一些女兵，例如谢冰莹，甚至"希望能够继承花木兰的传统"以解放全中国。③ 教科书为了激起女学生的"木兰情结"，在每课结束后都会问她们一系列问题，将这些女性英雄与现代女童军运动相联系。④ 教科书创造了一系列女性英雄形象让女孩们去效仿。妇女杂志通过拍摄个别女童军或刊登具名的童军领袖，来突出和强化女童军这一想象的共同体。⑤

尽管男童军在童军运动中占支配地位，⑥ 但正是这种男性支配地位激励一些女童军去证明自己。童军领导者将童军具有的阳刚气概视为理当如此（尽管承认女童军的角色和贡献），因此，在童军大会操上，总是习惯以"兄弟"来称呼童军。⑦ 在杭州举办的一次童军大会操上，一个女童军就抱怨女性参加者甚少，她写道："是我们女同胞在社会上没有地位呢？

① 范小六编《新编女童子军初级课程》，第 75 页；Robert Culp, *Articulating Citizenship: Civic Education and Student Politics in Southeastern China, 1912－1940*, p. 202。
② Joan Judge, "Talent, Virtue, and the Nation: Chinese Nationalisms and Female Subjectivities in the Early Twentieth Century," *The American Historical Review*, vol. 106, no. 2 (2001), p. 798; Susan Mann, "Presidential Address: Myths of Asian Womanhood," *The Journal of Asian Studies*, vol. 59, no. 4 (2000), pp. 846－847；范小六编《新编女童子军初级课程》，第 27～28 页。
③ Christina Kelly Gilmartin, *Engendering the Chinese Revolution: Radical Women, Communist Politics, and Mass Movements in the 1920s* (Berkeley: University of California Press, 1995), p. 189.
④ 范小六编《新编女童子军初级课程》，第 35～36 页。
⑤ 《广州中山大学女童军领袖黄琼瑶女士》，《今代妇女》1928 年第 4 期，第 5 页；《妇女界：广州中山大学女童军领袖黄琼瑶女士》，《良友》第 30 期，1928 年，第 26 页；黄英：《广东童子军生活：中山大学女童军黄琼瑶女士》，《良友》第 29 期，1928 年，第 31 页；张文杰：《女子体育：女童军刘定蜀女士》，《玲珑》1934 年第 4 期，第 21 页；静山：《半月来教育消息》，《图画时报》第 583 期，1930 年，第 2 页；杨瑞端：《广州中大女童军司令黄琼瑶女士》，《图画时报》第 651 期，1930 年，第 1 页。
⑥ 沈雷渔：《童子军教育概论》，第 1 页。
⑦ 徐观余：《战时的中国童子军》，《战时童子军》1937 年第 1 期，第 8 页。

还是因为我们办事的能力不及男子呢？真是无解。"她暗示，中国的女青年需要通过服务前线来赢得社会地位。虽然她的目的是取得平等代表权，但是她还是认为"我们女同胞最适宜担任的工作"是护理伤兵。①

国民党中央训练团强调女性在医护方面的作用和男性在战争中的作用。②中国的女童军手册将欧洲大战期间的女性医护人员界定为"女童军"。男童军手册也对担任战地护士的女童军大加赞扬。③ 女童军还进行包扎伤口的比赛，展示如何从战场上转移伤员（见图 6）。清扫街道的早期训练④也为女童军日后察看战争损失并清理战场做好准备。正如历史学家史明（Nicola Spakowski）所说，清理战场、照顾伤员是最为艰苦和繁重的工作，

图 6　女童军表演如何搬运伤员

资料来源：《新儿童：女童军救伤表演》，《新生周刊》第 1 卷第 48 期，1935 年，第 22 页。

---

① 张嘉苏：《从上海到北京》，《战时童子军》1938 年第 1 期，第 13、12 页。

② Jennifer Liu, "Indoctrinating the Youth: Guomindang Policy on Secondary Education in Wartime China and Postwar Taiwan, 1937 – 1960," PhD dissertation, University of California, Los Angeles, 2010; Robert Culp, *Articulating Citizenship: Civic Education and Student Politics in Southeastern China*, *1912 – 1940*, pp. 202 – 203.

③ 范小六编《新编女童子军初级课程》，第 75 页；《新编童子军初级课程》，第 17 页。

④ 杨凤麟：《嘉兴女童军在街上演习消毒》，《浙江青年》第 3 卷第 2 期，1936 年，第 1 页。

这些工作却落在了最无权威的群体——年轻女性身上。[1] 参加女童军有助于青年女性准备好承担护士这一吃力的工作。

淞沪会战与女童军榜样杨惠敏

如前所述，参加童军并非服兵役，但随着 1937 年抗日战争爆发，童军领导人却破例允许童军征战沙场。[2] 童子军提到欧洲的第一次世界大战，是为了表明中国正在顺应世界潮流，即允许孩童在"非常时期"服役。[3] 著名教育家张宗麟编辑的《战时读本》，插图内容就包括手榴弹和在头顶盘旋的战斗机。童军手册中登载的童军歌曲中就有"中国的小战士"的内容。1937 年，中国童子军司令部每周六出版《战时童子军》杂志，以此作为指导童子军战时服务的参考资料。在《战时童子军》创刊号上，编者甚至直接要求"小朋友""起来！起来！起来！"自愿为战争服务。[4]《战时童子军》杂志强调，爱国主义可以超越性别和年龄界限。

然而，《战时童子军》杂志的记者却坚持认为应该设定年龄限制，以避免年龄太小的幼童过早直接参与军事行动。《战时童子军》告诫儿童，他们需要至少到 12 岁才可以正式加入童子军。[5] 只有 15 岁以上的童子军才可加入准军事部队。[6] 考虑到当时国民党军队征召新兵困难重重，军队也招募儿童作为服务于部队的劳工，[7] 上述保护狂热青年人过

---

[1] Nicola Spakowski, *Mit Mutan die Front: die militrische Beteiligung von Frauen in der kommunistischen Revolution Chinas* (*1925 – 1949*) [Courageously to the front: Women's military participation in the Chinese Communist revolution, 1925 – 1949] (Köln: Böhlau, 2009).

[2] 沈雷渔：《童子军教育概论》，第 3 页。

[3] 徐观余：《战时的中国童子军》，《战时童子军》1937 年第 1 期，第 8 页。

[4] "Far Eastern Girls At Scout Picnic," *New York Times*, August 4, 1937.

[5] 徐观余：《战时的中国童子军》，《战时童子军》1937 年第 1 期，第 8 页。

[6] 《中国童子军战时服务大纲》，《战时童子军》1937 年第 1 期，第 17 页。

[7] Kevin Landdeck, "Chicken – Footed Gods or Villages Protectors: Conscription, Community, and Conflict in Rural Sichuan, 1937 – 1945," *Frontiers of History in China*, vol. 9, no. 1 (2014), pp. 56 – 82; Colette M. Plum, "Lost Childhoods in a New China: Child – Citizen – Workers at War, 1937 – 1945," *European Journal of East Asian Studies*, no. 11 (2012), pp. 237 – 258.

民国时期的法律、社会与军事

早参与军事战斗的规定和努力说明国民党军队还是有保护儿童的目的。战士告诉孩子们军队撤退的原因之一是缺少补给，因此，部队需要童子军提供物资，而不是去前线冲锋陷阵。① 这些言论恰符合童子军手册中引用的孙中山有关生产重要性的话。② 根据《战时童子军》的观点，工业生产和武装斗争的贡献同等重要，而且前者在年龄上也更适合孩童。

战时宣传的重点之一是淞沪会战，1937 年 8 月 14 日，日军猛烈轰炸上海的华界。《战时童子军》杂志的记者报道，大约有 2700 名童子军在淞沪会战期间支援抗战，这一数字也出现在其他的统计资料中。③ 童子军表达了他们牺牲一切的英雄梦想，甚至可以牺牲"事业和家庭的安危"，"血洒"战场，确实也有男女童军在救援工作中失踪。④

杨惠敏（1915~1992）离开家乡南京前往上海参加了童子军战时服务团。⑤ 她在 22 岁时穿过枪林弹雨，成功泅渡苏州河，将一面国旗交到了守卫四行仓库的战士手中。与此同时，孤军守卫四行仓库的指挥官之一杨瑞符正率八百壮士掩护平民和军队后撤至安全地带。⑥ 杨惠敏的勇气极大地鼓舞和振奋了守军士气，战士们将国旗升起在四行仓库屋顶，隔岸观战的租界居民看到国旗后也深受鼓舞。杨惠敏还携带了一份四行仓库守军人员的名单返回公共租界，只有四百多名的守军却被夸大为八百士兵，因此被称为"八百壮士"，这是抵御日军进攻的战时需要而有意为之。这些"孤军英雄"为掩护平民撤退而悲壮抵抗的英雄主义精神鼓舞着全国人民，也赢得了世界的支持和同情。⑦

---

① 《我军失败的一个原因》，《战时童子军》1938 年第 5 期，第 3 页。
② 沈雷渔：《童子军教育概论》，第 69 页。
③ 吕超：《战地服务历险记》，《战时童子军》1937 年第 1 期，第 13 页。
④ 苍成全：《忆》，《战时童子军》1938 年第 5 期，第 3 页；《敌机又轰炸救护人员：四十童子生死不明返沪者仅驾驶员一人》，《申报》1937 年 11 月 7 日，第 4 版。
⑤ 夏江：《记女童军杨惠敏》，《杂志》第 4 卷第 5 期，1939 年，第 43 页。
⑥ Peter Harmsen, *Shanghai 1937: Stalingrad on the Yangtze* (Pennsylvania, PA: Casemate, 2013), p. 203.
⑦ 允一：《短评：从援助八百壮士说到我们的国际宣传》，《全民周刊》第 1 卷第 22 期，1938 年，第 341 页。

杨惠敏和杨瑞符在淞沪抗战中的英雄事迹使他们成为家喻户晓的人物，也成为中国人民抗日战争的代言人。淞沪战役之后，各个报纸杂志都对他们的英雄壮举进行了报道和赞颂，[①] 他们则号召人们参加抗战并再度请缨。[②] 一位记者采访在战斗中受伤的杨瑞符，并表达了希望找到并采访女童军杨惠敏的愿望。[③] 由于杨惠敏的英勇，她的声名迅速超过了杨瑞符。蒋介石也知道了杨惠敏的壮举，宋美龄还颁给她特别奖章以赞扬她的英勇行为。[④] 杨惠敏与电影明星一同出现在杂志封面，[⑤] 迅速成为社会名人。

《战时童子军》等杂志刊登了杨惠敏有关献旗的回忆。她回忆道，尽管政府官员劝说她撤离到安全地区，她仍然决心为抗战服务，而且被允许与其他童子军一起开展募捐活动。指挥官允许她前往守军前线。[⑥] 当守军士兵给她一支枪后，她急切地向敌人连发子弹，直到一个军官命令她回到安全地带，她才停止射击。虽然杨惠敏谦虚地承认自己也不清楚是否击中日本兵，但是她的行为总是遵循一个模式，即总是向军官提出申请，主动前往危险的战争前线。[⑦]

因为童子军战时服务团的准军事特性，杨惠敏的童子军制服标志着她扮演了一个正当的角色。杨惠敏后来回忆说："他（军官）实在有些怀疑，他或许以为我是错误人了，但等他看了我是穿的童子军的服装以后，才仔细听我讲话"。她接着引用了指挥官与她的谈话，她说她是上

---

① 《三人也到汉口去：杨惠敏前线活跃》，《现世报》1938 年第 13 期，第 5 页。

② 《杨瑞符将再请缨》，汉口《申报》1938 年 3 月 3 日，第 2 版。

③ 石语：《杨瑞符杨惠敏访晤记》，《大侠魂》第 7 卷第 7/8 期，1938 年，第 5 页。

④ 蒋介石：《为八百壮士之女童军》，《战时童子军》1938 年第 12 期，第 12 页；《女童军杨惠敏荣获总会第一座金狮荣誉章》，《战时童子军》1940 年第 51 期，第 12 页；黄累青：《骗子耶？英雄耶？杨惠敏究竟是个啥样人！想从前献旗时何等荣贵，到而今只落得身败名裂》，《秋风》1946 年第 8 期，第 4 页。

⑤ 《童星陈娟娟慰问向闸北孤军献旗之四一号女童军杨惠敏》，《抗战画报》1937 年第 12 期，封面。

⑥ 杨惠敏：《杨惠敏第一号报告》，《战时童子军》1938 年第 11 期，第 7 页；《童子军消息：鄂省会童军动员为坚守四行仓库之八百壮士劝募》，《战时童子军》1938 年第 24 期，第 5～6 页；杨惠敏：《为八百壮士献旗两周年的回忆》，《民族公论》1939 年第 1 期，第 35 页。

⑦ 杨惠敏：《沪西前线的生活回忆》，《战时童子军》1938 年第 12 期，第 7 页。

海童子军战时第一服务团第41号。① 童子军的身份给予她公开发言的合
法性和正当性。如同之前的谢冰莹，杨惠敏在其回忆录和专题报道中
往往会提到她的童子军制服。她在后来的回忆中提到，在忙着与战士
交谈的时候，她甚至没有注意到自己女童军制服已经完全湿透了。② 通
过强调制服，她将人们的注意力引到她的角色和身份上，而非她本人。
制服是可供青年女性模仿英雄品质的外在标志。根据"为八百壮士献
旗"真实事件改编的戏剧中，女孩身着女童子军制服扮演杨惠敏（见
图 7）。

**图 7　报纸刊登的电影《八百壮士》中的一个镜头，
陈波儿扮演的杨惠敏身着女童军制服**

资料来源：《陈波儿所穿服装为"中国女童军四十一号"》，《新型》
1938 年第 2 期，第 36 页。

杨惠敏总是撇开自己而重点强调守军兄弟们的刚毅勇敢，"当英雄们
见我来时，都堆满着笑容轻轻地和我纵谈敌人胆小的情形"。在这样的叙

---

① 杨惠敏：《为八百壮士献旗两周年的回忆》，《民族公论》1939 年第 1 期，第 36 页。
② 杨惠敏：《沪西前线的生活回忆》，《战时童子军》1938 年第 12 期，第 7 页。

述中，尤其是当她写到"兄弟们见我这样，更增加了不少杀敌的勇气"，她的角色和作用在读者眼里更为突出，对杨惠敏自己而言，她很高兴被守军战士们称作"同胞"。① 因而，杨惠敏强调她的出现是如何激励了战士们。国民党希望通过报刊的报道宣传继续维持这种激励作用。杨惠敏身着军装的照片与四行仓库前焦土余烬并置在一起，她的影像因此成为淞沪会战的典型形象。②

杨惠敏自觉担当起中国抗战海外宣传的重任。纽约的唐人街游行列队欢迎杨惠敏，美国华侨共花费 8000 美元以欢迎来自中国的代表。③ 中国的新闻报道惊叹于"成千上万的美国人"聆听了杨惠敏的演讲。④ 美国总统富兰克林·罗斯福的妻子埃莉诺·罗斯福（Eleanor Roosevelt），在主持世界青年第二届和平大会时亲自接见了杨惠敏。⑤ 在美国，杨惠敏作为女童子军和战争"老兵"而受到热烈欢迎，她是唯一一个在《纽约时报》上登载照片的世界青年第二届和平大会的代表。⑥ 照片中的杨惠敏身穿旗袍与她身着制服呆板的造型形成鲜明对比。中国的媒体也注意到美国报纸登载了杨惠敏的照片，对此也进行了报道，⑦ 尽管杨惠敏的英文水平极为有限，当地的广播电台对她进行了为期一周的专访。⑧ 之后，杨惠敏和其他女童军对美国进行了友好访问。⑨ 1939 年，杨惠敏还访问了欧洲。⑩

杨惠敏在游历期间继续为抗战开展童子军募集资金的活动。在美国，杨惠敏帮助筹集了 25000 美元，她在游历荷兰之际，继续为抗战募

---

① 杨惠敏：《沪西前线的生活回忆》，《战时童子军》1938 年第 12 期，第 7 页。
② 《八百孤军一片焦土》，《抗战画报》1937 年第 10 期，第 10 页。
③ 《女童军杨惠敏返国》，《妇女文献》1939 年第 2 期，第 43 页。
④ 高文达：《杨惠敏在美国》，《青年团结》第 1 卷第 7 期，1939 年，第 15 页。
⑤ 春风：《环境牺牲了杨惠敏》，《中外春秋》1947 年第 10 期，第 8 页；高文达：《杨惠敏在美国》，《青年团结》第 1 卷第 7 期，1939 年，第 17 页；《女童军杨惠敏返国》，《妇女文献》1939 年第 2 期，第 43 页。
⑥ "World Congress Of Youth Opens," *New York Times*, August 16, 1938.
⑦ 南山：《杨惠敏小姐在美国》，《青年之友》第 2 卷第 4 期，1938 年，第 1 页。
⑧ 高文达：《杨惠敏在美国》，《青年团结》第 1 卷第 7 期，1939 年，第 15 页。
⑨ "Young Chinese to tour nation," *New York Times*, September 11, 1938.
⑩ 刚中：《第四十一号女童军杨惠敏》，《抗战要讯》1939 年第 48 期，第 5 页；《抗战妇女动态：巴黎欢迎杨惠敏》，《妇女文献》1939 年第 1 期，第 41 页。

集资金。① 美国女童军也为中国抗战捐款。② 杨惠敏称旅美华侨是为民族解放而奋斗的"中华儿女"。③ 中国人也为美国华侨的捐款募资而拍手称赞。④ 在美国，华侨女童军在赛珍珠（Pearl Buck）主持的募捐大会上齐唱国歌《三民主义歌》。⑤ 美国华侨女童军募集了 1600 美元支持中国的抗战，中国女童军则通过中国红十字会将这些钱用于战争救济。⑥ 而在中国，女童军亲自为年老体弱者送派赈灾米。⑦

　　像杨惠敏这样的女童军传递和表达了国际友谊与和平的形象。1938 年她同其他 5 位中国代表赴美国纽约参加了世界青年第二届和平大会。因为有来自共产主义国家的代表，因此天主教会和美国童军抵制此次大会。⑧ 然而，美国女童子军、美国基督教青年会、中国基督教青年会及北美基督教中国学生会（Chinese Student Christian Association，CSCA）都派代表参加了大会，美国政府也对大会表示了支持。⑨ 代表们明确表达了和

---

① 《女童军按户募捐情形》，《外部周刊》第 88 期，1935 年，第 26 页；《本校女童军全体动员劝募》，《安庆女中校刊》1935 年第 6 期，第 42 页；《女童军劝捐精神：不惜呼人老爷》，《流声机》第 5 卷第 2 期，1938 年，第 1 页；朱训麟、叶长烈：《童子军昨总动员募捐》，《申报》1934 年 12 月 9 日，第 11 版；《女童军杨惠敏返国》，《妇女文献》1939 年第 2 期，第 44 页；《杨惠敏女士已返重庆》，《抗战要讯》第 2 卷第 11 期，1939 年，第 5 页。

② 《美女童军深情》，《中国红十字会会务通讯》1941 年第 3 期，第 17 页；《教育消息：中国童军国际荣誉，美女童军会赠基金》，《学生之友》第 4 卷 5～6 期，1942 年，第 46 页；战时儿童保育会：《战时儿童保育会保管委员会征信录（1938 年 3 月 10 日～1944 年 6 月 30 日）》，第 44 页。

③ 杨惠敏：《大时代中的中华儿女》，《抗战要讯》1939 年第 49 期，第 2 页。

④ 《华侨女童军出发抗敌宣传之前》，《妇女生活》第 5 卷第 9 期，1935 年，第 1 页；"New York's Chinatown Campaigns For War Funds," *New York Times*, October 11, 1937.

⑤ "Song Festival at Town Hall for Aid to China," *New York Times*, January 25, 1941.

⑥ 《美女童军深情》，《中国红十字会会务通讯》1941 年第 3 期，第 17 页。

⑦ 《中国童军总会购米散发贫困难民，年老无力负来者，由女童军代为负归》，《东方画刊》第 4 卷第 2 期，1941 年，第 8 页；《中国女童军代表美国女童军施发赈米》，《良友》第 165 期，1941 年，第 24 页。

⑧ "Youth Of World To Convene Here," *New York Times*, August 7, 1938; "Youth Congress Replies," *New York Times*, August 8, 1938.

⑨ "World Youth Congress Will Gather at Vassar," *New York Times*, November 14, 1937; World Youth Congress Poughkeepsie, *Youth demands a peaceful world: Report of 2d World Youth Congress, Vassar College, Poughkeepsie, N. Y., Aug. 16 - 23, 1938* (New York: World Youth Congress, 1938), pp. 39 - 40; "Mrs. Roosevelt Gives Youth Congress MYM100," *New York Times*, August 10, 1938.

平愿望，而且还建议对日本实行石油禁运。① 杨惠敏向美国听众讲述了战
争的恐怖，她也讲述了中国童子军对中国和日本伤员进行救助的情况。②
或许是因为许多美国人仍然试图避免战争，因此美国媒体强调了中日两国
童军，尤其是女童军在美国露营时和平相处的情形。③

中国接受了这些世界友谊说法中的一部分，但是将其意涵转向了支持
中国融入国际大家庭的观点，与日本选择自我隔绝放逐形成对比。杨惠敏
告诉中国听众，她从其他国家代表那里感受到友谊和同情，并深为感动，
当中国国旗飘扬时，她感到无比自豪。杨惠敏将世界青年第二届和平大会
的观点和讯息传达给中国的记者。④ 与她在美国的立场不同，杨惠敏在中
国的媒体上不提和平，而是更强调烈士的英勇精神和英雄行为。像美国媒
体一样，中国报刊也报道了中日女童军进行公民技能训练的共同目的，⑤
但是由于来自日本国内其他全国青少年组织的压力，日本的童军数目已经
开始减少。⑥ 与日本的孤立主义相反，宋美龄于 1943 年访问美国受到华
裔男女童军的欢迎。⑦

作为女童军，杨惠敏与基督教青年会及其开展的战时救助活动也
有联系。《展望》杂志刊登了一张身着童军制服的杨惠敏的照片，照片
中的杨惠敏正在向一个儿童听众打招呼，杂志称杨惠敏"现在美出席
世界青年协会"。⑧ 1947 年，美国女童军（The Girl Scouts of the United
States of America）召开了一次世界大会，当时还在美国的宗教教育学教

---

① World Youth Congress Poughkeepsie, *Youth demands a peaceful world*: *Report of 2d World Youth Congress*, *Vassar College*, *Poughkeepsie*, *N. Y.*, *Aug. 16 - 23*, *1938*, p. 7.

② 高文达：《杨惠敏在美国》，《青年团结》第 1 卷第 7 期，1939 年，第 16 页；南山：《杨惠敏小姐在美国》，《青年之友》第 2 卷第 4 期，1938 年，第 1 页。

③ "Far Eastern Girls At Scout Picnic," *New York Times*, August 4, 1937；"Visiting Girl Scouts Test Culinary Skill," *New York Times*, August 13, 1937.

④ 《女童军杨惠敏返国》，《妇女文献》1939 年第 2 期，第 43 页。

⑤ 张定：《日本女童子军概况》，《浙江青年》第 3 卷第 5 期，1937 年，第 39～42 页。

⑥ Rieko Kage, *Civic Engagement in Postwar Japan*: *The Revival of a Defeated Society* (Cambridge: Cambridge University Press, 2010), p. 28.

⑦ "City To Welcome Mme. Chiang Today," *New York Times*, March 1, 1943.

⑧ 《战时新女性》，《展望》1939 年第 1 期，第 9 页。

民国时期的法律、社会与军事

授蒋翼振也参加了大会。① 也许是因为童军运动与基督教之间天然的紧密联系,杨惠敏反而解释说她不是基督教徒,即使在战争前线也不信仰宗教。②

杨惠敏继续在中国履行她作为爱国女童子军的职责。按照上海童子军战时服务团的职责要求,杨惠敏作为护士为受伤战士服务,践行了中国传统女性的美德。但是,杨惠敏却表示她希望能够参加真正的战斗。她的追求和希望或许导致了她作为护士碌碌无为的表现。③ 除了护士的本职之外,杨惠敏作为象征人物,还时刻提醒人们国军战士曾在淞沪会战中的英勇表现。她穿行在国统区为抗战争取更多的支持,还作为特别嘉宾出席童军大会操。④ 战士们在手帕上题字,作为纪念品送给杨惠敏,这些纪念品不断提醒着她,战士们在战场上临危不惧的英勇精神。⑤ 戏剧和电影也刻画了杨惠敏献旗事件和她的其他活动。

1938年,导演应云卫通过电影《八百壮士》刻画了八百壮士坚守四行仓库英勇杀敌的事迹。电影描绘了杨惠敏游过苏州河的场景,展现了女性强健体魄的新型审美观。⑥ 电影中,杨惠敏庄严地向中国守军敬礼,并站在队首参加升旗仪式(见图7)。在电影拍摄之前,杨惠敏就已经前往美国,因此导演没能就献旗细节对她进行采访。实际上,杨惠敏并未如电影刻画的那样身披国旗游过苏州河抵达四行仓库。杨惠敏虚心地申明,她并没有电影里刻画的那样英勇。⑦ 杨惠敏自己也含蓄地承认,导演设计这

---

① 《美国女童军总会举行世界女童军露营》,《中国童子军总会公报》第1卷第6期,1947年,第12~13页;"Girl Scouts To Meet," *New York Times*, November 6, 1943.

② 杨惠敏:《为八百壮士献旗两周年的回忆》,《民族公论》1939年第1期,第35页。

③ 蒋介石:《为八百壮士之女童军》,《战时童子军》1938年第12期,第12页;杨惠敏:《祖国在睡眠中醒了》,《国魂》1938年第4期,第15页;黄累青:《骗子耶?英雄耶?杨惠敏究竟是个啥样人!想从前献旗时何等荣贵,到而今只落得身败名裂》,《秋风》1946年第8期,第4页。

④ 《杨惠敏女士已返重庆》,《抗战要讯》第2卷第11期,1939年,第5页;《庆祝童军节》,汉口《申报》1938年3月9日,第2版。

⑤ 杨惠敏:《为八百壮士献旗两周年的回忆》,《民族公论》1939年第1期,第37页。

⑥ 臧长庚:《别来无恙》,《中华》第84期,1939年,第26页;Yunxiang Gao, *Sporting Gender: Women Athletes and Celebrity - Making During China's National Crisis, 1931 - 45*, p. 215.

⑦ 杨惠敏:《为八百壮士献旗两周年的回忆》,《民族公论》1939年第1期,第36页。

个场景是为了宣传目的而夸大了她的英勇行为。选择游泳的方式渡过苏州河献旗与当时中产阶级女性及女童军和游泳的密切关系分不开。尽管她对电影场景进行了纠正，但还是与当时的女子游泳冠军杨秀琼一同出席了活动。[①] 杨惠敏和杨瑞符与演员们一起出现在宣传电影的各类报刊中。[②] 演员与杨惠敏和杨瑞符共同出现是为了强调电影根据真实故事改编。

国民党政府利用该事件在国内外进行抗日宣传。有关外国人对中国人民英勇抵抗的赞赏和钦佩的相关新闻报道也不断出现。[③] 电影宣传采用英语、法语、俄语以及中文等多国语言。[④] 电影《八百壮士》中一个镜头是隔江观战的租界区外国人向中华民国国旗行礼。为了赢得更多人对中国抗战的支持，电影在国内外都进行了公映。[⑤] 一位美国女童军在看过《八百壮士》后，写信希望能够在她的童军组织与中国的女童军之间建立通信联系。[⑥] 国民党也利用童子军运动的国际性来争取更多的海外支持。在电影《八百壮士》中女童军参与升旗仪式并向其战友兄弟致敬行礼的场景，比起同时期《儿童世界》封面上女童军和男童军相互敬礼的静态图像，更有感染力；然而，在这两个例子中，男女童军相互的敬礼形象，说明他们承担了共同的使命。

国民党的宣传强调杨惠敏在年龄和性别上的"少女"特质，从而进一步强调她为抗战做出的突出贡献。杨惠敏吸引大家关注"少女"特质是为了进一步推动中国人民的解放事业以及妇女的解放运动。罗伯特·雷普利（Robert Ripley）在对杨惠敏的采访中注意到，杨惠敏是"一个纤弱而美丽悦目的中国女子，体重一定不会超过九十五磅"。[⑦] 她纤弱身体和

---

① 李玉莲：《"美人鱼"和"国旗魂"：杨秀琼与杨惠敏》，《大侠魂》第 7 卷第 7～8 期，1938 年，第 28 页。

② 《八百孤军一片焦土》，《抗战画报》1937 年第 10 期，第 10 页。

③ 《闸北壮烈抗战中的一个女童军》，《战时童子军》1937 年第 1 期，第 5 页。

④ 臧长庚：《别来无恙》，《中华》第 84 期，1939 年，第 26 页。

⑤ Matthew Johnson, "Propaganda and Censorship in Chinese Cinema," in *A Companion to Chinese Cinema*, edited by Yingjin Zhang (Malden, MA: Wiley‐Blackwell, 2012), p. 163.

⑥ 《美国一个女童子军来信》，《童子军教学做》1945 年第 9 期，第 16 页。

⑦ 高文达：《杨惠敏在美国》，《青年团结》第 1 卷第 7 期，1939 年，第 16 页。

对花草的热爱与她的英勇行为形成鲜明对比。[①] 淞沪会战打响时，杨惠敏年仅 22 岁，她称自己为"弱小的女孩子"，"但，我们没有忘记我是中华民族的一份子，救国不分男女老小，我也得尽我所能献身国家"。[②] 她也劝说中国政府加强对青年人的军事教育。[③] 因此，杨惠敏允许自己以柔弱女子的形象为抗战宣传服务，但是，她仍然暗示，公民的平等对挽救民族危亡是十分必要的。

中国媒体报道，杨惠敏在美国代表着中国新女性。她与其他现代女性一样成为战时中国的代表人物。[④] 杨惠敏说，在旅行中，她也目睹了其他国家的女性是如何解放自己的。杨惠敏还利用刚刚获得的国际视角来评判中国的妇女运动，她认为，中国妇女过度关注"病美"而非"健美"。她批评中国的"欧化小姐"懒散、浓妆艳抹，她将妇女解放与健康道德的生活方式和爱国主义紧密联系。[⑤] 虽然她所倡导的妇女身体和精神解放恰好响应了蒋介石的新生活运动，但是她的关注点从柔弱少女转移到强健的妇女，部分也是因为她的日渐成熟和国际经验。

结 论

将战时动员看作抗战全面爆发之前对儿童进行军事化培养和训练的唯一动因，这或许过于草率。尽管童军组织向家长说明了体育锻炼和军事训练之间存在差异，但是进行露营训练以及维持公共秩序却暗示了，童军运动的目的是为了守卫国土而训练孩童。中国人利用和借鉴了国际潮流和经验，首先受到英国殖民者在布尔战争中的经历的启发，培育和增强童子军体质。而女童的加入则因涉及性别的适当性和保护女性的问题，使得问题复杂化。但是排除女童则有违国民党民族革命和反帝的初衷。鉴于国民党

---

① 盛一：《杨惠敏的大胆作风》，《海星》1946 年第 11 期，第 5 页。

② 杨惠敏：《祖国在睡眠中醒了》，《国魂》1938 年第 4 期，第 15 页。

③ 凤兮：《偶访杨惠敏女士》，《妇女生活》第 7 卷第 6 期，1939 年，第 21 页。

④ 南山：《杨惠敏小姐在美国》，《青年之友》第 2 卷第 4 期，1938 年，第 1 页；《战时新女性》，《展望》1939 年第 1 期，第 9 页。

⑤ 杨惠敏：《怎样做一个大时代的妇女》，《民族公论》1940 年 3 月 15 日，第 30~32 页。

对激进青年的疑虑，① 中国女童军组织似乎已经成为培育和释放中国女青年军事潜能的安全场所。

　　杨惠敏的事例表明在国民党对女童军的理想化上还是存在分歧和冲突。中国童子军总会希望在童军中保留和保护性别差异，尤其体现在鼓励女童作为护士而不是战士去服务战争。国民党的宣传强调她们的少女身份，因为少女令人哀婉而又沉痛的牺牲有助于她们成为楷模和典范。正是由于杨惠敏的特殊贡献才使得中国女童军在军事文化中显得异常突出。讽刺的是，中国女童军作为世界组织中的一员而获得了更为普遍的认可，② 杨惠敏在西方人的眼中有着特殊的吸引力，因为童军运动表明中国仍致力于参与世界合作，这与当时的日本形成鲜明对比。杨惠敏通过树立女性柔弱但具有军事力量的形象实现了其个人目的，并表明了中国女童军的国家特性并不意味着其在世界舞台上的边缘地位，她们与世界童军组织上的相似性也不意味着就应顺从美国的压力而去逃避战争。

　　国民党树立杨惠敏为榜样是为了创造新英雄楷模供少女们追随和学习，但是树立和拥护特定楷模也可能有问题。杨惠敏欣然接受了这一角色，即作为一个能够鼓励她的"好兄弟"以及激励人民大众抗战的"弱女子"形象。然而，如同众多认为"平等主义就是两性的相似性而非性别的差异性"的中国女性一样，③ 杨惠敏力图争取参与军事战斗的机会，但被动地承担作为护士的职责。杨惠敏因其战争动员的灵活性以及成功逃出日军魔爪而被赞颂，④ 却因此在战后国民党对汉奸进行审讯时，受到怀疑。因为被怀疑通敌，杨惠敏被投入南京的军事监狱。⑤ 国民党军统局局

---

① Jianli Huang, *The Politics of Depoliticization in Republican China: Guomindang Policy Toward Student Activism, 1927 - 1949* (Berne: Peter Lang, 1996), p. 191.

② "Universal Girl," *New York Times*, August 15, 1937.

③ Antonia Finnane, "What Should Chinese Women Wear?" in *Dress, Sex, and Text in Chinese Culture*, edited by Antonia Finnane and Anne McLaren (Clayton, Vic.: Monash Asia Institute, 1999), p.16.

④ 廷瓒：《介绍杨惠敏女士》，《抗建》1939 年第 5 期，第 7 页。

⑤ 春风：《环境牺牲了杨惠敏》，《中外春秋》1947 年第 10 期，第 8 页；《杨惠敏通敌秘闻》，《海星》1946 年第 21 期，第 1 页。

长戴笠的情妇胡蝶指控杨惠敏抢劫其财物。[①] 虽然杨惠敏最终被无罪释放，但却有一些报刊贬损她的人格，还有些报刊对天真而勇敢的孩童成为罪犯表示诧异。[②] 因为杨惠敏某种意义上代表着国民党的抗战努力和贡献，对她的这些指控也毁坏了国民党的声誉和权威。

当杨惠敏作为中国人民顽强抗战的"形象大使"时，她的作用和贡献主要是仪式性或象征性的。实际上，杨惠敏因为献旗——童军们经常举行的一种民族主义仪式而受到称颂。童军制服、国旗以及敬礼构成了杨惠敏的基本语汇。正如儿童剧表现的那样，符号象征和仪式活动为童军创造了一个具有深邃意义的世界。[③] 精心编排的如何在战场上运送伤员等仪式活动帮助女童军后来直面战争的残酷。童军的各类仪式活动能够帮助孩子们以爱国主义角度去理解和经历战争，以至于在四行仓库保卫战中他们能够理解军事撤退是为了防御和守卫国土。当然，这种仪式性活动是为了激励包括孩童在内的广大平民，通过战时服务团或是冲锋陷阵的方式为抗战做出贡献。因此，研究中国女童军的历史能够帮助我们重新审视和理解"军事化"，它不仅是激励孩童参加军事服务的机制，而且也是帮助她们理解战争及其战争角色的转义词语和形象语言。

〔作者田梅，普渡大学助理教授〕

（贾亚娟 译）

---

① 老黄：《摇钱树逐出流亡团，胡蝶控诉杨惠敏》，《泰山》1946年第3期，第3页。

② 《献旗小姐无罪开释，杨惠敏悄然来沪》，《上海特写》1946年第26期，第7页；黄累青：《骗子耶？英雄耶？杨惠敏究竟是个啥样人！想从前献旗时何等荣贵，到而今只落得身败名裂》，《秋风》1946年第8期，第4页；周平：《少年得志大不幸：杨惠敏锒铛入狱》，《文饭》第29期，1946年，第3页。

③ Howard Chudacoff, *Children at Play* (New York: New York University Press, 2007).

国民党左派与国民党军队
政治工作（1924～1928）

李志毓

内容提要 第一次国共合作期间，国民党军队政治工作全面展开。中共试图通过掌握政治工作，使国民党军队的领导权实际上控制在共产党手中。国民党左派领袖汪精卫试图通过政治工作，在国民党中形成集体领导和文人制约武人的机制。北伐前，军队政治工作内容以训育为主，北伐后以宣传为主，吸收了大批文艺青年加入军队政治部。国共斗争与国民党派系斗争体现在军队政治工作中，造成政工人员思想混乱，士兵训育和民众宣传指导方向不统一。政工人员自身训练不足，品行亦不理想，也影响了政治工作的效果。国共分裂后，国民党左派对军队政治工作进行反思，放弃了国共合作时期由上到下、利用党代表和政治部约束军人、教育士兵的政治工作模式，改为单纯诉诸上层制度建设，以党纪约束军人，以达到以党治军的目的，最终未获成功。

关键词 国民党左派 党代表 政治部 政治工作

国民党的军队政治工作，始于1924年黄埔军校创立。当时孙中山一方面迫切需要苏俄物质援助，另一方面认识到国民党组织涣散、军人恃权、党员无力，党的主张无力，"姑可张罗于一时，恐日久必穷倒"，"非从下层多做功夫，而徒拘泥于上层之干部，必不足以负改造中国之伟大责任"。① 因此决定借联俄之机，改组国民党，创办黄埔军校，实施以党治

---

① 罗家伦：《国父年谱（初稿）》下册，中国国民党党史会，1958，第634页。

民国时期的法律、社会与军事

国、以党治军。军校中负责政治工作的机构,一为党代表,二为政治部。孙中山逝世后,国民党继承联俄联共政策,在苏联顾问指导下,在军中大力推行军事委员会、党代表和政治部制度,展现出一种务使散漫于中国的武力集中在国民党领导之下、以党治军的决心。北伐发动过程中,国民革命军各军,都效法黄埔军校中的政治工作制度,先后设立了政治部和党代表。军、师、团、营、连各级均有党部和党代表,军、师、旅设有政治部,团、营、连有政治工作人员。政治工作在国民党军队中全面铺开。

1927 年国民党"清党"以前,军队政治工作主要掌握在共产党和国民党左派手中,国共斗争与国民党内部派系斗争,体现在军队政治工作中,造成政工人员思想混乱,士兵训育和民众宣传的思想、方向不统一,未能达到使全国军队统一于国民党领导之下的目的。1927 年宁汉分裂之后,军队政治工作一度陷于停顿。目前学界对于国民党军队政治工作的研究,多从制度层面入手,对黄埔军校及国民革命军中政治工作制度的确立进行梳理;对于军队政治工作在实践中的运行状况,特别是派系斗争在军队政治工作中的体现,及不同派系对于军队政治工作的认识和诉求,尚缺乏深入探讨。① 本文将针对这一问题,从国民党左派的角度,探讨从第一次国共合作到国共分裂,国民党左派对于军队政治工作的认识、实践,以及国共分裂之后,国民党左派对军队政治工作的思考,以期深化国民党早期军队政治工作的研究。

---

① 关于国民党军队政治工作的研究主要有:罗苏文:《试析北伐战争时期的国民革命军》,《史林》1986 年第 3 期;叶青:《关于国民革命军党代表制度的一个问题》,《中共党史研究》1988 年第 3 期;蒋建农:《大革命时期的国民革命军总政治部》,《史学集刊》1988 年第 3 期;苏国霞:《国民革命军政治工作制度初探》,《军事历史研究》1989 年第 1 期;唐森树、钟声:《民国时期的国民党军队政治工作述评》,《零陵师专学报》1990 年第 1 期;曾成贵:《武汉政府时期军队政治工作概论》,《咸宁师专学报》1991 年第 3 期;于兴卫:《大革命时期周恩来军队政治工作思想及其实践》,《军事历史研究》1996 年第 2 期;杨利文:《北伐前后国民革命军的党代表制》,《民国档案》2007 年第 1 期;文霞:《试论廖仲恺与黄埔军校初期的政治工作》,《贵州社会科学》2007 年第 9 期;孙桂珍:《清党后国民革命军政工与党务关系的演变》,《山西师大学报(社会科学版)》2010 年第 1 期;孙桂珍:《清党后的国民革命军政治工作(1927~1930)》,《河北理工大学学报》2011 年第 3 期;李翔:《论国民革命军政治工作的建立与开展》,《军事历史研究》2013 年第 1 期;等等。

一

1925 年 7 月，广州国民政府成立，统一改编国民革命军，设立军事
委员会，下设总党代表和政治训练部作为负责军队政治工作的主要机关。
在国民党军队政治工作体系建立初期，党代表在军队中位高权重。按照
1926 年公布的《国民革命军党代表条例》，党代表是军队中党务工作的领
导人，各种政治文化工作和一切组织工作均受其指导，还要指导所辖各级
党代表和政治部。条例规定，党代表和指挥官一样是所属军队的长官，
"其所发命令，与指挥官同，所属人员须一律执行之"；党代表有会同指
挥官审查军队行政的权力，当党代表认为指挥官的命令危害国民革命时，
应报告上级党代表。但若发现指挥官有明显的变乱或叛党行为时，"党代
表得以自己的意见自动的设法使其命令不得执行"。① 这些规定，几乎赋
予了党代表与军事指挥官平起平坐的地位。

第一次国共合作期间，中国共产党和国民党左派在国民党军队政治工
作的建立过程中，发挥了重要作用。国民革命军总党代表的职位，一直由
亲共的国民党左派担任。黄埔军校创建之初，孙中山曾委任廖仲恺担任军
校党代表。1925 年 8 月廖仲恺遇刺后，汪精卫接替廖仲恺，在国民党中
央政治委员会第 54 次会议上，被推荐为各军及各党立军校的党代表。②
1926 年 2 月，国民党中执会常务委员会第八次会议又通过陈公博的提案，
改任汪精卫为国民革命军总党代表。同年 4 月，汪精卫因中山舰事件称病
离职，总党代表一职由汪的亲信陈公博代理。廖、汪、陈三人，在第一次
国共合作期间，都是积极联共的左派。

党代表之外，另一个负责政治工作的机关是政治训练部。它上承国民

---

① 荣孟源主编《中国国民党历次代表大会及中央全会资料》上册，光明日报社，1985，第
291～293 页。

② 1925 年 9 月 17 日、18 日，国民党中央执行委员会分别致函汪精卫和国民革命军第一、
二、三、四军军长及中央军事委员会，任命汪精卫为各军及党立军校的党代表。见台北
中国国民党党史会藏《汉口档案》：汉 2818.1、汉 2818.3、汉 2818.4、汉 2818.5。

革命军总党代表指导，下辖各军、独立师、海军局、航空局、中央军事政治学校和参谋团、军需局党代表。第一任政治训练部主任是著名的国民党左派陈公博。1926 年 6 月，北伐筹备时，政治训练部改组为国民革命军总司令部总政治部，部长邓演达，大量吸收共产党人和国民党左派加入其中。在总政治部下辖的秘书处、宣传科、组织科、总务科中，担任领导工作的主要是共产党人，例如秘书长恽代英，秘书处长孙文炳，宣传科长朱代杰，曾任秘书处长和宣传大队长的胡公冕，总务科长江董琴，先后任宣传科长、秘书长、总政治部副主任的郭沫若，《革命军日报》总编、社长潘汉年、杨贤江等。

在总党代表和总政治部之下，各军的军、师级党代表和政治部主任，也多为共产党人。例如第一军第一师党代表周恩来，第二军政治部主任李富春，该军第四师党代表李六如，第五师党代表方维夏，第六师党代表萧劲光，第三军政治部主任朱克靖，第四军政治部主任罗汉、张善铭、廖乾伍，第六军政治部主任兼副党代表林伯渠，第七军政治部主任黄日葵，第八军副党代表兼政治部主任彭泽湘等。师政治部下设的宣传科、党务科和各团、营、连级的党代表，也多由共产党或国民党左派担任。

为何中国共产党和国民党左派在第一次国共合作时期的国民党军队政治工作中占据主导地位？首先，这是共产国际的一种战略设计。在第一次国共合作期间，中国共产党接受共产国际的领导，非常重视在国民党军队中的政治工作。中共中央曾指示中共党员，在国民党军队中不当军事指挥官，在国民党军队里不设共产党支部，不发展共产党员，主要的任务就是进行军队政治工作，改革国民党军队中的军阀制度。① 特别是孙中山逝世之后，共产国际一方面加强了对国民党的军事和物质援助，另一方面也改变了早期的分化国民党的策略，不再注重国民党本身的分化，而开始越来越强调由中共党员来扮演国民党左派的角色。在工作方式上，也从早期的注重宣传转向注重军事行动。当时，共产国际要求中国共产党，"争取做到，使共产党（中央、地区、省和地方）军事部的领导人一定成为相应

---

① 张光宇：《第一次国共合作时期的国民革命军》，武汉大学出版社，1989，第 79 页。

的国民党军事部的首脑"，命令共产党的军事工作人员，在形式上按照国民党的组织系统调动，但是在事实上，要"以国民党的名义"像俄国共产党在红军中所做的那样，在中国的军队中进行政治工作。要小心谨慎而又坚定不移的，使军队的实际领导权掌握在共产党手中。①

对于国民党军队政治工作主要掌握在国民党左派和中国共产党手中，一些反共的国民党人的确很早就认为，这是共产党控制国民党的一种方式。例如与蒋介石关系密切的戴季陶就说过，政治部和党代表制，是共产党夺取兵权的手段，"拿住这两个机关，运用得好，所有国民党的军队，都可以变成共产党的军队，一方面用政治工作去感化国民党员的士官兵卒，一方面用党代表的地位来操纵兵权"。② 最终的国共分裂，也从军队政治工作部门开始。1927 年 4 月 9 日，国民革命军总司令蒋介石以总政治部主任邓演达"援引私人，充塞部曲，其宣传训练等工作，显图破坏国民革命之战线，分散国民革命之力量"以及"国民革命军之总政治部几为少数跨党分子及投机少年所独占"等为由，解散总政治部。③ 这是国民党军队政治工作由盛转衰的标志。此后，国民党军队政治工作陷入停顿和混乱。在南京、武汉的先后"清党""分共"的过程中，各级政治工作人员遭受迫害的情形亦十分严重。

其次，从国民党左派领袖汪精卫一方来说，共产国际在国民党中大力推行军事委员会制度和党代表制度，试图形成集体领导和以文人制裁武人的局面，一举解决党内新军阀的问题，这正与他的期待不谋而合。在孙中山逝世之后，汪精卫借助苏联顾问的力量和军队政治工作制度，以一介文人而能在军队中施加影响，极大提升了自己的政治地位，因此汪精卫十分重视军队政治工作制度的建立与维护。如何以党治军、限制中国武力的恶

---

① 《共产国际执行委员会东方部关于中国共产党军事工作的指示草案》（1925 年 8 月 21 日），《共产国际、联共（布）与中国革命档案资料丛书》第 1 册，北京图书馆出版社，1997，第 658 页。

② 戴季陶：《党代表制度好不好》（1928 年 2 月），中国人民大学中共党史系中国近现代政治思想史教研室编《戴季陶主义资料选编》，1983，第 156 页。

③ 《蒋介石查封上海总政治部布告》，《四·一二反革命政变资料选编》，人民出版社，1987，第 124 页。

性发展，是汪精卫长期思考的问题。

1927 年 4 月，汪精卫回国之后，试图进一步加强国民党对军队的领导地位。他感于国民党各军的军事机关和特别党部之间隶属关系和指导权划分不清，与陈公博联名上书国民党中央执行委员会，呈请批示"军委会所属各军及军事机关特别党部总纲"。提出：第一，特别党部隶属中央执行委员会；第二，特别党部应受党代表之指挥及政治训练部之指导；第三，特别党部之组织由政治训练部秉承中央之命令，指派党代表或政治工作人员组织之；第四，特别党部之党务应呈报政治训练部转呈中央党部审核之；第五，政治训练部秉承中央之意旨，办理特别党部一切指导计划等工作，并传达中央党部之命令于特别党部。① 总纲规划了军事机关中一个自上而下垂直领导的党务系统，事实上是要将军队中的党部和政治训练部从军事指挥系统中独立出来，直接隶属上级党组织，这再次强调了政治对军事的监督和指导地位。

二

国民党北伐之前，军队政治工作的主要内容是对内训练，即对政治工作人员的培训和对基层官兵的教育。1925 年冬，国民党中央党部决定开设中国国民党政治讲习班，由谭延闿、程潜、陈嘉祐、鲁涤平、毛泽东、林伯渠、李富春等 7 人组织理事会。学员有来自国民革命军第二军的 50 名，湖南省党部选送的 100 名，及全国各地投奔广东政权的知识青年，共 382 人。1926 年春正式开学。主要课程有张太雷讲授《世界经济状况》，邓中夏讲授"职工运动"，郭沫若讲授"革命文学"、蒋先云讲授"军事运动"，萧楚女讲授"社会主义"，毛泽东讲授"农民运动"等。北伐出师前，总政治部又将政治讲习班的骨干学员和广东大学部分学生集中起来，开办特别训练班，开设了"反吴之意义与政策""党务""政治工作

---

① 《汪兆铭等上中执会呈》（1927 年 6 月 8 日），台北中国国民党党史会藏《汉口档案》：1427.1。

方法""各省军事政治报告"等4个专题讲座。这个训练班，培训了北伐初期的部分政工人员，训练结束后，部分学员被分派到军队中工作，还有部分学员回到湖南做地方政治工作。①

国民党早期军队政治工作，最普遍的方式是演讲，无论对士兵训育还是对民众宣传，演讲都是重要的手段。在各种军队政治训练大纲和教材中，对于如何演讲都做了详尽细致的说明。例如国民革命军总政治部印行的《政治训练大纲》规定：

1. 政治演讲，应每星期举行三次，每次一小时。2. 凡军官士兵，均应知道何时何地举行政治演讲。3. 政治工作人员，须依时到场演讲，以作兵士依时的模范。4. 各连军官，于各连演讲时均须依时到场。5. 无论何人，均不许缺席。6. 应择适合的演讲地点，若地点是露天的应距离嘈杂喧嚣，若在屋内，须择空气光线适合，这才使士兵耐心听讲。7. 政治工作人员，应于未演讲前，把此册子熟读，并透想与搜集兵士日常生活材料。8. 每周讲题，工作人至少要用一小时来预备。9. 讲话时不要太深奥，要时时参加笑话，亦不要太严肃，或太儿戏。10. 最好是发问和置答，你问之后，要待徐徐答覆……要问合于兵士心理的问题，又要简单的，实际的，易懂的……问完了，你要把刚才讲过的大要再述一过，但只以十分钟左右。11. 如上法都不能见效，那你可用半发问式半讲演式的法子。12. 你演讲时留意如全场只有很少人答话，你要想法补救但不要只让那聪明敏捷的人来答话。13. 如果听不懂你的讲话时，不要发怒……应沉毅坚忍诚恳和平来解释。14. 特别留意听众之不欢喜听的话，如关于文学政治等深奥的名词，切不可用，要特别留意。15. 特别注意所用之声调的高低不同，高则使他们不安，低则使他们沉闷，要清楚，条理，一句一句的讲，有时在室内与室外所用的音调又不同。16. 团政治指导员每星期

---

① 中国革命博物馆编写《第一次国共合作时期的北伐战争》，黑龙江人民出版社，1987，第118～120页。

民国时期的法律、社会与军事

之始在召集所有团内的政治工作人员开会时，大家要讨论划定演讲的
纲要。①

北伐开始之后，国民党军队政治工作的重心，由训练转向了宣传。虽
然士兵教育，特别是对新兵和俘虏的教育，仍然是重要工作，但在当时总
政治部编辑的各种有关战时政治工作的手册中都可以看到，作战演讲、唱
口号和歌曲、贴传单、与民众召开茶话会游艺会宣传工作，被赋予了重中
之重的地位。在总政治部印行的《战时政治工作人员特别惩戒条例》（14
条）中，有 5 条与宣传工作直接相关，凡"不向民间宣传本党主义者"，
"不遵守宣传大纲者"，"每到一地有一日以上之勾留而不开联欢会或其它
游艺会宣传会等者"，"不利于时机向士兵夫役及俘虏宣传者"，"军队所
过之处不贴标语者"，将"处予以撤差，降级，罚薪，记过等处分并按照
党纪记过留党察看开除党籍等处分"。②

北伐时期，左派主导下的军队政治部，招收了大批文学青年和年轻的
画家、音乐家、摄影家参加军队政治工作。中国现代艺术史上很多优秀的
左翼画家曾在国民革命军政治工作系统服务过，如黄文农、许幸之、叶浅
予、关良、司徒乔、鲁少飞等。鲁少飞在北伐军总政治部工作，他的
《北游漫画》收集了参加北伐一路上所作的 39 幅速写，书后有画家戎装
的照片，题为《二十五岁的我》。③ 著名漫画家黄文农在 1927 年北伐军进
驻上海之后，曾担任过淞沪警察厅政治部宣传科艺术股长。1927 年出版
的《文农讽刺画》，便是他在整个国民革命期间创作的漫画结集。

著名画家关良，也受到时任总政治部副主任的郭沫若的邀请，担任总
政治部宣传科艺术股股长，参加了北伐军。他在回忆录中说："全股共有
三十多人，其中有些是留学过的大学生，而且大都是些学有专长的人。此
中有专搞绘画、电影摄影的，也有搞新闻照相的，有的能歌善舞，有的能

---

① 《政治训练大纲》第 1 号，国民革命政治部印行，1926，第 19～21 页。

② 《战时政治工作须知》，国民革命军总司令部政治部印，1926，第 52～53 页。

③ 鲁少飞：《北游漫画》，光华书局，1928，相关介绍见西丁主编《美术辞林·漫画艺术
卷》，陕西人民美术出版社，2000，第 652～653 页。

编会导，加上我和几位擅于画画的，又喜欢操琴弄弦，真是巧合天成，充分显示出青年人的聪明才智和勇往直前的革命朝气。"① 著名画家司徒乔是 1927 年 2 月经人介绍到武汉鲍罗廷办公室做美术宣传的。他在回忆武汉那段革命时光时说："好一场大江上的革命之梦！那梦里的死，伤，凶，肉，和伪善的憧憬，和那犹羊无牧，所谓革命的群众，我是永远不会在我的色板上忘遗的啊。"②

虽然投笔从戎的生涯转瞬即逝，这些杰出的画家，只是在很短的时间里，被吸纳进入国民革命军的政治宣传工作，参与了这场轰轰烈烈的大革命，总政治部被解散后就各奔东西，有人甚至身陷囹圄，但是，这吉光片羽，却为国民革命军的军队政治工作涂上了一抹奇异光彩，昭示了国民革命的时代特征，也成为这些画家本人和中国漫画成长历史中重要的一环。叶浅予在《漫画大观》的序言中说："漫画这艺术……不知怎么一下子被大人们看中啦！居然也配上了武装，替大人们冲锋杀敌，从南方出发，散布到全国，大大地出起风头来！这时期中，不啻给漫画本身做了一番宣传的工作，跟革命狂潮，打入了大众的壁垒。接着便有五年前《上海漫画》的出世，就在这上面树起了确定的旗帜……坚固地吸引着大众的视线。但可惜终为经济的高浪卷了去，却留着许多人不已的赞叹！"③

尽管政治宣传工作被赋予重要地位，其成效却不能一概而论。关良曾在回忆录中说，艺术股的同志们不顾长途行军疲劳，每到一地，就忙于四处刷标语、画漫画、搭戏台。"讲演、相声、快板、花鼓等短小节目，把各个宣传阵地搞得热气沸腾。战士们得以在战斗的间隙中休整、调剂，振奋精神，提高士气，老百姓们也得以了解到战况，形势很好。"④ 而国民革命军第四军的政治工作人员朱其华的回忆录，却显示出宣传对于战争胜利的意义不可高估。朱其华说："在广州出发时，我们本来领到了几千元

---

① 《关良回忆录》，上海书画出版社，1984，第 49 页。
② 司徒乔：《司徒乔去国画展·自序》，上海艺术社，1928，第 5～6 页。
③ 西丁主编《美术辞林·漫画艺术卷》，第 654～655 页。
④ 《关良回忆录》，第 49 页。

的临时宣传费，所以也印了不少的书报、画片，小册子，传单，宣传大
纲；而且准备了许多宣传计划。可是实际上，自从出发以来，除了每到一
个地方分送些宣传品，留声机般的作些讲演以外，什么事也没有做。而我
们那种讲演，听的人未必就能懂。"自南安出发以后，对于宣传工作更是
随随便便，很多人倒是在船上热心地赌博起来。①

　　国民党早期的军队政工人员，多是些热心政治而未经军事训练的青年
学生，任用过程既随意又匆忙，就缺乏必要的训练和考验。军事委员会政
治训练部原主任陈公博曾说，政训工作刚开始的时候，最初训练了120名
政工人员，开学不到两个星期，就全数调赴东征前线。后来党内鉴于政工
人员不足，将黄埔军校改为政治军事学校，特设政治班。可是不到毕业，
又调赴北伐前线。自北伐开始后，政训工作范围愈广，经过训练的人员不
够，就调拨军校未毕业的学生，军校未毕业的学生不够，就征召普通学校
的学生。到了长江流域之后，甚至变成似乎是谁穿上军服，谁就可以做军
队政治工作。②

　　这些受过中等教育的"小资产阶级"知识青年接受了五四新文化运
动的洗礼，远离家族桎梏、礼教束缚，又投身于打倒一切压迫之革命事
业，思想解放、行为浪漫，更时常鼓吹恋爱自由。朱其华在回忆录中曾讲
述了一位同时与三位男性恋爱的"女秘书"的故事，并认为"这决不是
党国之耻，而是党国之光！我们应该自豪，我们有了比潘金莲潘巧云辈更
伟大的英雄，这是表示我们至少已经相当的战胜了封建意识"。他还说，
没有一个机关比总政治部更腐败、更堕落的，"他们个个都打着雪亮的皮
绑腿……他们把整篓整包的宣传品，在田野间乱丢，这样，他们的工作报
告上可以写'散传单几十万，散画报几十万，贴标语几十万'……当我
们在前方作战的时候，总政治部的同志躲在后方，在后方的民众面前做他
的老爷。但是，当我们把敌人打退以后，总政治部的同志就来前方照相，

① 朱其华：《一九二七年底回忆》，上海新新出版社，1933，第48~49页。
② 《国民革命的危机与我们的错误》（1928年），《陈公博先生文集》下册，香港远东图书
　公司，1967，第339页。

演说，向我们训词了"。①

　　这样的政治工作人员，与出身破产农民家庭的普通士兵之间，常常产生隔阂；刚刚走出校门，没有多少军事知识和社会阅历，突然被委以重任，又容易引起军事长官的不满。某些政工人员的品行和作风，与军队的风气也格格不入。冯玉祥曾教育自己部队中的政工人员："当深入兵众中，与士卒共甘苦，切勿效法武汉之政治工作人员坐花车，吃大餐，身备五皮三金，男女拥抱跳舞，致令士卒生忌，宣传失效也。"② 还有人说，国民革命军政工人员与军事长官的关系，"不是各军装饰门面的机关，便是军事长官的留声机"，大多数军事长官对待政治工作人员，"不是客客气气的虚与委蛇，便是表示鄙视的心理"。③ 武汉政权解体之前，政治工作已变成了军事的附属品。有人说，政治工作变成了军事的"姨太太"。这种情形，让政工人员深感痛苦，而"减少痛苦的唯一方法，就是打牌与喝酒"。朱其华说，他们把武昌所有的菜馆都吃遍了，"政治部拿来的饷，几乎全都化在打牌与菜馆里了"。"所有的朋友几乎全和我一样"，"我们不约而同的渐渐堕落下去……武汉政府也就是这样的一天天走向坟墓里去！"④

　　1927 年 7 月，武汉的《中央副刊》上发表了一篇文章，题为《乱世文章不值钱》，作者周灵均，1925 年 5 月投奔广州政权，11 月进政治训练部，编《政治工作》，本欲进黄埔军校，但自认为"浪漫劣根性未除，以为不能吃苦"，所以只留在政治部工作。他听见"背枪"的同志说，政治工作人员是卖狗皮膏药的，到武汉后又见以党治军只是一句空洞的口号，意识到乱世文章不值钱，那一杆枪，"才是我们自由平等的真保障"，于是决定投笔从戎。⑤ 国共分裂之后，国民党政治工作更一度陷于瘫痪。有人撰文说："政治部本来是要唤醒民众，发展党的势力，除去人民和军队

① 朱其华：《一九二七年底回忆》，第 39～40、211～212 页。
② 中国第二历史档案馆编《冯玉祥日记》第 2 册，1928 年 1 月 18 日，江苏古籍出版社，1992，第 413 页。
③ 李磐桢：《政治工作的新纲领》，《中央副刊》第 148 号，1927 年 8 月 21 日。
④ 朱其华：《一九二七年底回忆》，第 240～242 页。
⑤ 周灵均：《乱世文章不值钱》，《中央副刊》第 97 号，1927 年 7 月 1 日。

之间的隔膜。但是现在的政治部，变成派别门户的工具。上下关系浅薄，标语口号宣言传单全不能统一。尤其在派别复杂的广东，党事纠纷，宣传冲突，政治工作人员系统不明，往往由上级机关的军事长官委派或推荐下来，而差不多就是对各机关的军事长官负责，而不是对上级政治部负责，则政治部成为军阀的工具。稍聪明一点的士兵和民众，看了各种矛盾和相反的宣传，就无所适从。"①

三

国共分裂后，为了跟共产党划清界限，确立国民党左派独立的政治纲领，以汪精卫为首的左派，开始思考重建军队政治工作的问题。在武汉"分共"后出版的《中央副刊》上，有文章指出，过去政工人员"多半是书生"，缺乏军事训练和军事知识，对于革命理论和政治知识又没有充分的研究，因此造成种种"浪漫"和"幼稚"的弊端，以后的政治工作人员，必须严格的军队化和科学化，要做到行动劳动化、生活规律化，绝对依照军队的礼节和纪律行动，切实执行总政治部规定的惩戒和考勤条例，接受军事训练，对于总理的主义和本党的宣言决议训令等，要有切实的认识，对于工作对象、工作方法、社会情况等，要有真确的考察。除此之外，还要切实深入群众，深入士兵当中，不应离开了群众，只和机关办事人员"作无谓的周旋"。②

宁汉合流后，汪精卫和蒋介石分别下野，1927年9月，与汪亲近的张发奎、黄琪翔部，借口"清剿"南昌起义的贺叶余部，率军自江西南下，控制了广东，喊出"拥护汪精卫""粤人治粤""改造新广东"的口号，并电邀汪精卫来粤。10月29日，汪精卫偕陈公博到达广州，成立了新的国民党中央和国民政府，提出保护农工、惩治贪污和整理各级党部的计划，并开始推动军队政治工作。1927年11月8日，在广东省政府洋花

---

① 《本刊和统一政治训练的宣传》，《政治训练周刊》第1～3期合订，1927年11月。
② 李磐桢：《政治工作的新纲领》，《中央副刊》第148号，1927年8月21日。

厅举行的各级政治部联席会议上，陈公博以主席的身份，回顾了国民党军队政治工作的历史，和目前面临的困境。他说：

> 军队中之政治工作，自成立迄今，约分为三个时期：第一期开始在黄埔，彼时由总理派廖仲恺同志为党代表，惟当时只黄埔军官学校一所实施政治训练。前年五月中央党部通过一严重议决案，内容有四个要点：一，统一军政；二，统一民政；三，统一财政，四，各军队一律接受政治训练。自扑灭杨刘，组织军事委员会，始设政治训练部，此为军队实施政治工作之第一期。当时的工作，训练军队约占十分之八，民众宣传约占十分之二。
>
> 前年第二次东征及收回南路后，中央始将战事区域内之党务，民政，委托政治部暂行权宜处理。故当时工作目标，十分之八贯注在民政及民众方面，十分之二在训练军队，此为政治部工作之第二期。
>
> ……迄北伐期间第一，二，三，四，五，六各军，向长江流域发展，连新编的军队，扩充到八十军，彼时政治工作人员对于军事工作人员，多所迁就。及南京自立政府，陈群、杨虎等变本加厉，将政治部变成一侦探机关，汉宁合作以后，南京之政治部之范围愈行缩小，全军政治工作经费减至三千余元，唯一的任务只是贴标语，此为政治工作的第三时期。
>
> 现政治工作弄至不能运用，无人接受。想设法把军队变成革命化，吾人究当采用何种方式？①

在会议上，陈公博认为，政治工作至今仍不能在军队成功，最主要的原因在于人才缺乏和国民党培养政治工作人才的机制。但从会议记录来看，人才缺乏的问题并未被充分讨论。这次会议通过了《统一各级政治工作机关宣传案》《各级政治部应统一编制名称及确定经费案》及《提高

---

① 《各级政治部联席会议第一日会议记录》，《政治训练周刊》第1～3期合订，1927年11月。

政治工作人员地位案》等一系列关于政治工作的决议案，但均停留在具体工作的层面上，对于最根本的"人才缺乏"的问题，并没有提出相应的对策。

1927年12月，共产党趁广州时局动荡之机，发动广州起义，汪派在广东重组政府的步骤被打乱，国民党内随即对汪派展开凌厉声讨，指控他们"甘受第三国际指挥……唆使张黄窃据百粤、勾结共党、焚劫广州……"① 汪的政治主张和个人声望都受到严重打击，再度流亡法国。1928年1月，蒋介石在下野四个月后，通电复任国民革命军总司令。2月2日，国民党二届四中全会在南京丁家桥中央党部开幕，组成以谭延闿为主席的国民政府和以蒋介石为主席的军事委员会，汪精卫、陈公博、顾孟馀、甘乃光等"左派"均被限制出席。1929年的国民党三大又议决："永远开除"陈公博、甘乃光的党籍，开除顾孟馀党籍三年，汪精卫由大会给以书面警告处分。以汪为首的粤方委员被正式排除出了国民党的领导集团。潜居法国的汪精卫，并未忘怀国内的时局发展。面对北伐结束后，事实上武人割据、党权破碎的局面，汪苦心积虑地思考着怎样使国民党从军人控制中解脱出来，并进一步以政治力量控制中国武力的问题。1929年1月1日，汪在致军人王懋功的一封信中，讲述了他对这一问题的思考，信中说：

> 中国革命，有一特质，便是使用武力……所和军阀不同的地方，便是使武力为国民的武力……如今的问题，便是以后革命，怎样的使用武力。如果利用各个军阀的利害关系冲突，拉拢挑拨、离间撮弄，使各个军阀的冲突，加倍速度而发作，并非不可能，但这个有什么用处？……相安一时，无非酿成以后更大的冲突。而利用军阀间的冲突，无非使各军阀之新陈代谢频数些罢了。
>
> 如果说从中下级军官着手，或从兵士着手，使社会影响到军队里去，使社会心理能从军队里表映出来，这是根本工作，但一则太慢，

---

① 《广州特别市党部党务指导委员会呈请中央拒绝汪精卫等出席第五次会议电》，《党声旬刊》第1期，1928年7月11日。

二则如今的军阀们已经比北洋军阀乖觉多些，一曝十寒，未免于事无济。①

使武力为民众的武力，摆脱军阀的控制，这是孙中山生前念兹在兹，汪精卫也反复重申的主张。怎样实现这一诉求，有上下两层工作要做。第一，是用党的纪律约束军事将领，使将官跟着"党"走；第二，是使下层的士兵变成革命者，即军队本身由革命民众组成。汪认为，欧洲的革命，是民众先有了武装，然后民众的武装与专制君主的武装相冲突，最后君主的军队逐渐接受了革命的影响，叛变君主。苏俄红军则是革命成功之后，由革命民众组成军队，因此军队与人民趋于一致。而中国革命的不同之处在于，"革命的军队不是革命的民众里出来"。换句话说，民众本身是落后的。

汪精卫说，中国的革命，都是由一些先进的革命党人发动，由革命党人一边唤起民众，一边组织军队。因此军队的来源不外三种：一是革命党人利用社会上的武力，如绿林、会党，使之变为革命的军队。二是军队的将官是革命党人，得到机会，统率所部起来革命。在国共合作之后，开始有了第三种方式，"便是由党立的陆军学校里，养成将官以组织军队"。但这种组织军队的方式，汪精卫认为，似乎可以假定所有将官都是革命者，但所有士兵仍然不一定是革命者，"因为所有士兵都是招募得来的"。因此，"将官革命，士兵也就革命，将官不革命，士兵也就不革命，士兵一定跟着将官走，而将官不必一定跟着党走"。总之，仍然不能摆脱兵为将有的传统，建立"党"对于军队的统一领导。使军人从认同私人将领，转变为认同于"党"。从汪信中可以看出，他认为，从中下级军官和士兵着手改造军队，是根本的途径，但是速度"太慢"。

同年6月，汪又在给王懋功的信中说："若要打倒军阀，先要以党治军。所谓党者，舍总理外，决无可以个人之意思，为党之意思。故至少限度，须用合议制，在此合议制中，武人、文人皆不当有所分别。武人之

---

① 马长林选编《汪精卫致王懋功密函选》，《历史档案》1984年第4期，第59～60页。

力，须在合议制外发动……在合议制中，武人不能有丝毫挟持武力之行动，如其有之，即为叛逆，立当锄而去之。"① 可见，经过几番挣扎，汪精卫最终决定诉诸通过上层制度建设，建立集体领导的军事委员会，以"党纪"约束军人，达到以党治军的目的，而完全放弃了国民革命时期那种由上到下、利用党代表和政治部约束军人、教育士兵的军队政治工作模式。这表明汪精卫虽然以"左派"自居，但在最关键的——从下层入手改造国民党及其军队的问题上，放弃了孙中山的改组精神。这或许也是汪以一介书生，手中既无可靠军队，又失去了共产国际的扶持之后，一种无奈的抉择。

国共合作时期是国民党军队政治工作初创和繁荣时期，但中共和国民党左派主导军队政治工作的局面，导致国共分裂必然伴随政治工作的由盛转衰。北伐结束后，国民党虽然形式上统一了全国，但民国初年以来的政治军阀化趋势则有增无减。各路军事领袖如李宗仁、李济深、冯玉祥、阎锡山等，不仅拥兵自重，相互猜嫌，且借助各地政治分会，掌握着地方政权，形成事实上的军阀割据。在北伐过程中，国民革命军收编各省军队，大量扩充，快速壮大。北伐出师时，国民革命军共有陆军 8 个军、28 个师、9 个旅、111 个团、4 个营，及中央军事政治学校和少量海军、空军，共约 15 万人。至 1928 年 6 月国民革命军收复北平、北伐结束时，全国已有 90 个军、282 个师，共计 202 万人。② 这些迅速扩张的军队，未经政治训练，事实上仍是旧式的军阀部队。

政治工作承担着教育官兵、灌输党国意识形态和塑造忠诚的功能，要将全国武力统一于国民党的意识形态之下，建立国民党对于军队的坚强领导。但是国共分裂之后，国民党无论在组织上还是在思想上，防共反共都成了政治工作的首要目标。稍激进一点的青年，就被疑心是共产党。因为过去政治工作主要掌握在左派和共产党手中，为了"清党"，国民党屠杀了大批从事政治工作的青年。又因害怕劫后余生的青年继续受到共产主义

---

① 马长林选编《汪精卫致王懋功密函选》，《历史档案》1984 年第 4 期，第 62 页。
② 刘凤翰：《北伐时期的军政建制与活动》，《北伐统一六十周年学术讨论集》，北伐统一六十周年学术讨论集编辑委员会，1988，第 106、112 页。

的感召，在国民党二届四中全会上，全面禁止了青年学生对政治和社会运动的参与，要求青年回到学校中，"教之以正当之学问，导之以正当之道途"。这种做法，一方面没有能正视导致青年激进意识的历史和现实因素，无法解决青年生存中的苦闷；另一方面，也造成军队政治工作、党务和行政系统中的人才缺乏，使得以党治国的设想难以落实。这是国共分裂后国民党军队政治工作步履维艰的深层原因。

1937年3月13日，在距离武汉从"联共"高潮走向"分共"将近十年后的一天，汪精卫又想起了他早年的至友蔡元培，并致书一封说："数年以来，音讯隔绝。去冬归国以后，始从诸同志处获悉近状，向往之心，与日俱积……铭不自揣愚顽，妄欲揭以党治军之义，与持兵者相抗，颠顿至今，一无所成，而坚执此意，仍不少衰……数年以来，国人属望本党，以为可以拨乱致治之意，已因个人独裁，借口党治，摧残民权，种种事实，使属望者变为失望。长此以往，只有日即沉沦。言念及此，殷忧内集。未知先生何以教之。"蔡元培在回信中说："先生提以党治军之义，诚为扼要。以今日军队之复杂、军人领袖程度之不齐，同仇则暂合，投骨则纷争，已成积重难返之势。将如何彻底整理，使一切受党权支配……此关打破，始可以着手于其他问题。"① 此时，正是日军大举侵华和中国人民的全面抗战爆发前不久，而国民党内部军事派系混杂纷争的问题，反而愈演愈烈。汪精卫所追求的"以党治军"体制，在国民党政权中，始终没有建立起来。

〔作者李志毓，中国社会科学院近代史研究所助理研究员〕

---

① 高平叔撰著《蔡元培年谱长编》第4卷，1937年3月13日，人民教育出版社，1999，第368页。

有所为有所不为：中共军队的制胜之道（1945～1949）

王安中

内容提要 解放战争期间，中共在自身军工实力与国民政府存在巨大差距的情况下，在军工领域采取了"有所为有所不为"的方针，果断放弃了枪炮等复杂军械的生产，将相关资源集中于工艺简单、威力巨大、运送方便的炸药、手榴弹、炮弹等武器的生产方面，从而为前线作战提供了充足的武器弹药。中共前线作战部队巧妙地利用和发挥了上述武器装备的优势，在战场上形成了优于国民党军的火力，成为中共部队战胜国民党军的重要因素之一。

关键词 军事工业 武器弹药结构 中共军队

在新民主主义革命的进程中，解放战争仅仅持续了三年多的时间，就以中共的胜利和国民党丧失大陆政权而告终，其速度之快与历史上之革命相较是惊人的。国民党政权迅速失败原因异常复杂，既有政治体制混乱、官僚腐败，也有军事战略的失误，甚至于在关键的情报领域也居于劣势。中共的胜利，除了策略正确、党的组织体系严密之外，也有军事战略的过人之处。军事上的正确决策大大加速了中共战胜国民党的进程，对此学术界已经从战略战术、组织训练、后勤保障等多方面进行了总结和分析。随着研究的深入，学界逐渐开始关注战争胜负背后更深层次的原因，尤其是双方武器装备以及军事工业。西方著名军事学家克劳塞维茨曾经指出，一支军队的战斗力是士兵作战意志与其拥有手段（主要是武器装备）的乘积，因此研究国共战争的胜负还需要考察其战场背后双方军事工业之间的较量。①

解放战争时期国共双方的军事工业，让人不能不产生诸如此类的疑问，即国民党政权掌握着几乎所有现代化的兵工厂，还获得了美国的大量军事援助，但是在战场火力方面却没有取得对中共军队的绝对优势，对此国民党军一线将领和士兵均深有体会，中共是如何实现这一切的，令人震惊！

关于中共的武器装备，毛泽东曾经说过："我们是以小米加步枪打败了国民党的飞机加大炮"。粟裕在总结淮海战役胜利原因时指出："淮海战役的胜利，要感谢山东的小推车和大连的大炮弹"，充分肯定了后方军工对淮海战事的重要作用。刘少奇也曾提到："兵工同志对人民解放战争是有贡献的，他们的工作是战争取得胜利的决定条件之一"。毛泽东和刘少奇、粟裕的表述存在着明显分歧，只有对中共军事工业进行深入研究才能解决这个问题。

解放战争期间，苏联给予了中共一定的军事援助。国内外学术界和军事历史爱好者对援助武器的数量多少和作用大小存在着巨大的分歧，苏联史学界大多认为，苏联援助中共的装备在解放战争中发挥了决定性的作用，而国内学术界则大多认为苏联援助中共武器数量不多，作用有限。刘统和杨奎松还为此发生了激烈争论。② 这个问题的实质，是中共是否主要

---

① 关于国共军事工业的研究，程刚、李明贤（1996）考察了解放战争时期中共方面的军工生产状况，对兵工厂的分布、经营管理等情况进行了初步考察，对解放区内各兵工厂的技术和人力资源的情况进行了计量分析，并对解放战争期间解放区兵工厂的生产数量和质量情况做了初步研究。程维达（1996）认为从力量的拥有、组织、使用等三个方面而言，解放战争之初的国民党军事实力远不如人们想象的那样强大，在从战略思想到战役战术、从后勤补给到军制训练都有很多严重的问题，甚至在历来被认为最占优势的武器装备方面也并不适应这场战争的需要。江泰然（1999）研究了解放战争时期朱德在军工生产中的地位和作用，认为朱德系统提出了发展军工生产的主张及其具体措施。

② 关于苏联援助中共武器装备的数量和作用，在学术界曾引起过争论。刘统（2000）在评价杨奎的《毛泽东与莫斯科的恩恩怨怨》一书时提出："东北三年解放战争期间，我军的军事工业从无到有，从分散游击的生产到形成规模集中生产，从枪械维修、生产部分弹药到修理坦克、火炮，生产各种枪支大炮，取得了显著的成就。东北解放战争的胜利，是党中央领导下的东北野战军百万将士和后方群众依靠自己的力量，一步一个脚印走出来的，而不是单纯依靠苏联的援助取得的。"杨奎松（2001）对此进行了反驳，认为苏联红军为进入东北的及在华北的中共军队先后提供了足够装备几十万人的武器弹药，

依靠苏联的援助来打败国民党，要精确计算苏联军备援助的数量和在中共武器装备中的比重才可以破解这个谜题。

一 国共在军事工业领域的巨大差距

抗战结束之际，国民政府军事工业经过十多年的发展，已经粗具规模，基本实现了轻武器的自给。抗战期间，兵工署的军工生产能力显著增强。据不完全统计，仅在重庆的兵工署所属各兵工厂，1938～1945 年间共生产各种枪弹 85414 万发，各种步枪 293364 支，轻机枪 11733 挺，马克沁重机枪 18168 挺，各种口径的火炮 13927 门，各种炮弹 5982861 发。①抗战期间大后方步枪产量达到年均 10 余万支的水平，且各种类型弹药供应较为充足。何应钦曾表扬大后方的军工体系，称抗战八年当中绝无因武器弹药供给不足而失利之战事。

抗战结束后，侵华日军宣告投降，其在华兵工厂为国民政府所接收。为了接收这些兵工厂，国民政府先后组建了京沪区兵工厂接收处、平津区兵工厂接收处、广州区兵工厂接收处、东北区兵工厂接收委员会等 4 个机构分片接收日占区的兵工厂。由于日军在侵华战争期间的刻意经营，上述兵工厂的生产能力不俗，其中沈阳兵工厂，原系国内最大的军工企业，抗战期间演变成关东军野战兵工厂，产能得到大幅度扩充，国民政府的军工实力因此大大增强。

与国民政府形成鲜明对比的是，由于建设上采取了"不大规模，不棂度集中"的方针，中共军工生产能力长期较为孱弱。到 1945 年，据不完全统计，各解放区共有兵工厂 65 家，月产步枪 1000 支，机枪 15 挺，

从而使这支过去因为装备落后、弹药缺乏，主要靠游击战取胜的部队迅速成长起来，从而极大地缩短了中共中央原先预计的彻底战胜国民党的时间表。这实质是围绕中共主要依靠外来力量抑或是自身力量从军事上打败国民党的争论，但是由于两者都没有对中共军事工业发展规模和前线部队使用的武器装备种类和数量进行深入研究，争论也就很难得出结果。

① 《抗战时期迁川的兵工单位》，载中国人民政治协商会议西南地区文史资料协作会议编《抗战时期内迁西南的工商企业》，云南人民出版社，1989，第 124～131 页。

迫击炮 2 门，手榴弹 27 万枚，枪弹 30 万发，翻造枪弹 74 万发，迫击炮弹 4700 发，地雷 7650 枚。[①] 对国共双方的军工产能进行比较，可以发现双方主要武器弹药的产量悬殊异常，国民政府步枪产量为中共的百倍以上。抗战胜利之际，尽管中共通过没收敌伪兵工厂的方式让其军工产业规模有一定程度扩充，但对前线日益庞大的需求来说依然是杯水车薪。如华东军区在鲁南和胶东的兵工厂每月能生产子弹 16 万发、炮弹 1.3 万发、无烟火药 3000 斤，较此前有很大突破，却仍不够华东野战军一次中等规模战役之用。

相较于国共双方军工产能之间的差距，两者之间的技术差距更是判若云泥。抗战期间，国民政府兵工署不仅统一了械弹制式，还按照种类对军工生产进行了调整，确定每个厂集中生产一种或数种产品，如步枪支、机枪主要集中到第一兵工厂、二十一厂，火炮集中到第十厂、五十厂，枪弹集中到第十一厂、二十厂等，生产的专业化水平大幅提高。兵工署还建立了理化研究院、弹道研究所、应用化学研究所、军用特种车辆试造研究所、炮兵技术处等研究机构，武器弹药的研发能力也大大增强。此时兵工署尽管不能制造飞机、坦克、大口径火炮等重型装备，但是形成了从步枪、中小口径火炮到子弹、各种型号炮弹，从武器研发到兵工生产的相对完备之军工体系。

抗战期间，中共在军工领域的技术水平尽管有所进步，但到抗战末期其机械化水平仍然较低，大量环节依然依赖手工操作，如绝大部分子弹只能依靠复装，少量的枪支亦大多依靠手工制造。由于机器设备奇缺，根据地各兵工厂只得用"敲敲打打，铆铆焊焊，火里烧烧，水里淬淬"的传统工艺来从事生产。到抗战末期，中共方面制造武器弹药的技术水准是：刺刀、地雷、手榴弹等武器能够全部或大部自给，枪榴筒、掷弹筒、迫击炮、平射炮等攻坚武器能够部分或小部分自给，枪弹、炮弹、炸药等能够部分或者大部分自给，缴获的和本身损坏的枪炮全部或

---

① 程刚、李明贤：《解放战争时期我军兵工生产概述》，《军事历史研究》1996 年第 2 期。

者大部能够维修。① 由此可见，中共军工的技术水平较国民政府兵工厂有很大差距。

二 中共军工建设面临的诸多困难

国共两军在武器装备领域的巨大差距，使得中共部队的作战极为艰难。毕竟当战争从冷兵器时代进入热兵器时代之后，武器装备的作用呈现日益上升的趋势。冷兵器时代，由于兵器的破坏力较低，军队指挥官尚可通过提振士兵士气等方式来增强其战斗力。但是到了热兵器时代，尽管士兵意志仍然相当重要，然而如果在双方武器装备方面的差距过分悬殊，战争胜负也就毫无悬念。第一次鸦片战争中，清廷阵亡总督、提督、总兵等高级将领 11 人，士兵伤亡 22790 人，但是英军的伤亡数量却是微不足道的 523 人（阵亡 69 人）。② 由此可见，如两军之间武器装备的差距过大，弱者一方要战胜对手显然是不太现实的。如果中共不能在军工生产方面采取有力措施消除两者之间的差距，要打败国民党军不啻缘木求鱼。

不过对于中共来说，要建设强大的军工体系却并非易事，而是困难重重。首先是在时间上不允许。国共内战爆发前，尽管中共军队急于扩大军工生产规模，以应对即将到来的大战，国民政府自恃其军事、经济优势，试图速战速决，不给中共以充足的时间备战。蒋介石声称："如果配合得法，运用灵活……就一定能速战速决"，参谋总长陈诚甚至口出狂言："也许三个月，至多五个月，即能整个解决。"③ 然而兵工厂的建设却不能一蹴而就，从厂址选定到土木基建，从技术人才招募到设备购买、安装、调试，从武器装备研制到定型生产，旷日持久。晚清筹建的汉阳兵工厂、江南制造总局等近代军工企业均耗费数十年之功才略有所成；抗战期

---

① 马洪武、陈鹤锦：《红旗十月满天飞》，江苏人民出版社，1990，第 403 页。
② 据茅海建《天朝的崩溃》（三联书店，2005）历次战役统计。
③ 转引自杨宁、刘晓明《解放战争时期政治生态与中国共产党执政地位的最终确立》，《南京政治学院学报》2011 年第 1 期；胡绳：《中国共产党七十年》，中共党史出版社，1999，第 244 页。

间金陵兵工厂从南京迁往重庆，三个月内复工生产，被兵工署长俞大维视为奇迹，可见兵工厂建设周期之长。对于中共来说，战争一触即发，国民党全面进攻、重点进攻接踵而至，战事频仍，前线弹药需求急如星火，自然不可能等待良久。

战争当中兵工厂往往成为对手破坏的重要目标，因而交战双方都对自己的相关设施严加保护。与中共方面相比，国民党的军工生产环境要优越得多，还在全面抗战爆发之初，国民政府就着手将其军事工业西迁到较为安全的重庆等大后方各地。抗战期间，各兵工厂在抵抗日军轰炸中进一步增强了防护能力和隐蔽性。解放战争期间，国共内战的主战场一直在华东、东北、华北、陕甘宁边区等地，地处西南边陲的重庆等后方诸兵工基地既有蜀道之险，又有国民党军重兵保卫，军工生产无受中共破坏之虞。然而中共的军工生产则没有这么幸运，由于战争之初国共两军在军事实力方面还有较大差距，以及保存有生力量的作战方针，中共很少死守某一固定地点。因此中共根据地的重要据点诸如延安、涟水、淮阴、蒙阴等地都曾被国民党军攻占过，也就意味着中共不能为军工生产提供安全稳定的环境，因而其兵工厂需不时迁移，生产难免受到影响。其在东北的兵工厂甚至不得不搬迁到中、苏、朝三国交界的珲春，并采取"多巢主义"，[1] 以高度分散的方式来从事生产。

从技术层面来看，中共发展军事工业注定会举步维艰。近代以来，随着军事工业的发展，清廷也试图培养军工技术人才，但收效甚微，直至民国初年，军工人才亦屈指可数。国民政府统治时期，在技术人才的培养方面取得了一定突破，一些留学海外尤其是德国的技术人员开始学成归国，俞大维、杨继增、宾步程等人成为兵工署之中坚力量，国民政府的武器装备技术标准因之向德国看齐。抗战期间，国民政府的军工教育体系逐步完善，大后方各兵工厂几乎都建立了自己的技工培训学校，并且摸索出一整套行之有效的技工培养方案，初级技工短缺的局面得到很大改善。由于国民政府兵工厂的技术操作规范日渐成熟，其安全生产事故大幅度减少，生

---

① 《何长工回忆录》，解放军出版社，1987，第412页。

产质量稳步提升。而中共方面却面临着兵工人才奇缺的局面，不仅高级技术人才凤毛麟角，就连基本的技术工人，也只得从脱离国民政府兵工厂的工人和民间木匠、铁匠当中零星搜罗。由于极度缺乏技术人员，中共方面的技术水准偏低。在此情况下，绝大多数的中共军工厂只能停留在枪械维修及生产技术简单的弹药层次上。安全生产事故亦时有发生，仅冀中军区1946年初就发生事故多起，造成30人丧生。各兵工厂的浪费现象亦长期严重存在，1947年晋冀鲁豫区下属工厂炮弹生产过程中翻砂环节的报废量超过50%。[①] 为弥补技术短板，东北的兵工厂甚至不得不留用部分日籍人员从事技术指导。

近代以来，中国的工业精华集中于上海、天津、武汉等少数几个大城市当中，只有在上述城市才有军工行业所需的钢铁、化学、机械制造业等相关基础，才能购买到化工原料、机器设备等军工必需之材料和设备。然而抗战结束后，国民党控制了几乎所有的大城市，并且严格控制军工相关材料、设备等敏感器材向解放区流入，加之当时对外贸易的主渠道控制在国民党手中，中共也很难通过外贸方式获得相关物资，如此一来，中共获得军工生产设备的机会就少之又少，机器化生产程度较低。缺乏基础工业的支持，中共的军工生产就难以平稳发展。如抗战期间黄崖洞兵工厂曾经研制出性能不错的"八一式步马枪"，不过造枪用的钢材，中共方面不能生产，使用的是白晋铁路铁轨，因而产量不大，仅仅造出1万多支，解放战争当中问题也大致如此，没有基础工业的强有力支撑，军工生产也就难以为继。

在上述各种因素的制约之下，如果中共按照传统思路来从事军工建设，采取新建兵工厂的方式来与国民党较量，那么将无法和国民党的军工体系抗衡，很难保障前线的作战需求，中共部队在战场火力将居于劣势。

三　外援、缴获与中共军工生产

毋庸讳言，解放战争期间，中共从外界获得了一些军备援助。此类军

---

① 《冀中军区关于目前军火生产工作的指示》（1946年1月16日），《中国近代兵器工业档案资料汇编》（4），兵器工业出版社，1993，第166页。

备援助均来自苏联和朝鲜两国，援助对象大多为中共东北地区的军队。从苏联方面获得的武器弹药几乎是关东军投降时期的苏军战利品，从朝鲜方面获得的除了日军在朝鲜的大量剩余战略物资之外，还有朝鲜本国生产的一些武器弹药原材料。关于中共获得的外部军备援助数量，在学术界和军事历史爱好者当中还引发了激烈的争论，主要有三种意见。① 尽管关于苏方援助数量的多寡在各界仍然存在一定的分歧，但中共从苏方获得了一定数量的武器装备这一史实不容抹杀。与直接的武器装备援助相比更为重要的是，苏联为中共军工生产提供了较为稳定的环境。内战之初，东北民主联军防守四平失利之后，中共在东北地区的兵工厂转移至中、苏、朝三国交界的珲春从事军工生产，正因为苏联作为后盾，国民党不敢肆无忌惮地进行空中轰炸，当地军工生产才有了相对稳定的环境。解放战争期间中共建立的最大兵工厂建新公司，也是在苏军直接控制下的大连从事武器弹药制造的，如果没有苏联驻大连行政当局的默许和庇护，中共不可能在此期间进行如此大规模的军火生产。朝鲜则在战争期间，提出了"抗蒋援华"的口号，利用其本国相对较为雄厚的工业基础，一直通过各种方式为中共方面提供生产武器弹药的甘油炸药、雷

① 其一是以苏联官方为代表的意见。1976 年苏联出版的《苏联军事百科全书·军事历史卷》"中国人民解放战争"词条描述道："苏联的援助是人民解放军力量壮大的一个极其重要，甚至是决定性的因素。苏军指挥部把缴获原日本关东军的武器和军事技术装备转交给人民解放军（火炮、迫击炮和火箭筒 37000 余门，坦克 600 辆，飞机 861 架，机枪约 12000 挺，汽车 2000 余辆等等）以及日本在北朝鲜军队的全部武器都交给了人民解放军。尔后，苏联又向人民解放军提供了 40 亿美元的美式武器，以及大量苏制武器和军事技术装备。"上述数据其实来自《华西列夫斯基元帅战争回忆录》，只不过在关键的火炮数量上，华西列夫斯基在回忆录中称是 3700 门。当然美国方面和国民党政权也基本认同上述表述，认为苏联将缴获的日军装备几乎全部直接或间接交给了中共。国内学者杨奎松也较为赞同这种意见，认为在中方档案未能解密的情况下，苏联解密档案的真实性还未可受到质疑。其二是中共一些高级将领如刘亚楼、黄克诚、何长工等人的看法：苏联给予中共的武器援助非常有限，枪不过 10 余万支，弹药的数量也有限。学者刘统也认为东北获得的苏方军援极为有限，东北军工主要是靠自身努力发展起来的。其三是李长林通过对关东军武器流向的考察，得出了苏联援助中共武器数量的另外一个数字，即总计中共军队通过苏军直接或间接获得的日军装备应有步、骑枪 30 万支左右，各种炮 1600 多门（含迫击炮、掷弹筒），坦克 20 辆左右。此外，国防大学教授徐焰估计苏联对华军备援助有四五十万支枪，各种炮不下 2000 门。网友清风堂主估计步枪有 30 万~50 万支，机枪 1 万余挺，各种炮约 2000 门，坦克约 100 辆，飞机一二百架。

管、发射药和弹头等制造等原材料。

中共除了获得了一定数量外部军备援助外，还通过战场缴获得到了大量的武器弹药。相对于生产而言，从前线战场缴获武器弹药具有其独特优势。首先是时间短。往往一场战役下来，就可以获得对手的武器装备，耗时短则数日，即便是像辽沈、淮海、平津这样的大战，持续时间也不过三五个月之久。其次是数量巨大。有的战役一次性就可缴获枪支数万、火炮近百，炮弹、子弹无数，足以整师、整团地装备部队。三是枪炮等军械的重复使用率高。枪炮等军械与弹药在性质上不同是，枪炮是发射载具，是可以重复使用的，如三八大盖的枪管寿命达到8000发子弹左右，而迫击炮等小口径火炮的炮管寿命也可以达到数百发。

然而要从敌人手中夺取足够数量的武器并非易事，任何战争对交战双方都是巨大的消耗。弱势一方要获得胜利，就要极力避免消耗，通过削弱对手获取足够的资源，以集聚更大的力量来消灭对手。其中的关键就是要尽可能完整地夺取对方资源并转化为己用，形成良性循环。而中共的对手国民党，是不可能坐以待毙，将武器拱手让人的。如果打成消耗战，对中共来说也是得不偿失，因为国共间悬殊的军工实力将使得国民党在对等消耗中占据优势。

通过战场缴获，中共从国民党手中夺取了大量的武器弹药。如鲁南战役，在歼灭国民党第一快速纵队的过程中，华东野战军就缴获了24辆坦克，火炮200余门，成为组建特种兵的基础。莱芜战役，华东野战军缴获长短枪15000余支，轻重机枪1800余挺，各种炮350余门。据不完全统计，在1946年7月至1948年7月的两年中，中共部队总共缴获步枪90万余支，机枪6.4万余挺，迫击炮8000余门，步兵炮5000余门，山炮、榴弹炮、加农炮1100余门。对于中共方面的战果，或许其对手国民党军的数据更加具有说服力。据不完全统计，从内战爆发到1948年6月，国民党军在战场上就损失了各类枪支727758支，各类火炮10794门，掷弹筒36274具。[①] 以上数据诞生于三大战役爆发前，三大战役中国民党军主

---

① 以上数据系根据国民政府兵工署数据统计，见《兵工署各厂三十七年九至十二月份饬造数量表》，中国第二历史档案馆藏档：七七四/2110卷。

力精锐尽失，损失还在此之上。而三大战役中共部队共缴获火炮16298门，轻重机枪61067挺，长短枪510949支，① 因为从国民党手中获取了如此巨量的武器弹药，以至于中共方面戏称蒋介石是其运输大队长。

但是不管是外部援助还是战场缴获，都没有改变中共武器弹药供给主要依靠生产的格局。就苏联与朝鲜方面援助的武器弹药来看，均是相对有限的。苏军缴获的关东军武器弹药只够其十三个半师团一次会战之用，朝鲜的日军残留弹药更加有限。对此美方曾经有过比较清醒的估计，美军情报部门在明确知道苏方将关东军的大量武器装备给予中共后认为，这些武器会在作战中迅速消耗，而中共无法提供持续的弹药补充，因而无须过于担忧。对于中共来说，尽管有一部分武器弹药来自前线缴获，也确立要依靠前线缴获来补充自身的方针，但是缴获并不能提供稳定之武器弹药供应，因为无论多么高明的将领也无法预计下次作战当中能缴获多少物资。

因此尽管中共在十大军事原则当中确立了"以俘获敌人的全部武器和大部分人员补充自己，我军人力物力的来源主要在前线"的方针，但在实战当中，弹药的大部分来自中共自身之军工生产。关于外援、缴获与生产之间的比例，1949年12月10日华东军区后勤司令部军械部的报告中，曾就此提道：

> 弹药来源是以缴获和生产为主，其次是由工商局收买。山、野、榴各种炮弹，缴获的约占百分之八十三点七六，生产的约占百分之十五点八，其它约占百分之零点四三。各种迫击炮弹，缴获的约占百分之十六点三，生产的占百分之八十二点（原文如此），其它占百分之零点五。各特种炮弹，包括步兵炮弹、战防炮弹、机关炮弹、高射炮弹、平射炮弹等，缴获的占百分之九十九，生产的占百分之一。特种弹药，包括炸弹、地雷、照明弹、信号弹、手榴弹、枪榴弹、烟幕弹等等，缴获的占百分之四十九点二，生产的占百分之四十七点八，其它占百分之三。炸药，生产的占百分之六十九点一，缴获的占百分之

① 以上数据根据三大战役缴获统计。

五点三七，其它占百分之二十五点五三。子弹，缴获的占百分之七十一，生产的占百分之十八点七，其它百分之十点三。由以上材料来看，我们工厂的生产偏重于迫击炮弹、炸弹、手榴弹等；各种山、野、榴炮弹，特种炮弹，子弹等，仍然是缴获占主要成分。①

由上述报告我们可以看出，尽管重炮炮弹和特种炮弹大部分依赖缴获，但战场中使用最为频繁、数量最大、作用最关键的迫击炮弹、手榴弹、炸药均有一半以上来自军工生产。由此可见，从外援、缴获与生产三者之间的数量对比来说，中共自身军工生产占据了武器弹药供应的主导地位。

四　中共在军工生产领域的策略

鉴于外部军备援助的有限性，战场缴获的不确定性，因此对中共来说，要解决前线部队的武器弹药供应主要靠其自身的努力。为了给部队提供充足的武器装备，中共竭尽全力，集中资源于军工生产领域，并采取"有所为有所不为"的策略，果断放弃枪炮等复杂武器装备的生产，将主要精力放在炮弹、手榴弹、炸药等弹药的生产上，从而为前线部队提供了充足的弹药，形成了前线的优势火力，成为中共在解放战争中获胜的重要原因。

（一）将资源集中于军工生产领域

1. 军工生产获得优先保障

抗战期间，国民政府开始装备大量美式武器，加之战后中美间战略上迅速接近，一度让国民党高层以为从美方购买大量武器弹药唾手可得。更由于国民党政权在发展军事工业方面的好高骛远以及造不如买的倾向，导致其在军工领域的投资非常有限。抗战结束后，除在1946年花数百万美元购入了一些机械设备，设立1个子弹厂与1个战车修理厂外，解放战争

---

① 《华东军区后勤司令部军械部军械工作报告》（1949 年 12 月 10 日）。

期间国民政府兵工产能并没有得到大规模扩充。1948 年上半年兵工署月产中正式步枪 1.3 万支，轻机枪 1000～1200 挺。而抗战时期大后方武器装备最高年产量为步枪 13.92 万支，机枪 2.04 万挺。考虑到国民政府接收了大量日系兵工厂，事实上国共内战时期其产能较抗战时期还略有退步。直至 1948 年战争胜负已见分晓之时，国民政府才打算投资 40 万亿元（贬值法币），扩充其军工生产体系，但为时已晚。

与国民党不重视军事工业截然相反的是，中共领导层对军工生产非常重视。还在 1945 年 9 月，中共中央发出《关于加强炮兵建设的指示》，要求凡是有条件的地区，争取用最快速度，获得现代化的重武器装备，特别是能打阵地战的野炮和炮弹，要把炮兵、工兵等特种兵建设作为"军事建设方面的中心任务"。① 毛泽东也于 1947 年 11 月 13 日致电中共东北局："用全力加强军事工业之建设，以支援全国作战为目标"。刘少奇指出："兵工同志对人民解放战争是有贡献的，他们的工作是战争取得胜利的决定条件之一"。朱德则不仅从战术层面来肯定军事工业的作用，还从战略层面强调其价值："在我们革命战术上说来，我们就是靠人，也还要靠武器。由梭镖换步枪，由步枪换机枪，由机枪换炮。农民用梭镖就可以搞起来，你说它的作用不大？但反过来说，我们的队伍都有很好的武器，你看它的作用是不是更大？……世界上一切战争，就决定于兵器的变迁。"因而他将军工部门视为军队的重要组成部分，提出："兵工生产就是在后方出汗打倒蒋介石。兵工是不是军队？是很好的军队，是在后方打蒋介石的一种队伍。"② 在决策当中，中共领导层将军工生产置于前所未有的战略高度。

国共内战爆发之初，中共方面就四处寻找合适的地点来建立稳固的军工基地，并最终选址大连。当时大连是苏军控制区，既有钢铁、机械、化工等行业作为产业基础，也有大量熟练技术工人，可为军工生产提供诸多便利。为建成大连军工基地，1946 年 11 月间短短数日内，周恩来、朱德

① 葛玉广：《我党组建的第一个大型兵工联合企业》，载中共大连市党史委员会编《大连建新公司兵工生产史料》，大连外国语学院出版社，1988，第 2 页。
② 《朱德军事文选》，解放军出版社，1997，第 636 页。

等人先后起草《中央军委关于大连军工生产问题给中共东北局并告华东局电》《中央军委关于派干部到大连组织兵工生产》《中央军委关于抽调干部去大连办兵工厂致聂荣臻等电》，提出"大连设厂是为长久计"，要求"派出干部，携带一部分资本，前往该地，开办兵工厂"。① 中共华东局、华中分局、胶东兵工总厂和晋察冀中央局等都派出干部、技术人员到大连。同时，为让大连的军工生产迅速走上正轨，中共方面不仅接管了日伪方面价值达 1.5 亿元东北币的几个工厂，东北局和华东局还投资 3.5 亿元东北币，用于扩充生产，成为当时中共在全国最大规模的工业投资。对于军工领域的投入，中共向来毫不吝啬："上列各物（军工原材料），应尽量生产，尽量收购。价钱由各区合理规定。应节省其他开支，来保证这些极重要的军火原料的收购，或抵缴一部分公粮公款。"② 朱德甚至提出要节衣缩食保证军工生产。

战争期间，通货膨胀无法避免，但是军工领域如果受其冲击，将对前线战事产生不利影响。解放战争时期，为了保证军工生产的有效投入，抑制通货膨胀之消极影响，中共在军工行业的经费投入往往通过粮食（大多数时是小米）来进行核算。1947 年 9 月的东北军工会议，东北局拨款 180 万元东北币的军工投资，折合成粮食 9 万吨。1947 年晋冀鲁豫军区的军工产品"各项成品均订有包价，以米作价，根据预算向财办按米价领款，然后按实际产量报销，财办则扣除司令部之军费"。③ 原材料价格也是如此，如邯郸局将当地原材料硫黄、毛硝每斤价格分别定为小米 10 斤和 14 斤。职工则大多实施供给制，一般工人每月可以领到 300 斤小米。通过这种方式，军工产品得以摆脱通货膨胀的影响，生产获得稳步推进。战时财政开支巨大，如果军工企业完全依赖市场提供资源，通货膨胀就将肆虐。国民政府所属兵工厂深受其害，在恶性通货膨胀的冲击下，军工企

---

① 《中央军委致聂刘的电报》（1946 年 11 月 22 日）《中央军委致黎张薄张邓聂的电报》（1946 年 11 月 13 日），转引自《大连日报》2010 年 8 月 20 日，T3 版。

② 《中央工作委员会关于发动群众大量熬硝给邯郸等中央局的电报》（1948 年 1 月 13 日），中共中央档案馆藏档：238 卷 8 号。

③ 《李强关于晋冀鲁豫军区兵工调查报告》（1947 年 9 月），《中国近代兵器工业档案资料汇编》（4），第 216～217 页。

业原料、燃料、人工开支大幅度上扬，成本处于失控状态，各兵工厂为此疲于奔命，生产几度陷于停顿。

为了解决军工生产当中的难题，中共还数次召集大规模的军工会议进行集中讨论，从体制、机制上解决这些难题。1947年底，华北各解放区第一次军工会议在西柏坡召开，会议通过了《华北解放区兵工会议关于几个问题的结论》，就军工建设方针以及兵工厂的管理、技术和华北解放区军火工业的统一领导等问题做了明确规定。1947年9月中共东北局在哈尔滨召开东北军工会议，破除了东北解放区军工生产管理体制混乱、武器制式不统一、生产效率低下、技术水准不高等痼疾。

正是由于中共将军工生产置于优先发展位置，其军工生产规模迅速扩张。从双方炮弹产量来看，1948年上半年间，国民政府兵工署所属各厂计划生产八二口径迫击炮弹61万发，六〇口径迫击炮弹69万发，炮弹产量约为中共的2.5倍，此时，国民政府方面在炮弹生产领域尚占有一定的优势。不过到1948年下半年，形势发生了变化，中共军工生产以极快的速度扩张，军工部门预计，当年下半年将生产五〇炮弹30万发，六〇炮弹15万发，八二炮弹52.8万发，仅三种主要炮弹的产量就达到了近百万发。而同期国民政府每月只生产六〇炮弹6万发，八二炮弹10万发，生产总数仅与中共方面持平，炸药和手榴弹的产量则远逊之。① 在短短一年当中，中共与国民政府弹药生产数量的对比就实现了逆转。

2. 将民间力量纳入军工生产体系

尽管中共方面在军工领域竭尽全力进行投入，但由于其军工整体实力不强，如果不能整合其所拥有的资源，想要与国民党在武器弹药生产方面抗衡仍将力有未逮，其军工体系只能将关键资源集中在弹药制造领域，原料生产等环节则难以兼顾。中共方面很早就意识到了这一点，还在抗战期间，中共中央就提出："只有下决心依靠群众、民兵及部队之抗日坚决性、积极性，依靠全民皆兵，依靠群众性的落后武器，依靠这

---

① 《徐达本、赖际发、徐长勋关于增加生产降低成本致朱总司令、周副主席信》（1948年7月8日），中共中央档案馆藏档：241卷11号。

些武器的数量，使敌人到处因我们的手榴弹、地雷、土枪、土炮而疲于奔命。"为此中共花大力气抓火药生产及其原材料的搜集，军工部门提出："现在前方需要炸药数量极大。各区也能大量制造，效力也很大。但现在生产数量不大，不能供给前方需要。现在不能大量生产的原因，除财政困难外，主要是硝、黄、甘油等原料供不上。但这些原料，都是我区能大量生产的。只要动员群众起来，就可以增加几倍乃至十倍以上的生产。如果炸药生产能扩大到我们所需要的数目，则对攻城战，就有决定性胜利的作用。"①

为了满足前线的巨大需求，军工部门决定采取发动群众的方式来增加炸药的原材料产量：

> （一）立即发动大规模的群众熬硝运动。凡能熬硝的地方，特别冀中、冀南、冀鲁豫、渤海及西北的许多地方，都要组织起来。要在今年 5 月以前完成今年所需要的硝，因到夏就不好熬。希望除完成各区原定订计划外，全区要多产几千万斤硝，来适应战争需要。（二）产磺的地方，例如晋绥，应布置大量产磺，要能配合硝的生产。（三）要大量增加甘油生产（不准公开宣布）。为此，要统制一切公私肥皂的制造，先提甘油，然后才做肥皂。今春要布置多种大麻子（草麻子）以便提制甘油。（四）制炮弹子弹用铜很多。各区应注意在土改中，尽量收购铜元、制钱。②

通过解放区群众的全面参与，军工部门获得了大量的弹药原材料，充分保障了军工生产之所需，使部队的弹药不致匮乏，实现了自力更生。

中共还努力通过加工订货、购买等方式将私营企业纳入军工体系。朱德在华北第二次军工会议期间提出要组织民间工业配合军工生产，"大量

---

① 《中央工作委员会关于发动群众大量熬硝给邯郸等中央局的电报》（1948 年 1 月 13 日），中共中央档案馆藏档：238 卷 8 号。

② 《中央工作委员会关于发动群众大量熬硝给邯郸等中央局的电报》（1948 年 1 月 13 日），中共中央档案馆藏档：238 卷 8 号。

组织民间制硝工业，对将来发展很重要，这是取之不尽用之不竭的源泉，既便宜又适用。手榴弹、炮弹翻砂都不错，这些事尽量发动群众去作。民间铁工厂机器可以做炮弹零件。东北加工业很多，不但解决了军工需要，降低了成本，而且也扶植了民间工业，政策上也搞对了"。① 朱德还要求："如原料不足，可发动广大群众熬硝，公家统制、收买，无论多少，产出必照预定价全数收买。预计要求一千万斤炸药，必需要一千万多斤硝。另外需要大量的甘油。肥皂厂不管公营私营，一律收归国有，以便有大量的甘油。"②

在整合民间资源方面，中共东北方面着手较早，成效也较为显著。哈尔滨在日伪时代只有一些木材加工厂、粮食加工厂、烟草加工厂和修理厂。从延安到东北的军工人员克服困难，挖掘铁路工厂的一些设备潜力，把市内几百家铸铁锅、犁铧的私营小铁工厂组织起来，采取加工订货等形式进行军工生产，造出了雷管、马刀、炮弹、宣传弹、爆破筒等，随后建立了一个弹药装配厂和实验总厂。③ 哈尔滨一跃成为北满七大军工中心之一。

对于发动民间资源参与军工生产的成效，朱德在1948年军工总结中曾提到："大批组织了民间军工工业生产。如生产炮弹毛坯，阳泉民间做的手榴弹也很好，而且要多少有多少。'手榴弹打胜仗'是做到了，敌人就怕它。可大量发动群众替我们做，甚至做炮弹零件，不但可以降低成本，并已可以正确地扶持民间工业。民间工业应该好好搞，使其向上发展。"④ 在整合民间资源的过程中，中共军工部门先后将冶铁、熬硝、熬黄、制作棉药等原料生产的民营作坊通过订货、包购等方式纳入军工生产体系，完成了对产业链上下游的有效管控，从而做到如臂使指，发挥了整体效应，军工生产能力大大增强。

---

① 《朱德在第二次兵工会议上的总结报告》（1948年12月25日），《军工》第1卷第2期，1949年5月，第2～5页。
② 《朱德军事文选》，第632页。
③ 《何长工回忆录》，第408～409页。
④ 《朱德军事文选》，第680页。

（二）确定有所为有所不为的生产方针

1. 放弃枪炮等复杂军械的生产

在武器装备当中，相对于弹药而言，枪械和火炮等军械的制造难度更大。清廷费数十年之功也未能生产出合格的枪炮。直至抗战爆发前，国民政府通过购买仿造权、工作图样以及德国政府赠送的武器设计图纸，才实现了对德式步枪的精准仿制，可见枪炮制造之难。对中共来说，要生产合格的枪炮较国民党方面更加艰难，生产环境、工业基础、技术条件均不具备。

其实对于枪械和火炮等复杂军械装备的制造，中共方面早就进行过尝试。抗战期间，八路军黄崖洞兵工厂通过对三八式、中正式、汉阳造步枪的改良，曾经生产出"八一式马步枪"，该枪的某些性能上甚至超过中正式步枪和三八式步枪，不过因为原料上受到限制，更兼缺少足够的机器设备，导致该型步枪的生产质量参差不齐、成本高昂，最终不得不放弃大批量制造该型枪支的设想。

早在抗战期间，中共对符合自身特点的武器弹药生产方针进行过探索。1941年11月7日，《中央革命军事委员会关于抗日根据地军事建设的指示》对军队与民兵的武器问题，提出当时条件下兵工生产的基本方针应当是修理枪械、翻造子弹，特别是大量生产手榴弹、地雷等，大量发给军队、民兵及居民，以便到处与敌斗争，以量胜质，[1] 从而放弃了复杂军械的制造。

解放战争之初，中共依然秉承将生产弹药作为中心任务的军工生产方针，提出："目前确定各分区的修造厂应以制弹药与修械为主，具体的分为复装子弹、造手榴弹、制地雷、修械等四大任务，一切都应从估计工厂的生产力出发，向这四项任务发展，其它如造机枪、造枪、制炮弹等应酌予停止，因为不会作到好处。"[2] 对于自身这方面的劣势，中共高层有着

---

[1] 徐则浩：《王稼祥传（第二版）》，当代中国出版社，2006，第238页。
[2] 《冀中军区关于目前军火生产工作的指示》（1946年1月16日），《中国近代兵器工业档案资料汇编》（4），第166页。

清醒的认识："我们一无飞机、大炮、坦克，再则我们的步枪、机枪质量也差，子弹也日益困难；想要单靠我们自己力量办到有极优良的步枪、机枪，有极充足的子弹，在目前条件下，已是完全的空谈，更不必说飞机、大炮、坦克了。"1948 年 1 月，中共中央军委在致各解放区的意见中提出："武器仍靠缴获，制造新的步枪、迫击炮等既费钱，也不一定好，不如着重修理缴来的枪炮为好，以便节省这方面的经费和生产力，集中使用到最迫切需要的军火制造上去。"① 1948 年 8 月，中共中央在回复华东局的电文中指出："关于军工生产计划，你们采取一般的停止枪炮，集中力量生产弹药，并提高质量的方针是对的。惟在弹药上仍望你们集中更大的注意力于增加生产八二迫击炮弹及八二加重迫击炮弹，六〇、五〇小炮弹，手榴弹及工兵炸药并提高其质量上面"。② 明确要求各地方兵工厂放弃枪炮生产。而正是由于对复杂军械生产的放弃，中共在军工领域得以扬长避短，为前线战场形成优势火力提供了强大支撑。

2. 将炮弹、手榴弹、炸药作为生产重点

从武器弹药本身的性能来看，火炮、迫击炮是远距离作战的利器。炮的射程远、破坏力强，在进攻中能起重要作用。第二次世界大战战场上 80% 的伤亡是火炮造成的，斯大林曾经说过："炮兵是战争之神。"对于解放战争时期的国共战场来说，如果某一方能够拥有数量众多的火炮和充足的炮弹，将在战场上占据极大优势。当时的国内战场，修造战地设施大多为土木结构，很少有钢筋混凝土工事，土木结构工事在猛烈的炮火攻击之下很容易被摧毁。近战当中，手榴弹、炸药能够发挥重要作用，手榴弹的爆炸威力和杀伤效果远较枪弹大，且携带方便、投掷方式灵活，是极其方便的近战利器。炸药则有着巨大的爆破威力，可以成为破坏对方坚固堡垒的有效武器。三者配合之下，可以实现从远程到近程火力的全方位覆

---

① 中共中央党校党史教研室选编《中共党史参考资料（抗日战争时期）》（下），人民出版社，1979，第 14～17 页。
② 《中共华东局关于兵工生产计划问题给军委的报告及军委批复电》（1948 年 8 月），中共中央档案馆藏档：238 卷 17 号。

盖，形成巨大的破坏力与杀伤力。

内战爆发之初，中共方面通过对作战经验的总结，敏锐地意识到火炮、手榴弹、炸药在战争中的重要作用。1946 年 10 月薄一波在给刘伯承、邓小平的电报中提出："与国民党近战中小炮平射摧毁房顶工事，急造掩体急造地堡，一般碉堡枪眼及房屋之窗等可以发挥相当效力"。① 11月中原局发现："地雷炸药在战斗中作用颇大……自能制造地雷、手榴弹，对提高战斗力是无穷的。"为此中共中央要求各根据地将此类武器的生产置于优先位置，"大量生产炸药；多制造近战巷战的主要武器——手榴弹；多采用在平地便于运动的武器——各种炮"。一些作战的实战经验更是坚定了中共领导层的想法。朱德在总结石家庄战役的经验时指出，最近石家庄、元氏攻坚之经验以手榴弹为主，炸药及炮弹助之，三者充分配合，充分准备，数量很多，足用，则坚可下。因此朱德一再强调炸药、炮弹、手榴弹生产的重要意义，认为炸药、炮弹、手榴弹成为决定战争胜利的重要因素。朱德还通电全军，要求切不可吝惜成本，必须造大量炸药、炮弹、手榴弹，使我军以武器战胜敌人，造成有攻必克之气概。朱德认为，只要军工生产足够努力，就没有攻不破的敌人堡垒："二十年来我们在军事上所苦恼的，即对敌人坚固设防的城市无法攻破，但近半年来学习的结果，已经能够攻破敌人较大的坚固设防的城市了。攻克石家庄是第一个试验成功的，然后陆续攻克了洛阳、潍县、开封、兖州等城市。只要我们在军工生产上努力，今后不会有什么攻不破的城市。"② 在 1947 年底召开的华北军工会议上，朱德一再强调："炸药、炮弹、手榴弹成为决定战争胜利的重要因素"，"手榴弹再加上炮、炸药，那就是无坚不摧"。③ 基于上述认识，中共军工领域将重点置于弹药方面，果断放弃了枪炮等复杂装备的制造。

除了炸药、炮弹、手榴弹的巨大威力之外，其生产工艺相对简单也是

---

① 《薄一波、王宏坤关于小炮平射效果给刘伯承、邓小平并报军委的电报》（1946 年 10 月 21 日），《中国近代兵器工业档案资料汇编》（4），第 168 页。

② 《朱德军事文选》，第 633、639、642、666～667 页。

③ 金冲及等主编《朱德传》，中央文献出版社，2000，第 743、745、747 页。

中共方面着力于此的重要因素。手榴弹制造技术比较简单，又易于普及，兵工厂、游击队、民兵均可制造。炮弹结构比手榴弹复杂，它由引信、弹体、弹尾、尾翅等部件组装而成，但是炮弹本身弹体较大，相较于子弹的生产工艺又要简单许多。炸药也是如此，只要解决了关键的化工工艺之后，大量生产也没有技术上的障碍。而枪支、火炮等军械，是可以重复使用的，与炮弹、子弹、炸药、手榴弹等一次性消耗品不同，枪支、火炮如果使用、保养得当，可以有较长的使用周期，一旦缴获这些军械，只要配给其足够的弹药，就能够不断地发挥其作用。

因此中共并未在枪支、火炮等武器的生产方面与国民政府一较长短，而专注于炮弹和炸药的生产，巧妙破除了军工生产之困局。1948年1～6月，解放区各兵工厂生产的各种炮弹达到了52万发左右，手榴弹有5万余枚，炸药40万斤；步枪产量为零，重型火炮仅13门，枪炮产量微乎其微。[1] 中共专注炮弹和炸药的生产策略在军工部门的行业结构中表现得尤为突出。据统计，到1949年上半年，各解放区兵工厂总数达160个，职工总人数近10万人，其中，生产炮弹、手榴弹、枪弹的厂家多达115个，占兵器生产厂家的71.9%，[2] 弹药生产在中共军工领域占据绝对优势。

五　中共武器装备构成与前线战局

由于采取了正确的方针和策略，中共军工部门在保障前线战场弹药需求方面卓有成效。还在1946年11月，华东野战军第六师攻打桂系第七军驻守的某村庄，就以百余门火炮倾泻千余发炮弹；孟良崮围歼国民党军整编第七十四师时，三天内华东野战军就使用了炮弹3.3万发。淮海战役前线中共消耗弹药1640万斤，远远超过了国民党方面的军火供应。中共在前线形成如此强大的火力，与其武器弹药的使用策略有着巨大关系。由于中共方面的武器弹药结构以炮弹、手榴弹和炸药为主，在

---

① 《徐达本、赖际发、徐长勋关于增加生产降低成本致朱总司令、周副主席信》（1948年7月8日），中共中央档案馆藏档：241卷11号。
② 程刚、李明贤：《解放战争时期我军兵工生产概述》，《军事历史研究》1996年第2期。

前线作战当中，通过对其主要武器弹药炉火纯青的技术性运用，其火力优势进一步增强。

　　解放战争时期，火炮是国共双方对抗当中的重要武器，然而在炮兵的使用上，中共方面较国民党更有优势。1946 年 7 月，中共东北局及东北民主联军转移到哈尔滨后，就发布了"炮字第一号命令"，提出在部队建设上，应使炮兵成为我军的一个兵种；在具体方法上，炮兵应以"广泛普遍的发展与适当的集中整编使用"为方针。到 1947 年 3 月，东北野战军炮兵部队已经发展到 160 个炮兵连，并在德惠作战和四平作战过程中逐步探索出步炮协同的经验。1948 年 8 月 15 日，东北人民解放军成立专门的炮兵纵队。到辽沈战役以前，第四野战军共有大小火炮（含掷弹筒）9219 门，其中山、野、加、榴炮 618 门。1948 年 10 月总攻锦州的过程中，第四野战军一次性就集中了 10 个炮兵团，共 320 多门山、野、榴炮同时发动攻击，形成了国内战争史上前所未见的强大炮火。华东野战军在作战当中同样注意集中使用炮兵，粟裕在对抗国民党军的过程中提出，如将炮兵"集中于旅，攻坚时，一般情况下，我炮火可占绝对优势"。华东野战军在组建特种兵纵队时，也将宿北、鲁南战役缴获的大口径火炮集中编组于该纵队当中。事实上，国民党军也不缺少炮兵，辽沈战役中第四野战军共缴获大批国民党军火炮，包括榴弹炮 175 门，野炮 69 门，山炮 181 门，战防炮 162 门，高射炮 66 门，高射机关炮 20 门，速射炮 2 门，平射炮 51 门，步兵炮 57 门，机关炮 34 门，火箭炮 288 门，迫击炮 1111 门，六〇炮 3481 门，掷弹筒 346 具。[①] 不过作战当中，国民党军往往分散使用炮兵力量，导致其远程炮火方面反而逊色于中共军队。

　　中共创造性地将手榴弹发展成攻防一体的重要武器。手榴弹是一种能攻能防的小型手投弹药，也是使用较广、用量较大的弹药。它既能杀伤有生目标，还能破坏坦克和装甲车辆。手榴弹由于体积小、质量小，携带、使用方便，自 20 世纪初诞生以来，在历次战争中均发挥过重要作用，尤其是第二次世界大战期间使用达到巅峰。对于中共方面来说，手榴弹生产

---

① 暮秋寒：《辽沈战役国共炮兵对决黑土地》，《世界军事》2009 年第 3 期。

技术简单，原材料到处可得，抗战期间就成为八路军、新四军的主要武器。不过在此前的作战当中，手榴弹大多是作为防御性武器出现的，在进攻当中大规模使用手榴弹并不多见。解放战争期间，手榴弹成为中共部队使用频率最高的武器之一，在防守和进攻当中均普遍使用。鉴于手榴弹在战争当中的重要作用，朱德曾指出："我们的近战战术要靠手榴弹……现在国民党主要工事是碉堡，一个母碉，周围有四五个子碉，外面有外壕，一二丈深，我们打近仗与它相距一二丈远，恰恰是手榴弹打到的地方。打近仗别的东西不起作用了，只有手榴弹起作用。敌人炮弹打出来，我们就是手榴弹打进去。我们主要是靠手榴弹，这是一个秘密。这个秘密将来可能失掉。现在蒋介石还没有懂得我们这个秘密。我们手榴弹多、一走拢去他就没有办法，我们就拿手榴弹同他比。同志们没有到火线上去看过，一个人一打就是几百个，不是打几个、几十个。有专门的投弹手，这是选出来的，投得远的。同志们平常看到每个战士都是带四五颗，但是打起仗来那就不是每个人都打四五颗，而是有专人打。同时战士们所带的那些手榴弹是不够用的，打起仗来是用大车送到火线上，一箱一箱地往上递。这时连长、营长是干什么的？就是给递手榴弹。战士们只要手榴弹，别的他们都不要。为什么手榴弹能起那样大的作用？因为不少堡垒是用树木和泥架起来的，一个手榴弹打不坏它，用两个，两个打不坏它，用几十个，一百个打不坏它，用二百个、三百个，总可以把它打坏。手榴弹再加上炮、炸药，那就是无坚不摧。蒋介石将来可能多造手榴弹，他为了守城可能这样。但是打野战他就没有办法了。我们要打北平、张家口，就要多造手榴弹，有了一百万颗手榴弹，就可以开始打。"① 可见手榴弹已经成为中共作战的主要兵器之一。

中共还将炸药使用与土工作业结合起来，革新了传统的炸药使用方式。使用大量炸药攻城，自近代以来就是常见的作战方式，湘军在进攻太平军的重要据点安庆、天京（南京）过程中，都埋设大量炸药以炸开其城墙，从而得以破城。但是当远程兵器出现以后，使用炸药攻城受到了限

---

① 《朱德军事文选》，第 637 页。

制，因为防守一方可以通过长距离的火力阻止进攻方埋设炸药。然而中共部队却以其特有的土工作业破解了这一难题，通过大规模的挖掘交通壕，部队可以抵近任何其试图攻取的城防，也因为交通壕，向城防体系底部埋设炸药再度成为可能。石家庄战役中，中共部队通过连续爆破将防御体系中的内壁电网、地堡和南兵营围墙全部炸毁，开辟了攻击通道，而此轮高效爆破仅耗时 6 分钟。运城战役则是中共部队运用炸药破城的经典之役，在第三次攻取运城的战斗中，之所以能够破城，关键就在于攻城部队在运城城墙底部挖掘了能容纳 3000 公斤炸药的药室，爆炸后将北门城墙炸开了近 20 米的缺口。除了常规的炸药使用方式，中共军队还发明了炸药抛射器，将炸药打包通过桶装物抛射而出，威力极大，与二战当中诺曼底登陆盟军使用的臼炮有异曲同工之妙。炸药抛射器最大规模的运用是在淮海战场。1948 年底在中原野战军围歼黄维兵团的过程中，中野组织了 180 余门炸药抛射器进行攻击，连续发射三波，按照每门炮每次抛射 20 公斤炸药计算，在 20 分钟内向方圆 1 万平方米的黄维兵团主阵地抛射了 1 万公斤炸药，平均每平方米摊上 1 公斤炸药。[1] 当时的幸存者国民党官兵曾描述被炸后的惨状："杨围子村被炸平了。寨墙完全坍塌，碉堡支离破碎，各种建筑荡然无存，阵地上的鹿砦被冲击波掀到了远远的角落里……战壕内满是尸体，一摞一摞地叠成一堆，有的蜷卧在土中，有的从废墟里探出了半截身子，这些人的外表都没有血迹，显然全是被冲击波震死的……原先的弹坑被填平了，新的爆炸痕迹又重新布满了周围，有的黝黑、有的焦黄，那些被犁翻的泥土之中混杂着断裂的木片和残破的军服，甚至还夹带着没有爆炸的炸药包。"[2]

中共武器装备构成虽然让其拥有了强大火力，但是这些武器亦有自身固有之缺陷，如果遇敌方较为坚固之堡垒，则其效能将大受影响。1948年年初的四平攻坚战，东北人民解放军集中 10 万大军围攻四平。陈明仁之胞弟、七十一军特务团团长陈明信被中共的猛烈炮火惊呆，一度认为是

---

① 楚水昂：《没良心炮成淮海战役利器》，《晚报文萃》2013 年第 21 期。
② 王外马甲：《战场上的蒲公英》，山东画报出版社，2009，第 339～340 页。

苏军出动炮兵参战。① 此时东北民主联军虽然炮火猛烈，但四平城的建筑物严重影响了中共火力的发挥。四平作为日本关东军装甲兵司令部的所在地，为日军经营多年，全城的沙俄哥特式建筑和东洋建筑均按照现代战争的防御要求建造，某些建筑甚至连六〇迫击炮也无能为力。中共军队在进攻过程中，由于中小口径火炮不能发挥作用，只好采取爆破的形式进行攻击，但建筑物之坚固让炸药效果大打折扣，因而在进攻当中，中共军队深感举步维艰。第三次四平之战国共双方成败异变的原因很多，然而除了战略战术运用失当之外，中共军队平时赖以制胜的法宝手榴弹、炸药、迫击炮都发挥不出足够的威力也是其未能取胜的重要原因，如四平没有那么多坚固的建筑物，中共取胜的几率无疑会大增。幸运的是，当时国内类似四平那样的坚固城池并不多见。

由于中共军工的机械化生产水平较低，其武器弹药防潮、防水水平不高，容易受到不良气候的影响。在南麻、临朐战役中，华东野战军遭受重大挫折，除了低估其对手胡琏整编第十一师、李弥第八军的战斗力之外，一个重要的原因就是连日暴雨。临朐之战打响后，大雨便倾盆而下，继而山洪暴发，河水陡涨。临朐城外水深没膝，部队运动、作战困难。更加致命的是弹药及炸药缺乏防潮设备，雨淋水浸，"故炸药及炮弹多不爆炸与不能发射，对作战影响甚大"。② 作战当中甚至有五次爆破均未能引爆炸药包的情况，中共军队赖以大显身手的炸药、手榴弹失去了用武之地，火力被极大削弱，战事不利也就显而易见了。

结　语

战争是双方实力的较量，最直接的就是前线火力的对决，而火力强大的一方更有可能获得战场的主动权。中共通过对自身拥有武器装备的最大程度的利用，在战场上形成了优于国民党军的火力，在两军对决当中占据

---

① 暮秋寒：《辽沈战役国共炮兵对决黑土地》，《世界军事》2009 年第 3 期。
② 《粟裕文选》第 2 卷，军事科学出版社，2004，第 331 页。

了优势，成为中共战争胜利的重要原因。

为在军事上打败国民党军，中共理性地分析了在双方在军工领域的巨大差距，对解放区资源进行了合理评估，并未从大规模新建兵工厂方面来与国民政府方面展开竞争，而是根据自身特点，有选择性地放弃了技术复杂、投入巨大的枪炮等武器的生产，将主要精力放在杀伤威力大、技术要求低、产能扩张快、运动能力强的炸药、手榴弹、炮弹上，为前线战场提供了充足的火力。

发展军事工业需要集中资源，中共倾其所有全力保障了军工生产，以自力更生的态度来发展自身军事工业，从而大获成功。而国民党军则将其主要武器弹药来源寄托在对外采购上，没有在军工领域进行大规模投入，最终在两军前线火力较量中归于失败。

为了弥补自身军工生产能力的不足，中共方面还在战略、战术领域进行了调整，不仅创造了歼灭战这样的战略战术，而且注重在作战中发挥自身武器装备的优势，扬长避短，实现了武器装备与战略战术的完美结合，从而能够在战场上屡屡打败对手。

中共的军工策略是中共革命道路的重要组成部分，体现了一切从实际出发、实事求是、尊重客观规律等马列主义原理与中国传统智慧的完美结合，是马克思主义中国化的一项生动实践。

〔作者王安中，湖南社会科学院副研究员〕

Contents

Abstract: During most of the period from 1912 to 1936, Guangdong
Province was independent from the central government. The local authorities
there were facing a dilemma regarding opium, as others were elsewhere in
China. On one hand, opium was considered the symbol of China's weakness,
and its suppression was a top priority; on the other hand, opium taxes
represented an indispensable source of fiscal income. Some Guangdong power
holders were truly committed to a suppression agenda, and opium laws were
prohibition laws for years. After 1924, opium was legalized and the authorities
openly ruled an opium monopoly. They came out with increasingly
comprehensive regulations, which proved successful in increasing opium
revenues. The Six-Year Plan (1935 – 1940) launched by the Nanjing
government was to some extent related to the fact that Chen Jitang was easily
driven out of power in the summer of 1936.

Keywords: Opium; Guangdong; Six – Year Plan; Chen Jitang

Voter Education: Provincial Autonomy and Transformation of
Chinese Election Law, 1920 −1923

Joshua Hill / 024

Abstract: Beginning in 1909, mainland Chinese governments routinely
held elections, and lawmakers devoted considerable resources to ratifying and
revising election laws. The earliest elections, held under the late Qing and the
early Republic, utilized laws based on restricted electorates and indirect
voting. By contrast, election laws designed during the provincial autonomy
movement of the 1920s and the post −1927 Nationalist government featured
direct voting in elections with (near −) universal adult suffrage. Each of
these two systems of electoral law incorporated different elements of foreign
electoral practice with concerns and ideas that arose from the experiences and
ideals of late imperial Chinese political thought. The transition between these
two systems highlights the surprising influence of the short-lived provincial
autonomy movement on the legal structures of the centralized one-party states
that followed.

Keywords: provincial autonomy movement; Shanghai elites; KMT;
electiona law reform

Ideology and Law in Nationalist China: The New Life
Movement (1934 −1937)

Margherita Zanasi / 045

Abstract: This essay explores the complex relations between ideology and
state laws in Republican China. More specifically, by focusing on the use of
Weijing Fafa in the implementation of the New Life Movement, it examines
China's process of legal modernization as it stood in precarious balance between
nineteenth-century liberal and positivists visions of the "rule of law," on one
hand, and, on the other, the KMT leaders' belief that ideological unity was
necessary for achieving nation-building goals.

Abstract: After the nationalist government was founded in 1927, KMT began to assert its political control of the nation and adopted the policy of "rule by the party," with disparity among different regions. In the early stage of the Nanking regime, the judicial system inherited its personnel from the Peking government and maintained judicial independence and neutrality. In 1932, Ju Zheng was selected as the head of Justice Department, and this signified the replacement of incumbents from the Beijing government with those from KMT, and this process was not completed till around 1935, recruitment of the human resources ended in the juridical system. Meanwhile, prompted by the judicial system's failure to meet KMT's political needs and the looming national crisis, the nationalist government began to emphasize the political traits of jurisdiction, promoting partisanship in justice. It took 8 years for KMT to assert its control of the central juridical system and complete the transformation from the old Beiyang system to the nationalist period with the character of rule by the party. However, till the end of the nationalist government, its attempt to enter and control the middle and lower levels of the judicial system had not been successful, and the governing ideas of justice and the majority of judicial personnel remained largely unchanged.

Keywords: KMT; Nationalist Government; Rule by the Party; Juridical Independence; Partisanship in Justice

Abstract: Commentators have long treated the Republican and People's

Republic of China (PRC) judicial systems in nearly hermetic isolation from each other. Yet it is impossible to grasp fully the history of the PRC judicial system independent of its Republican heritage, and to decouple the two is therefore to foreclose critical avenues of understanding. As a step toward repairing that rupture, this paper specifies the configurations and distributions of courts, as well as the discourses of judicial malaise and reform that the Republican period deposited on the doorstep of the PRC. It establishes the necessary empirical foundation from which to appreciate the institutional deficits and imbalances, developmental dilemmas, and normative discourses that confronted Chinese Communist Party (CCP) judicial planners in 1949, and it equips the reader to understand the planners' responses—not just through the lens of ideology but also as reasoned reactions to concrete, practical problems. Additionally, this paper suggests that memory of the Republican judicial system served as a repository of value from which to shape, assess, and comprehend the law's fate in the PRC.

Keywords: local courts; judicial system; the Republican period; Hebei Province

Society

The Jiujiang Event: Army and Local Society
in Chu Chiang Delta around the Merchant Corps Incident

He Wenping / 127

Abstract: In the year of 1923, Yunnan army stationing in Guangdong marched to the town of Jiujiang, Nanhai County and got into serious conflicts with local militia. With the intervention of Sun Yat-sen and the revolutionary government, it ended with the Yunnan Army's evacuation and Dr. Sun's promise of autonomy to Jiujiang. However, due to antagonism of local forces aided by merchants, clans and bandits, the revolutionary government had to send in troops in 1925, which caused military conflicts to escalate again. Despite the eventual victory of the revolutionary government, it is hard to restore order and the Nationalistic government's military control of local society encounters objection from the farmers' association as an emerging local force. The Jiujiang Event, which occurred around the Merchant Corps Incident, reflects the generic difficulty that the revolutionary government faces in exercising control over the Guandong local society and also offers a local perspective for us to grasp the social milieu of the Merchant Corps Incident and the revolutionary government's attempt to assert its authority in early Republican China.

Keywords: Chu Chiang Delta; early Republican China; militarization; Yunnan Army; local control

Chicken-footed Gods or Protectors? Conscription, Community, and
Conflict in Rural Sichuan, 1937 −45   *Kevin Landdeck* / 154

Abstract: Mobilizing men to serve in the army was one of the fundamental tasks of the Nationalist government during the Anti-Japanese War (1937 − 45) . Using ground-level conscription cases from counties around Chongqing, this paper examines wartime rural administration. In interior areas, the draft rested on rural administrators, the recently revived *baojia* 保甲 system. The *baojia* heads were in a difficult position: the state demanded full quotas of draftees, while residents tried to leverage bureaucratic discipline by filing accusations against them with higher ups. Their divided loyalties produced both predation and protection. Alongside the familiar stories of predatory extortion and press-gang conscription, *baojia* leaders also acted in ways that were protective of their neighbors and communities. The patterns of draft-related cases in rural Sichuan revise our picture of *baojia* leaders as unchecked bullies and thus, throw new light on both the KMT's war effort and its state-making.

Keywords: conscription; KMT; Sichuan; *baojia*; Rural Society; State-making

Military

"Music for a National Defense": Making Martial Music during the
Anti-Japanese War　　　　　　　　　　　*Joshua H. Howard* / 181

Abstract: This article examines the popularization of "mass songs" among
Chinese Communist troops during the Anti-Japanese War by highlighting the
urban origins of the National Salvation Song Movement and the key role it
played in bringing songs to the war front. The diffusion of a new genre of march
songs pioneered by Nie Er was facilitated by compositional devices that
reinforced the ideological message of the lyrics, and by the National Salvation
Song Movement.

By the mid – 1930s, this grassroots movement, led by Liu Liangmo,
converged with the tail end of the proletarian arts movement that sought to
popularize mass art and create a "music for national defense." Once the war
broke out, both Nationalists and Communists provided organizational support
for the song movement by sponsoring war zone service corps and mobile
theatrical troupes that served as conduits for musicians to propagate their art in
the hinterland. By the late 1930s, as the United Front unraveled, a majority of
musicians involved in the National Salvation Song Movement moved to the
Communist base areas. Their work for the New Fourth Route and Eighth
Route Armies, along with Communist propaganda organizations, enabled their
songs to spread throughout the ranks.

Keywords: mass song; National Salvation Song Movement; New Fourth
Army; Nie Er; United Front; Xian Xinghai

Engendering Children of the Resistance: Models for Gender and Scouting
in China, 1919 –1937　　　　　　　　　　*Margaret Mih Tillman* / 225

Abstract: In the 1920s and 1930s, Chinese adapted scouting, which
had originally been developed to masculinize British youth as future colonial

troops. While Chinese families and teachers valued scouting as a form of outdoor recreation, Chiang Kai-shek and the Kuomintang after 1927 connected scouting to preparation for military training. In addition to fostering masculinity among boys, the Chinese Scouting Association also directed Girl Scouts with new models of patriotic girlhood. The KMT promoted the distinct femininity of the Girl Scouts and channeled girls' patriotism into nursing. As China entered World War II, Girl Scouts became significant symbols of patriotism in an increasingly militarized children's culture. The KMT showcased Yang Huimin, a Girl Scout and heroine in the Battle of Sihang Warehouse, as a spokesperson for the Nationalist cause, but it could not fully control her public image.

Keywords: Girl Scouts; Scouting; Gender Roles; China; World War II

Left Wing of KMT and Its Political Work in the Army (1924 – 1928)

Li Zhiyu / 259

Abstract: During the first KMT-CCP cooperation, KMT implemented political work in the army in all fields. CCP sought to control the leadership of the KMT army through political work. Wang Jingwei, leader of the KMT left wing, attempted to establish the collective leadership with literati over the military. Before the Northern Expedition, political work in the army focused on the moral education, and after the Northern Expedition, it was transformed to the propaganda enlisting many young people of arts and talents. The competition between the CCP and the KMT and among different factions of KMT led to the chaos in political workers and discord in the moral education of the soldiers and the propaganda among the people. The political workers' lack of training and integrity had adverse influences on the outcome of the political work. After the split of the KMT-CCP cooperation, the left wing of KMT reflected on the political work in the army and gave up the previous policies of top-down reining and educating of soldiers by the political department and party representatives. Instead, they resorted to top institutional building and party discipline designed to manage soldiers, in a vain effort to realize the party's authority over the army.

Keywords: Left Wing of KMT; Representative of the Party; Political Department; Political Work

Something We Do and Something We Don't:
The Winning Method of CCP's Military Industry in the War of Liberation

Wang Anzhong / 276

Abstract: During the War of Liberation, CCP, who had a much weaker military industry than the Nationalist government, adopted the policy of "something we do and something we don't" by sacrificing the production of complicated weapons such as machine guns and artillery for explosives, grenades, and shells, which are powerful and easy to produce and transport. And this policy secured sufficient weaponry for the CCP army. By making clever use of the advantages of the such weaponry, the CCP army formed stronger firepower than the KMT army in the battlefields, which are one of the key factors of CCP's eventual victory over KMT.

Keywords: Military Industry; Structure of Weaponry; Firepower; the CCP arnny

图书在版编目（CIP）数据

中华民国史研究 . 第 2 辑 , 民国时期的法律、社会与
军事 / 罗敏主编 . -- 北京：社会科学文献出版社，
2016. 10
　ISBN 978 - 7 - 5097 - 9345 - 9

　Ⅰ . ①中…　Ⅱ . ①罗…　Ⅲ . ①中国历史 - 研究 - 民国
Ⅳ . ①K260. 7

　中国版本图书馆 CIP 数据核字（2016）第 135109 号

中华民国史研究　第 2 辑
民国时期的法律、社会与军事

主　　　编 / 罗　敏

出 版 人 / 谢寿光
项目统筹 / 宋荣欣
责任编辑 / 宋　超

出　　　版 / 社会科学文献出版社 · 近代史编辑室（010）59367256
　　　　　　地址：北京市北三环中路甲 29 号院华龙大厦　邮编：100029
　　　　　　网址：www. ssap. com. cn
发　　　行 / 市场营销中心（010）59367081　59367018
印　　　装 / 三河市东方印刷有限公司

规　　　格 / 开　本：787mm × 1092mm　1/16
　　　　　　印　张：20　字　数：301 千字
版　　　次 / 2016 年 10 月第 1 版　2016 年 10 月第 1 次印刷
书　　　号 / ISBN 978 - 7 - 5097 - 9345 - 9
定　　　价 / 79. 00 元